高等院校师范类专业系列教材

绍兴文理学院应用型本科教材出版基金资助

数学课堂教学技能与微格训练

王晓军　编著

汪晓勤　主审

ZHEJIANG UNIVERSITY PRESS
浙江大学出版社

图书在版编目（CIP）数据

数学课堂教学技能与微格训练／王晓军编著. —杭州：
浙江大学出版社，2011.9（2022.8重印）
ISBN 978-7-308-08926-5

Ⅰ.①数… Ⅱ.①王… Ⅲ.①中学数学课－课堂教学
－教学研究－师范大学－教材 Ⅳ.①G633.602

中国版本图书馆 CIP 数据核字（2011）第 150915 号

数学课堂教学技能与微格训练

王晓军 编著
汪晓勤 主审

责任编辑 黄兆宁
封面设计 联合视务
出版发行 浙江大学出版社
　　　　 （杭州天目山路 148 号 邮政编码 310007）
　　　　 网址：http://www.zjupress.com
排　　版 杭州青翊图文设计有限公司
印　　刷 浙江全能工艺美术印刷有限公司
开　　本 710mm×1000mm 1/16
印　　张 14.75
字　　数 265 千
版 印 次 2011 年 9 月第 1 版 2022 年 8 月第 8 次印刷
书　　号 ISBN 978-7-308-08926-5
定　　价 28.00 元

前　言

　　如今的社会是一个知识经济爆炸的时代,教师要教好学生,自己首先要有一桶水,才能教给学生一杯水。教师要具备什么样的能力,才能更好地开展教学工作? 教师技能又是什么呢? 长期以来,高校师范生的师范技能训练缺乏系统的理论研究与实践指导,师范生的培养和专业发展是当前国际教师教育研究的热点问题,同时也是国内高师教育所面临的严峻问题。各国都在寻找有效途径以便使师范生具备新形势下优秀教师的基本素质和潜力。教育教学实践既是推动教师专业发展的有效动力,也是实现教师成长的重要途径,更是师范院校的学生实现角色转换的关键环节,师范院校必须多渠道开展实践活动,为师范生提供实践和磨炼的机会,使他们能够在学习阶段最大限度地提升教育教学能力,从而加速他们的专业成长,使他们就职后能够很快成为教育行业的优秀人才。在校期间,师范生必须经过严格的实践性教学训练,即接受专门的教师职业技能训练。数学课堂教学技能微格训练是数学与应用数学(师范)专业学生进行数学课堂教学实践的一门专业必修课。因此,本课程的开设对培养合格的数学教师具有重要的意义。同时,对于在职数学教师教学技能水平的提高和专业成长也有一定的指导作用。

　　数学新课程的实施,改变了原来传统的教学模式,给从事教育的教师带来了新的课题:比如如何更新教学培养模式,如何提高数学教师的综合素养等等。数学课程的核心是人人都学有用的数学,即数学教学的大众化,而作为教学主要场地的课堂,表现出来的是课堂教学效率与数学教师教学技能的直接相关关系。所以,教师在课堂教学中反复地实践,可以有效地提高教师的教学能力。20 世纪 60 年代初人们开始关注这个问题,并逐渐摸索出一套系统准教师课堂教学技能的方法——微格教学,并取得了很好的效果。微格教学是一种通过"实践、观摩、分析、再实践"的方法,借助音频视频记录装置和实验教学练习,对需要掌握的知识、技能进行选择性的模拟,使其各种教学行为的训练可被观察、分析和评估。数学微格教学可以对课堂上 45 分钟里每一个细小的环节展开实践和分析处理,使师范生和在职教师能发现自己不足的教学行为,并进行修改和再实践,从而达到各项技能的再优化。目前,国内外许多高校和中学已将微格教学列为师资培训的必修内容。

本书是结合新课程理念对教师的新要求而构思的。本书的主要特点有以下几个方面:首先是比较全面地设置数学课堂教学技能,由于不同作者考虑的问题有所不同,这里不仅只限于课堂教学,还包括了教学设计、教学管理、说课、评课等技能;其次是利用微格教学训练开展实践,并收集了许多教学案例,这样能很好地丰富教学实践;最后章节设计的主线是理论阐述、类型分析、技能实施以及相应的实践案例。当然,限于作者的学识和水平,书中观点不能尽如人意,遗漏之处定然不少,还望老师们不吝赐教。

本书既可以作为高师数学专业学生实践课程的教学用书,也可以作为在职数学教师进修提高的参考书。希望本书的出版,能使数学教育专业的学生更加全面地进行课堂教学技能的微格训练,促进在职数学教师的教学水平不断地提高,从而对优化中学数学课堂、提高数学课堂教学效率起到一点推动作用。

王晓军
于绍兴文理学院
2011.6

目 录

第一章　数学课堂教学技能与微格教学概述

第一节　数学课堂教学技能及其变化

一、什么是数学课堂教学技能

随着数学课程改革推进,教师的专业化发展日益受到关注,教师的专业技能以及教学技能纳入人们研究的视野。什么是教学技能? 如何分析、评价教师教学技能? 如何训练教学技能? 教学技能能否进行个性化发展? 诸多问题需要逐步分析。

在传统的数学课堂教学中,人们很少注意课堂中教师教学技能的研究,更多地考虑教学目标的实现、教学内容的把握、教学方法的选择、教学效果的关注、学生成绩的提高等。无论是在师范院校,还是在教师的职后培训,课堂教学技能都未能引起人们的研究兴趣。在走上工作岗位之前,师范生们在学校除了专业课程学习之外,还要学习教育学、心理学理论作为教师的教育理论基础课,再加上数学教育学和数学教学论的研究,被认为足够对付中学数学课堂教学了。真正的数学课堂教学训练是在教育实习中,由实习学校的数学教师手把手地传授。实践证明,这种模式训练师范生课堂教学技能的效果很不理想,存在十分明显的缺陷。如何克服这一不足,已引起人们的关注。

(一)课堂教学技能的界定

教学技能就是教师在教学中的所有表现,由教学语言、各种表情、形体动作组合而成,通常是为了达到某种目的、传递某种信息而做出的有意识的表现。既然是所有表现,就一定是可以被观察到的,凡是无法观察到的就不算教学技能,如教师的心理活动就不属于教学技能。教学技能具有一定的操作程序和规则要求,显然是众多教师个体表现共性部分的集合体,它已经不属于任何个人,是一种共性的表现。教学技能不再是个人的,但它又要通过每个人的教学行为表现出来。

课堂教学技能是一个非常复杂的综合体,让教师了解这些技能类别,要求教师了解并掌握每一种技能,对于优化当前课程的课堂教学十分必要。当然,有些教学技能并非依靠培养或培训方案即可获得,更多的是取决于教师本人的课堂经验与人格素养。

(二)课堂教学技能的选择

选择教学技能的依据主要有教学的目标、内容、学生准备程度、时间和教师自身素养等。技能服务于目标,什么样的教学目标决定用什么样的课堂技能。同样,教学内容对课堂教学技能也有制约作用,不同的教学内容,所采用的教学技能也应该不一样。学生准备程度主要是指学生的智力发展水平、动机准备与知识准备,不同阶段的学生智力发展水平是不同的,同一班级的学生的学习动机准备也有可能是不一样的。因此,要求教师在选择课堂教学技能时,还要研究学生的准备程度。对每位教师来说,就算其他四种因素相同或相差不多,但是教师自身的专业素养却不可能相同。因此,最重要的是在选择主要教学技能时,教师应该根据自己的特点,尽可能地发挥自身的优势,弥补自己的不足。我们可以要求每位教师都去按自身的优势来选择合适的教学技能,设计自己个性化的教学,创造独特的教学风格。如有的教师可能粉笔字写得不好,让他花很多时间去练习,结果也不一定有多好,但是他的语言表达能力比较强,那么他就可以充分发挥自己的语言优势,利用多媒体或投影仪来代替自己的板书,照样可以成为一位优秀的教师。我们倡导每个教师都应该做这样的聪明人,而不应将种种不现实的要求强加给每一位教师。

(三)教学技能与教师素养

犹如"冰山"一样,教师在课堂中表现出来的教学技能是冰山浮出水面的可视部分,是依托于庞大的水面下的冰山底座——教师本人的素养,即教学能力、专业水平、知识功底、道德修养、情感态度、价值判断等一系列非常个性化内容的外显。两者之间的关系是互为表里、内隐与外化的关系。课堂上教师的每一点行为表现,都受制于个人的专业素养和道德情操。

(四)数学课堂教学技能

《义务教育数学课程标准实验(2003)》中的教学建议指出:数学教学是数学活动的教学,是师生之间、学生之间交往互动与共同发展的过程。数学教学应从学生实际出发,创设有助于学生自主学习的问题情境,引导学生通过实践、思考、探索、交流，获得知识，形成技能，发展思维，学会学习，促使学生在教师指导下生动活泼地、主动地、富有个性地学习。

在教学活动中，教师应发扬教学民主，成为学生数学活动的组织者、引导者、合作者；要善于激发学生的学习潜能，鼓励学生大胆创新与实践；要创造性地使用教材，积极开发、利用各种教学资源，为学生提供丰富多彩的学习素材；要关注学生的个体差异，有效地实施有差异的教学，使每个学生都得到充分的发展；要重视现代教育技术在教学中的应用，有条件的地区，要尽可能合理、有效地使用计算机和有关软件，提高教学效益。

一般说来，数学课堂的教学技能按功能划分主要有两个方面：教学技能与管理技能。课堂管理技能是为教学的顺利进行创造条件和确保单位时间的效益，在教学中表现为教师的组织教学技能。而课堂教学技能又可以分为两种：一种是直接指向课堂教学目标和内容的，可事先做好准备的技能，这种技能称之为"主要教学技能"；另一种技能是直接指向具体的学生和教学情景，常常面对难以预料的课堂偶发事件，事先很难或根本不可能做准备，这种技能称之为"辅助教学技能"。"主要教学技能"在教学中表现为传统的课堂教学技能，包括导入技能、结束技能、变化技能、强化技能、板演技能、演示技能、语言技能、讲解技能、提问技能等等。辅助教学技能包括自主学习技能、合作学习技能、探究学习技能、媒体辅助教学技能等。

二、数学课堂教学技能的变化

显然，在课程改革进程中，数学课程理念变化，课程目标的变化，课程内容的变化，学生学习方式的变化，课堂教学方式的变化，势必引起数学课堂教学技能的变化。对应于课程理念的变化，数学课堂教学技能的变化具有以下四个明显特点：

(一)课堂教学技能关注点由"客观"转向"主观"

《全日制义务教育数学课程标准(实验稿)》对数学知识的理解发生了变化：数学知识不仅包括"客观性知识"(又称"显性知识"、"明确知识")，而且还包括"主观性知识"(又称"隐性知识"、"默会知识")。对后一类知识的认识与理解是教师面临的新问题。以往的教学技能，更多的是针对"客观性知识"——通过教师的讲授、学生的记忆理解便可习得的那些书本知识，所以教学技能多是"讲深讲透"、"先讲后练"、"边讲边练"、"讲练结合"，教师一板一眼地讲，学生一招一式地练，教师课堂教学技能以讲授知识与指导学生练习为基本招数。随着课程改革的进行，教师更要注重学生"主观性知识"的学习，关注学生的差异性，发展个性化教育。于是，教师教学技能要更加"人性化"，首先就要考虑学生的发展，恪守原来的基本招数显然不能适应目前课程的需要。

(二)课堂教学技能取向由"单向"转为"多向"

传统课堂教学的信息流向是单向性的,唯一的信源是教师,而教师完全是"照本宣科"的。课堂教学信息由教师流向学生,教师的一切教学表现,都是为此服务的。教师要考虑的是:如何使得信息完整无缺地被学生收到;如何加快信息的流速,加大信息的流量;如何排除各种干扰保证信道畅通无阻;如何让学生吃得多一点、饱一点。新的课程标准要求改变学生的学习方式,同时也要求改变教师的课堂教学方式,教学信息在教学中的传输不再是单一渠道了。学生可以通过各种方式获取知识,教学资源的多元化使得教学信息可以反向传输,由学生传向教师,也可由学生传向学生,学生还可通过网络或其他媒体获取知识。教师原先的教学行为就远远不够用了,需要增加新的教学技能以适应这种变化。

(三)课堂教学技能指向由教师转向学生

在课堂教学中,存在两种学习方式,即由教师主导取向的接受性学习和学生自主取向的研究性学习。在学生学习数学知识时,两种学习各有所长,缺一不可。然而在传统课堂上,基本只有前一种学习,教师的作用被极大强化,学生学习的自主权被限制在极小的空间里。于是,教师的教学技能突出其主导作用,突出教师个人表现的效果,不适当地强调教师在课堂中的"主角"地位,学生被要求"配合"教师讲课,成为无奈的"配角"。在目前课程教学中,教师主导取向的接受性学习被放到恰当的位置,而学生自主取向的研究性学习比重加大,学生不再是配角,而成为学习的主人。教师的教学技能由此应作相应的调节,由过去多考虑教师转为多为学生考虑,以适应两种不同取向的学习方式。

(四)课堂教学技能态势由"静态"转向"动态"

《全日制义务教育数学课程标准(实验稿)》指出:"动手实践、自主探索与合作交流是学生学习数学的重要方式。""数学学习活动应当是一个生动活泼的、主动的和富有个性的过程。"这是一个重大变化。传统数学课堂更多的是静态的学习,教师神采飞扬地讲授,学生安安静静地听课,于是,课堂默契和谐,教学纪律良好,师生皆大欢喜。在课程改革后,合作交流、小组讨论、数学实践活动分享了课堂教学的位置,安静的课堂常常被学生面红耳赤的争辩所取代,在数学活动中学生兴趣盎然、生龙活虎,学习积极性得到极大释放。如何指导学生的数学活动,如何调动全体学生的积极性成了教师教学行为的关注点。

以上教学技能的变化为我们考虑课程改革中教学技能的开发与实践提供了方向和思路。

第二节　微格教学概述与训练模式

一、什么是微格教学

微格教学是教师运用专业知识和教学理论,传递教学信息、组织教学和促进学生学习所采用的一系列微型的教学行为方式。微格教学技能训练是在学习理论、传播理论、系统科学理论的指导下,运用现代教学技术的视听手段进行的基本教学技能训练,是理论联系实际的实践活动。其主要特征是把教师的教学行为分解为各种教学技能,分别加以训练,综合起来进行实践,形成整体课堂教学系统。通常,让参加培训的学员(师范生或在职教师)分成若干小组,在导师的理论指导下,对一小组学生进行 10 分钟左右的"微格教学",并当场将实况摄录下来。然后在指导教师的引导下,组织小组成员一起反复观看录制成的视听材料,同时进行讨论和评议,最后由导师进行小结。让所有学员轮流进行多次微格教学训练,可以使他们的教学技能、技巧有所提高,从而提高教师的整体素质。

二、微格教学的训练原则

微格教学训练是一个有控制的实践系统,它使师范生和教师有可能集中解决某一特定的教学技能,或在有控制的条件下进行学习。这是建立在教育教学理论、视听理论和技术基础上,系统训练教师教学技能的方法。

我国自 20 世纪 80 年代引入微格教学后,获得迅速推广,北京教育学院与首都师范大学率先举办全国性的培训班,各地高师院校与教育学院积极响应,纷纷将它纳入学校课程,作为培训教师和师范生教学技能的专门方式,取得很大成功。

经过多年的实践可以看出,微格教学的优势十分明显:理论联系实际,具有中介性;技能分割明晰,具有可操作性;记录及时准确,具有可重复性;反馈及时,具有可评价性;运用现代视听设备,具有准确性。可见,微格教学的基本理念、技能培训方法具有积极意义。

教学技能分类不是一成不变的固定模式,传统的技能分类方法立足于以教师为中心的传统课堂教学模式,着眼点是教师的教,很少考虑学生的需求。随着课程改革的开展,运用新的课堂教学观念重新审视微格教学,可以发现它的主要不足在于忽视了学生的存在,局限于"客观性知识"传授的课堂,只能运用于教师主导取向的接受性学习方式,带有先天的缺陷。

传统教学技能的设置原则是:可观察性原则、可操作性原则、可示范性原则、可评价性原则、规范性原则、实用性原则。考虑到传统教学技能主要为教师的知识传授所设,"对事不对人",较少人性化,当前的教学技能设置应更多考虑学生,如增加两条原则:启发性原则、交互性原则。

①交互性原则。技能要着眼于学生的思维活动,注重师生间的交互作用,通过各种方式交往,促使师生双方都得到发展。

②启发性原则。技能要有利于师生间的交往,能够启发学生的思维,调动他们的学习积极性。

③可观察性原则。技能必须能明确观察到,具有明显的动作或行为,可以提供易于分辨的行为示范。

④可操作性原则。技能的目标明确,结构清晰,便于掌握,易于操作。

⑤可评价性原则。每项技能均有评价指标体系,可作定量化评价与考核。

⑥规范性原则。每项技能定义准确、规范,有标准的术语和确定的使用范围。

⑦实用性原则。技能不仅在理论上是可行的,更重要的是必须符合课堂教学实际,确实是影响教学的因素,并为教师的经验所证实。

三、微格教学训练模式

微格教学技能训练是在学习理论、传播理论、系统科学理论的指导下,运用现代教学技术的视听手段进行的基本教学技能训练,是理论联系实际的实践活动。其主要特征是把教师的教学行为分解为各种教学技能,分别加以训练,综合起来进行实践,形成整体课堂教学系统。微格教学从 20 世纪 60 年代初产生至今已有 50 多年的历史,培训对象从师范生发展到在职教师及许多其他行业的从业人员,应用地域也已发展到世界各国。微格教学在发展应用的过程中,实践者结合了本国的国情,融入了各种教育观念和思想,由此产生了多种模式。

(一)斯坦福大学及芝加哥大学模式(美国)

1. 斯坦福大学的"行为改变模式"

美国的斯坦福大学是微格教学的起源地。爱伦和他的同事们经过数年的探索、试验、研究,在 1963 年确立了微格教学的基本模式,从此微格教学从美国迅速走向世界。微格教学在世界各国推广、应用的过程中,逐渐产生了一些变化模式,尤其是 20 世纪 80 年代初在非洲一些国家的应用中,由于当地教育环境较差,教育资源匮乏,必须在新的环境资源条件下,对较复杂、正规的早期微格教学模式进行改革,由此产生了新的模式。新旧微格教学模式的主要变化对比如下：

（1）教学时间

微格教学实习片断的时间从原来长达 20 分钟缩短为 5 分钟，新模式认为 5 分钟即可形成单一概念的片断课。实际上教学时间的长短是根据班级人数、课时安排、场地环境等多种因素而定的。

（2）微格教学的学生

过去在微格教学实习时，要从中小学请来真正的学生，这会带来接送、管理、资金等一系列的问题，在新模式中启用同伴，即由教师扮演者的同伴来扮演学生。目前，这种同伴训练方法的效果已被证实是切实可行的。

（3）小组规模

从原来全组约 20 人减为 4～5 名学生为一组。爱伦认为若小组规模大到约 20 人，则要 19 人去听 1 人讲课，每人要听 19 次，这样的方式使学员听课过多，反而会使学员感到疲劳，抓不住重点，而且因为时间太长，使重教困难。新模式的 5 人小组规模小，导师布置好训练任务后，即让学生自己管理。学生可以自选课题，自找实习场地，即使没有正规的微格教学室，只要有摄像机即可，还能实行重教。小组规模小，能使每个学员得到多次重教机会。当然，小组的活动记录和反馈意见要及时交给指导老师。

（4）教学技能

爱伦和他的同事们根据经验和参考有关的教育理论文献，以统一意见的方式提出 14 项课堂教学技能，它们是：

①变化刺激（stimulus variation）；

②导入（set induction）；

③结束（closure）；

④非语言暗示（silence and nonverbal cues）；

⑤强化学生参与（reinforcement of Student participation）；

⑥流畅的提问（fluency in asking questions）；

⑦探查性提问（probing questions）；

⑧高水平组织的提问（higher-order questions）；

⑨发散性提问（divergent questions）；

⑩确认（recognizing attending behavior）；

⑪举例说明（illustrating and use of examples）；

⑫讲演（lecturing）；

⑬有计划的重复（planned rePetition）；

⑭完整的交流（completeness of communication）。

(5)反馈与评价

原来的微格教学模式对每项技能有完整的评价表,评价项目多到有时连执教者的衣着也在评价之列,以至于在重教时,执教者往往失去方向,抓不住重点。在微格教学新模式中,艾伦教授提出了"2+2"的重点反馈方式,即小组每位成员听完课后提出 2 条表扬性的意见及 2 条改进性建议,最后指导教师根据这些反馈信息,总结出 2 条表扬性意见和 2 条改进性建议。这种评价指导方式操作简单,目标明确,重教效果显著。

2. 芝加哥大学的"动力技能模式"

美国芝加哥大学的高奇(Guiltier)和詹科森(Jackson)等人在 1970 年提出了"动力技能模式",他们批评斯坦福模式"很大程度上忽略了各技能之间的关系及技能的恰当组织形式与某一特殊的教学情境的关系"。他们认为"教学是一种有目的的活动,技能在这种有目的教学过程中的应用同样是重要的。在技能训练中,教学内容本身也需要同时考虑在内,这样才能使学生获得恰当的综合使用技能的决策经验"。

芝加哥模式考虑教学中的两个方面——教学内容和教师行为,强调在教学计划中依据学科内容,设计应用各项教学技能的教学过程,这样,教学技能(如强化技能、课堂组织技能等)被作为子系统,而不是彼此孤立的行为来运用。麦可格瑞指出:"动力技能模式的基础是基于学科内容分析的系统化教学计划,它强调所训练的技能必须小心地编排到教学计划中,在课程逻辑结构中,师范生能够将教学活动集于重要的师生相互作用中,在这个意义上教学技能被认为是促进中小学生学习的动力因素。提出这些师生间的相互作用,对于促进中小学生学习的逻辑发展是必要的。"

(二)悉尼大学模式(澳大利亚)

微格教学由克利夫·特尼(Cliff Turney)等人在 20 世纪 70 年代初引入澳大利亚的悉尼大学。他们开设的"悉尼微型技能"(Sydney micro skills)课程基本上坚持了"细分"和"可观察的行为改进"的斯坦福模式的做法,但做了一些改进。悉尼大学的微格教学是以教学技能的训练为主线展开的,教育思想和教育教学的理论及实验研究融合在各项教学技能之中。整个微格教学课程分成五个系列,前两个系列包括六项基本的教学技能,后三个系列是三项小综合式的教学技能:

系列 1:①强化(reinforcement);

②基础提问(basic questioning);

③变化(variability);

系列 2：④讲解（explaining）；

　　　　⑤导入和结束（introductory procedures and closure）；

　　　　⑥高层次提问（advanced questioning）；

系列 3：⑦纪律和课堂组织（treats classroom management and decipher skills）；

系列 4：⑧小组讨论、小组教学和个别化教学（treats skills of guiding small group discussion，small group teaching and Individualized teaching）；

系列 5：⑨通过发现学习和创造性学习，发展学生思维能力（deals with skills concerned with developing pupils'thinking through guiding discovery learning and fostering creativity）。

澳大利亚悉尼大学对微格教学的开发应用及研究是很有成效的。悉尼大学开发的微格教学教材在世界上享有一定声誉，《悉尼微格教学技能》一书被许多国家采用。

澳大利亚的微格教学的主要步骤有：

①示范。播放教学技能的示范录像，讲解教学技能的构成、有关理论知识及要求，促进对技能的掌握。

②角色扮演。为师范生提供实践机会，增强自信心。

③反馈。为师范生改进自己的教学行为提供明确、具体的帮助。

④重教。在师范生对自己的教学行为非常不满意时才进行，对大多数师范生来说这一步可取消。

从上述步骤可以看出，澳大利亚的微格教学强调四个环节：示范、角色扮演、反馈和重教。没有列出评价这一环节，是因为评价是贯穿于全过程中的，而且主要是启发学生自我评价，这正体现了尊重学生的教育原则。

（三）新乌斯特大学及斯特灵大学模式（英国）

1. 新乌斯特大学的"社会心理学模式"

20 世纪 60 年代末微格教学引入英国时，当时的一些模式已受到了一些批评。斯通斯（Stones）和莫里斯（Morris）指出："微格教学的目的和作用需要重新澄清，应该将方向转移到加强教学理论与教学实践的联系上来。"他们两人都认为，"微格教学是一种有价值的革新，比一般的教学有更大程度的可控性，所以强调理论与实践的关系可以挖掘出更大的潜力，可以使师范生掌握教学模式"。

莫里斯等人发现，有社会能力的教师在教学中表现更为突出，并从社会心理学的角度看待教学，认为教学是一种社会活动技能，教学依赖于人际关系和师生间的交流。

布朗(Brown)在 1975 年将这一模式引入了新乌斯特大学,哈奇(Hargie)于 1977 年在乌斯特学院进行了这一模式的微格教学。他们认为微格教学需要集合三个方面的要素——计划、角色扮演和反馈认知。哈奇还强调了与技能相关的理论的重要性,各项教学技能的教学不仅提供音像示范,而且还要说明依据人际关系社会心理学所建立的各项技能的理论基础,这样才能使师范生不仅知道如何应用技能,而且还知道什么时候使用它。

由于新乌斯特大学在微格教学中强调技能的综合应用,强调学员在微格教学中形成对教学的认知结构,以及依据社会心理学,强调在微格教学中人际间相互作用的情感因素,所以教学技能只是作为微格教学课程的组成部分而没有单独列出来进行训练。

2. 斯特灵大学的"认知结构模式"

1969 年,斯坦福大学的模式被引入斯特灵大学的微格教学,经过几年的实践和研究,在 20 世纪 70 年代中期,麦克因泰尔(McIntyre)等人提出了"认知结构模式"。他们发现斯坦福大学模式中的技能描述和反馈评价只停留在技能行为上,"这些只能给师范生若干个作为假定的教学技能的特殊教学行为方式"(麦克因泰尔、马克莱德,1977)。于是,在斯特灵大学,这些教学技能只是作为教学大纲的组成部分,而不是作为理论基础。

斯特灵大学的研究者们认为,师范生关于教学的认知结构在他们的教学活动中起决定性的作用。技能训练和反馈的重要性,在于使师范生的认知结构发生改变,这种改变是通过将各项技能中的认知概念有机地结合在一起而形成的。在研究的基础上,他们对师范生在微格教学中认知结构的形成过程进行了分析,将微格教学对师范生所起的作用解释为使师范生的教学认知结构产生变化,并帮助他们形成自己的作为教师的概念结构。师范生可以运用这一概念结构,对在教学中什么时候应该用什么教学技能进行决策,并能帮助他们在实际教学活动中感知教学技能,从而形成对技能表现的价值评价。

(四)对各国微格教学模式的分析

由于各国各大学进行微格教学的培养目的不同,所依据的理论观点和理论基础不同,各个微格教学模式之间存在着一定的差异,现分析如下:

①斯坦福大学所开展的微格教学,是建立在对宏观教学活动的分解,以及进行行为描述的基础上,强调在有控制的条件下对单项技能的训练,强调音像示范和反馈评价的作用。

②芝加哥大学的微格教学,强调教学技能应实现教学目的、发挥教学功能。他们认为斯坦福模式在这方面存在的缺陷,是由于技能训练没有很好地与教学内容相结合,没能系统地综合应用各项教学技能所造成的。芝加哥大学微格教

学的目的,是在完整课的教学中培养结合教学内容、综合应用各项教学技能的决策能力和实践能力。

③悉尼大学所开展的微格教学,仍然强调对宏观教学活动的分解和对可观察的教学行为进行描述,但对教学技能中的行为在有效性方面进行了较深入的实验研究。强调了基于某些教学观点的几项小综合型的教学技能训练,并通过控制实现从单项技能到小综合型技能训练的过渡。

④新乌斯特大学微格教学的特点是:先进行分技能的训练(同时强调控制变量),后综合到完整课的教学中;强调用社会心理学作为各项技能的理论基础,以此来保证技能应用的有效性;在完整课的综合应用中,强调以社会心理学为基础,通过计划决策和实践形成认知结构。其培养目的是建立以社会心理学为基础的课堂教学综合能力。

⑤斯特灵大学微格教学的特点是:提出用心理学理论和成功的教学经验的概念来描述技能,并形成对技能的价值评价;强调了内部心理机制对外部教学行为的调节和控制作用。认为微格教学主要是通过改进认知结构来实现对教学行为的改进,而认知结构的改进是通过各项技能中的认知概念有机结合在一起而形成的,认知结构可以促进应用教学技能时的决策能力,促进在实际教学中感知教学技能,从而形成对技能的价值评价。

综上所述,我们可以看出各国开展微格教学的情况虽不尽相同,但斯坦福模式中的教学技能成分和体现科学方法论的一些做法,在各国的微格教学中基本上被保留了下来。同时我们还可以看出各大学在对斯坦福模式进行改进时所共同关心的问题,即这些改进或发展很大程度上都源于对行为描述的教学技能,发现其在教学中的有效性存在着很大程度上的不确定性,从而使实施技能时的目的性和在评价中的价值判断出现困难。但各大学对这一问题的解决方法是不同的,在保证教学技能的目的性、有效性和价值判断方面,芝加哥大学是强调技能与教学内容的结合,从教学内容的系统分析上来实现的;悉尼大学是通过对所提出来的技能行为进行实验验证来实现的;新乌斯特大学是从师生相互作用的角度,强调以人际交往的社会心理学理论作为教学技能的理论基础来解决技能价值不确定的问题;斯特灵大学强调用心理学和成功教学经验的概念原则系统作为技能的理论基础,从而保证技能应用的目的性、有效性和价值判断。

对斯坦福模式的发展还表现出将各项教学技能综合应用到完整课的教学中去的趋势,某些大学已经把微格教学深入到综合教学能力的培养这一较为广泛的领域,但对于"综合教学能力"的理解和所依据的理论观点,各大学有较大的差异,但各种综合应用教学技能都是建立在对各技能成分的训练的基础上的,或是建立在对宏观层次的教学活动分析的基础上的,在这一点上又是比较一致的。

(五)我国的微格教研模式

微格教学自 20 世纪 80 年代中期引入我国后,先后在一些教育学院以及高等、中等师范院校和许多中小学展开了积极的研究和实践,并进行了广泛的交流。起初研究和实践主要集中在吸收借鉴国外微格教学的做法,并在实践中移植到自己的微格教学中。随着研究的深入,各地院校也提出了一些共同关心的问题,如微格教学与传统教法之间的区别及微格教学中的科学方法论问题,教学技能中的教育学、心理学理论基础的问题,适合我国国情的教学技能分类的问题,微格教学的技能训练与完整课教学能力之间的关系问题等。这些问题实际上与国外微格教学所提出的问题是类似的,反映出微格教学中的共性问题。北京教育学院微格教学研究室在引进、借鉴国外微格教学的基础上,对以上问题进行了认真的研究,取得了系列研究成果。

各地教育工作者在应用微格教学时,都结合了本地区本学校的实际情况,对微格教学的基本模式有所变通和发展,使之成为发展我国师资培训教育的有效方式。上海市华东理工大学附属中学推行的"微格教研"活动就是微格教学的一种变通模式。该模式采用了微格教学的合理内核,提取微格教学流程中的重要环节,采取摄录像方式,供教研组在教研活动时进行局部的定格研讨。这样,既学习了有关理论,也探讨了具体操作方法,从而获得完整的认识,提高了教师的整体能力和素质。微格教研的基本结构是:先进行在特定课题理论指导下的实际教学的现场观摩与实况录像;再重放录像,观摩录像,进行自我反思与直观再现式同步研讨;然后进行理性总结、理论升华;最后还要将理论运用到教学实践中去予以检验、拓展。在一所学校的各个教研组中,推行微格教研活动,将教学技能研究的要求与教研组活动结合起来,首先是增强了研究气氛。过去教研组活动,由于教师们担任不同年级的课,共同的话题较少,在教研组中进行微格教研活动,则形成了浓浓的研究气氛。其次,运用了微格教研的方法,为教研组活动定位于教法、学法研究。录像的形象性和再现功能,使教研活动丰富生动,又因为每次活动只研究一项技能,使研究问题的切入点小,所以挖掘就会更深一些。随着资料的积累,更便于做纵向及横向的比较研究。微格教研活动对于经验不足的青年教师是有实际意义的,对于有经验的老教师,也可自我提炼、概括总结教学特点,互相交流,共同提高,起到精化教学的作用。

第三节　微格教学训练的实施

微格教学训练是一项细致的工作,要有效地提高教师的教学技能,关键是要紧紧抓好微格教学全过程所包含的理论学习、示范观摩、编写教案、角色扮演、反馈评价和修改教案等环节。这些环节环环相扣,联系密切,削弱其中任何一个环节,都会影响培训的效果。我们应针对被培训者的实际情况,落实每一个实施步骤,如图 1-1 所示。

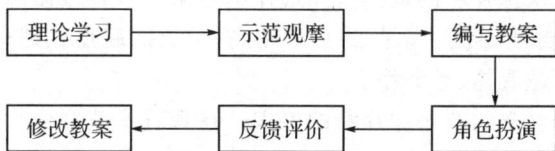

理论学习 → 示范观摩 → 编写教案

修改教案 ← 反馈评价 ← 角色扮演

图 1-1　微格教学实施过程

一、理论学习和辅导

在微格教学实践和发展的过程中,融入了许多新的教育观念、教育思想和方法,如布鲁姆的"教育目标分类学"及"掌握学习法"、弗朗德的"师生相互作用分析"理论。具体实践中又有美国爱伦教授的双循环式和英国布朗教授的单循环式等。微格教学培训是一种全新的实践活动,也有其深刻的理论基础,因此,学习和研究新的教学理论是十分必要的。理论辅导的内容包括微格教学的概念、微格教学的目的和作用、学科教学论、各项教学技能理论。理论研究和辅导阶段要确定好教学的组织形式。通常在学习教学理论时,导师以班级为单位作启发报告,讨论和实践则以小组为单位。小组成员 6 人左右,最好是同一层次的教师或师范生。指导教师要启发小组成员尽快相互了解,对所研讨的问题有共同语言,互相成为"好朋友"。

二、教学技能分析

微格教学的研究方法就是将复杂的教学过程细分为单一的技能,再逐项培训。导师可以根据培训对象的不同层次和需要,有针对性地选定几项技能。一般说来,对于师范生和刚踏上讲台不久的青年教师,经过微格教学实践可以及早掌握教态、语言、板书等方面的基本技能;对于有一定教学经验的教师,可以通过微格教学实践,深入探讨较深层次的技能,有利于总结经验、互相交流、共同提高教学能力,以达到提高教师整体素质的目标。在技能分析和示范阶段,导师要作启发性报告,分析各项技能的定义、作用、实施类型、方法及运用要领、注意点等,同时将事先编制好的示范录像给学员观看。

三、组织示范观摩

针对各项教学技能,提供相关的课堂教学片断,组织学生进行示范观摩。观看录像后经过小组成员讨论分析,取得共识。这样,学员不仅获得了理论知识,也有了初步的感知。

1. 观摩微格教学示范录像

①教学示范录像片断的选择。在选择示范录像时要遵循两条原则:一是水平要高,二是针对性要强。示范的水平越高,学员的起点就越高;针对性越强,该技能的展现就越具体、越典型。

②提出观摩教学示范录像片断的要求。在观看示范录像片断时,指导教师要先提出具体要求,明确目标,突出重点,边观看边提。提示时要画龙点睛,简明扼要,不可频繁,以免影响学员观看和思考。

2. 组织学习、讨论、模仿

①谈学习体会。各自谈观后感:哪些方面值得学习;对照录像,检查自己的教学与其存在哪些差距。师范生注重前者,在职教师注重后者。

②集体讨论。重点交换各自的意见,在要学习的方面达成共识。指导教师也要参加讨论,重点指导。

③要点模仿。示范的目的是使受训者进行模仿。许多复杂的社会型行为往往都能通过模仿而获得。实际上,受训者在观看录像时,就已渗透着模仿的意义。这里讲模仿,主要是在指导教师指导下进行重点模仿。此外,指导教师的亲自示范或提供反面示范,对学员理解教学技能也会起到十分重要的作用。

四、指导备课

1. 组织学员钻研某项教学技能

①充分备课,熟悉教材。熟悉教材是至关重要的,如果对教材理解不透彻不深入,甚至出现片面性或错误,就无法体现教学技能。

②根据指定教材,针对某项教学技能进行钻研。在熟悉教材的基础上,重点应该考虑教学技能的运用。要正确运用教学技能,对该教学技能的钻研是先决条件,指导教师要正确引导学习者钻研教学技能的理论,联系教材,把理论用于实践。

2. 学员备课

①在钻研指定教材和该项教学技能的基础上,编写出教案。

②在指导教师的指导下,交流备课情况,取人之长,补己之短。

③对在职教师和师范生要求有别。钻研教材,熟悉教材,理解教材,并结合教学技能备课,对在职教师来说,问题不是很大,但对在校的师范生来说,则是一个比较大的问题。师范生应先接受教学基本理论和教材分析的培训。指导教师在给他们指定教材时,还要对教材进行适当的分析,以帮助师范生正确理解教材,从而结合教学技能的运用进行备课。

五、角色扮演

1.角色扮演的意义

角色扮演是微格教学的中心环节,是受训者训练教学技能的具体教学实践活动,在活动中每个受训者都要扮演一个角色,进行模拟教学。它改变了传统的教师讲、学生听的教学模式,给受训者以充分的实践机会,从而使师资培训工作上了一个新台阶。

2.角色扮演的要求

要求主要有两个方面:一方面扮演"教师"者要"真枪实弹",按照自己的备课计划,在有控制的条件下,训练教学技能;另一方面扮演"学生"者要充分表现学生的特点,自觉进入特定情境。

培养教学技能,必须通过真实的练习与训练,否则就难以形成技能。微格教学中的角色扮演,给学生提供了上讲台的机会,使他们能把备课时的设想和对单项技能的理解通过自己的实践表现出来,同时进行录像。师范生由原来的被动听课者变为教学活动的参与者,充分发挥了学生的主体作用,体现了微格教学的优势。

在微格教学实习室内,有教师、学生和摄像人员。教师由接受培训的学员轮流担任,学生也由学员扮演。每节微格教学课的时间控制在 10 分钟左右。为了使"角色扮演"的效果更佳,微格教学实践应该注意以下几点:

①在角色扮演前,指导教师要向师范生说明有关角色扮演的规定。

②除了执教者和学生以外,减少模拟课堂上其他无关人员,这样当执教者面对摄像镜头时,能减少紧张情绪。

③扮演"教师"者要把自己当成一个"纯粹"的教师,要把自己置身于课堂教学的真情实境之中,一切按照备课计划有控制地进行教学实践活动,训练教学技能。

④扮演"学生"者要充分表现学生的特点,自觉进入特定情境。有时也可以让学员扮演一位常答错题的学生,以培训执教者的应变能力。"学生"最好是执教者平时的好朋友,这样初登讲台的执教者能获得一种安全感。

六、反馈评议

反馈评议阶段,首先由执教者将自己的设计目标、主要教学技能和方法、教学过程等向小组成员进行介绍,然后播放微格录像,全组成员和导师共同观摩。观看录像后进行评议,可以由执教者本人先分析自己观看后的体会,检查事先设计的目标是否达到,及自我感觉如何;再由全组成员根据每一项具体的课堂教学技能要求进行评议。评议过程由以下三个环节构成:

1.学员自评

①照镜子,找差距。由教师角色扮演者分析技能应用的方式和效果,看是否达到预期目标。

②列出优、缺点,肯定成绩,找出不足之处。如果自己认为很糟、非常不满意,可以申请重新进行角色扮演和录像。指导教师可根据条件和时间,决定是否重录,尽量做到不挫伤学员积极性。

2.组织讨论、集体评议

①评议时应以技能理论为指导,分析优缺点,进行定性评价。

②根据量化评价表给出成绩,进行量化评价。

③提出建设性意见,提出如何做可能会更好。

④指导教师要注意引导,营造一种学术讨论的氛围。

3.指导教师评议

学习者对指导教师的评价是十分重视的,指导教师的意见举足轻重。因此,指导教师的评价应尽量客观、全面、准确。对于扮演者的成绩和优点要讲足,缺点和不足要讲准、讲主要的。要注意保护学习者的自尊心和积极性,要以讨论者的身份出现,讨论"应该怎样做和怎样做更好",这样效果会更好些。

七、修改教案,反复训练

1.学员修改教案

根据本人录像,参考技能示范录像和技能理论,对照评议结果,针对不足之处,由学员自己修改教案。

2.进行重教

根据评议情况,学员进行第二次实践,重复上述过程。

3.再循环或总结

是否再循环,可以根据培训对象的具体情况及课时安排而定。当然,在课堂教学过程中,各项技能是交织在一起的,任何单项的教学技能都不会单独存在。如培训导入技能,重点研究导入的方式、新旧知识的联系、情境的创设等问题。但导入过程必然用到语言技能,还可能用到提问、板书、演示等技能,只是对这些技能暂不考虑,只重点考虑导入技能的应用情况。

因此,当各项教学技能都经过训练并达到一定水平以后,指导教师应安排学习者进行各项技能的综合训练,也只有对教学技能进行综合训练,才可能最终形成教学能力。

实践与思考

1.谈谈你已掌握的数学课堂教学技能有哪些,使用效果如何?

2.什么是微格教学? 微格教学实施的基本步骤是什么?

3.观看一段自选的数学教学录像,说说在这段教学过程中,教师是如何运用数学课堂教学技能的。

第二章　数学教学的相关设计

　　数学教学是实践性很强的科学,也是一门艺术。数学教学既有系统的理论基础,又有其具体的特点和规律,还有体现了这些特点与规律的技能、技巧和方法。要掌握教学方法和艺术就要有基本功,对于未来的数学教师来说,学习和训练这些基本功是十分重要的。总体上讲,在接受教师道德、普通话、三笔字、多媒体教学技术培养和训练兼顾进行的基础上,从备课、教课、说课、开展课外活动等方面进行全面的教学训练,重点应放在对教学标准、教材的理解上,对教学过程的认识把握上,对教学方法的引导和运用上,对学生的了解和引导上,在"实用"、"可操作"、"怎样做"等方面下工夫,来提高教学工作的实际能力。

　　教学设计是师范生微格教学过程中的一个重要环节,也是踏入教学实践的第一阶段。微格教学的教学设计是建立在学习理论、传播理论、系统科学理论基础之上的对教学过程和方法的描述。在微格训练过程中,师范生在学习完每一项教学技能之后,紧接着要通过一个简短的微型课对所学的教学技能进行实战训练,使其理论在实践过程中得到提高和完善。如何根据教学内容和技能训练目标,对微型课的教学方案和教学过程进行设计,将要训练的教学技能恰如其分地运用于课堂教学过程,是微格教学训练中极其重要的工作。这项工作几乎贯穿于微格教学训练的全过程,我们要求师范生在教学改革实践中从教学设计的高度认识并操作整个过程,使微格教学的训练方案更加科学有序。

　　教学设计可以分为学期教学设计、课时教学设计、微格教学设计等形式。教学设计的书写还必须考虑数学课程特点、学生发展特点,要符合数学课程教学理念和学生的认知发展水平。

第一节　学生发展特点与数学学科特点

一、了解学生发展特点

在设计教学过程的活动中,师范生必须考虑学生的身心特征,否则,脱离学生身心发展特点的教学过程肯定不能很好地优化学习结果。一般说来,应该了解学生的一般特征,包括认识、情感、品质方面的特征。

1. 小学生发展的一般特征

小学生感知事物的特点比较笼统、不精确,对时间和空间的概念也比较模糊。在记忆的发展方面,机械记忆占主导地位,从无意识记为主向有意识记为主发展,从具体形象记忆向抽象记忆发展。在思维的发展方面,以具体形象思维为主,抽象逻辑思维的自觉性较差,抽象逻辑思维发展不平衡,缺乏批判性思维,思维也不够灵活。在想象方面,想象力丰富,但想象与现实之间没有明确界限。在注意的发展方面,表现出注意不稳定、不持久,注意的范围小、分配能力不强、转移品质较差等特征。因此,在设计教学时要以小学生的认知发展水平和特点为基础。考虑到他们的年龄特征,不要提出太高、太多的要求。要注意学生的劳逸结合,适当控制作业量。要明确活动的任务、要求,激发学生的兴趣,鼓励他们敢想、敢说、敢做。还要及时引导,教给他们一定的认知方法,逐步提高他们认识世界的自觉性、目的性。

在情绪、情感发展上,小学生表现形态在不断变化,内容不断丰富、深刻,稳定性和自控力不断增强。小学生的道德感还只是外部的、被动的、粗浅的。这种情感体验容易受具体形象事物的感染,还没有达到自觉意识的水平。小学生美感主要指向内容,指向具体人物的形象,较少注意作品的艺术评价。

在意志发展方面,自觉性比较低,容易独断和受暗示。果断性不强,常常表现出草率从事、鲁莽决定的特点。坚持性品质不强,见异思迁、做事虎头蛇尾非常常见。自制性品质较差,任性冲动、怯懦在一些小学生身上也常常表现出来。

2. 初中生发展的一般特征

初中生的感受性和观察力发展得更好,知觉的有意性和目的性有了较大提高,知觉的精确性、概括性更加发展,出现了逻辑性知觉。初中生的意义识记能力更加发展起来,而形象识记和抽象识记都在发展。在思维方式上,创造性和批判性日益明显,片面性和表面性依然存在,思维的"有我中心控"再次出现。在初中生想象的发展方面,想象的有意性迅速增长,想象的创造性成分在不断增加,想象的现实性在不断发展。初中生在注意的发展方面,有意注意有了进一步发展,注意比较稳定和集中,注意分配能力发展相对较为缓慢,具有一定的注意转移能力。

初中生情绪、情感发展的特点包括:情绪反映强烈,带有明显的不稳定性、冲动性。情感的外部表现比较明显,而且带有比较明确的两极性。高级情感在日渐形成发展,不过尚未占据主导地位。在意识发展方面,受暗示性仍然占较大比重,突出表现在喜欢模仿上。他们追求时尚,崇尚流行,自觉意识较弱。意志的果断性不强,在需要作出决断时,还要依赖外部力量。办事草率或优柔寡断现象在初中生身上开始增多。

3. 高中生发展的一般特点

高中生感知觉的发展水平不断提高,更富有目的性和系统性,能发现事物的一些主要细节和事物的本质方面,稳定性、持久性、精确性都比初中生有了很大的提高。高中生记忆的发展已达到新的成熟阶段。意义识记占主导地位,机械识记的成分逐渐减少。在复习时,能够自觉地安排复习,并能主动地自我监控。抽象识记不断增强,形象识记则有下降的趋势。高中生思维的发展具有更高的抽象概括性、反省性和监控性特点。就思维品质发展而言,高中生思维具有更大的组织性、独立性、深刻性和批判性。高中生思维水平存在着较大的个性差异。高中生的情感反应很强烈,富于激情和热情。他们的情绪、情感具有两极性色彩,而且内心体验变化较大,带有闭锁性,不易被人发觉。在异性之间交往上,要显得成熟些、理性些。在高中生高级情感的发展上,高中生已能用一定的道德准则去评价自己和他人的行为。在集体感上,高中生特别重视自己在集体中的地位;在友谊感形成中,比较注意共同的心理基础,有一定的选择性。在意志品质的发展上,他们受暗示性减少,独立性进一步增强,果断性有了更大的发展,能逐步有原则地作出决断和处理矛盾,但同时又易出现独断性。

二、数学学科特点与中学数学教学

一般认为,数学有三个显著特点,这就是抽象性、逻辑严密性、应用广泛性。数学的以上三个特点是互相联系、互相影响、密不可分的。认识数学的以上特点,并注意在中学数学教学中正确把握好数学的特点,具有重要意义。

1. 抽象性

所谓抽象,就是在思想中分出事物的一些属性和联系而撇开另一些属性和联系的过程。抽象有助于我们撇开各种次要的影响,抽取事物的主要的、本质的特征并在"纯粹的"形式中单独地考察它们,从而确定这些事物的发展规律。数学以高度抽象的形式出现,首先是其研究的基本对象的高度抽象性。数学抽象最早发生于一些最基本概念的形成过程中,恩格斯对此作了极其精辟地论述:"数和形的概念不是从其他任何地方,而是从现实世界中得到来的。人们用来学习计数,也就是作第一次算术运算的十个指头,可以是任何别的东西,但总不是知性的自由创造物。为了计数,不仅要有可以计数的对象,而且还要有一种在考察对象时撇开它们的数以外的其他一切特性的能力,而这种能力是长期以经验为依据的历史发展的结果。和数的概念一样,形的概念也完全是从外部世界得来的,而不是从头脑中由纯粹的思维产生出来的。必须先存在具有一定形状的物体,把这些形状加以比较,然后才能构成形的概念。纯数学是以现实世界的空间形式和数量关系,也就是说,以非常现实的材料为对象的。这种材料以极度抽象的形式出现,这只能在表面上掩盖它来源于外部世界。但是,为了对这些形式和关系能从它们的纯粹形态来加以研究,必须使它们完全脱离自己的内容,把内容作为无关紧要的东西放在一边;这样就得到没有长宽高的点,没有厚度和宽度的线,a 和 b 与 x 和 y,常数和变数;只是在最后才得到知性自身的自由创造物和想象物,即虚数。"数的概念,点、线、面等几何图形的概念属于最原始的数学概念。在原始概念的基础上又形成有理数、无理数、复数、函数、微分、积分、n 维空间以至无穷维空间这样一些抽象程度更高的概念。从数学研究的问题来看,数学研究的问题的原始素材可以来自任何领域,着眼点不是素材的内容而是素材的形式,不相干的事物在量的侧面,形的侧面可以呈现类似的模式,比如代数的演算可以描述逻辑的推理以至计算机的运行,流体力学的方程也可能出现在金融领域。数学强大的生命力就在于能够把一个领域的思想经过抽象过程的提炼而转移到别的领域,纯数学的研究成果常常能在意想不到的地方开花结果。有些外国数学家由于数学研究对象的抽象性,就认为数学是不知其所云,这种认识是不妥的。

数学科学的高度抽象性,决定数学教育应该把发展学生的抽象思维能力规定为其目标。从具体事物抽象出数量关系和空间形式,把实际问题转化为数学问题的科学抽象过程中,可以培养学生的抽象能力。

在培养学生的抽象思维能力的过程中,应该注意从现实实际事物中抽象出数学概念的提炼过程的教学,又要注意不使数学概念陷入对于某一具体原型的探讨纠缠。例如,对于直线概念,就要从学生常见并可以理解的实际背景,如拉紧的线、笔直的树干和电线杆等事物中抽象出这个概念,说明直线概念是从许多实际原型中抽象出来的一个数学概念,但不要使这个概念的教学变成对直线的某一具体背景的探讨。光是直线的一个重要实际原型,但如果对于直线概念的教学陷入对于光的概念的探究,就会导致对直线概念纠缠不清。光的概念涉及了大量数学和物理的问题,牵涉了近现代几何学与物理学的概念,其中包括对欧几里得几何第五公式的漫长研究历史,非欧几何的产生,以及光学、电磁学、时间、空间,从牛顿力学的绝对时空观,到爱因斯坦的狭义相对论和广义相对论,等等。试图从光的实际背景角度去讲直线的概念,陷入对于光的本质的讨论,就使直线的概念教学走入歧途。应该清楚,光不是直线唯一的实际原型,直线的实际原型是极其丰富的。

在培养中学生的抽象思维能力方面,要注意的一个问题是应根据中学生的年龄心理特点,对中学数学教学内容的抽象程度有所控制,过度抽象的内容对普通中学生来说是不适宜的(如某些近代数学的概念)。另外,对于抽象概念的学习应该以抽象概念借以建立起来的大量具体概念作为前提和基础,否则,具体知识准备不够,抽象概念就成为一个实际内容不多的空洞的事物,学生对于学习这样的抽象概念的重要性和必要性就会认识不足。

2. 严密性

所谓数学的严密性,就是要求对于任何数学结论,必须严格按照正确的推理规则,根据数学中已经证明和确认的正确的结论(公理、定理、定律、法则、公式等),经过逻辑推理得到,这就要求得到的结论不能有丝毫的主观臆断性和片面性。数学的严密性与数学的抽象性有紧密的联系,正因为数学有高度的抽象性,所以它的结论是否正确,就不能像物理、化学等学科那样,对于一些结论可以用实验来加以确认,而是依靠严格的推理来证明;而且一旦由推理证明了结论,这个结论也就是正确的。

数学科学具有普遍的严格逻辑性特点,而在数学发展历史中则有许多非常典型的例子。例如,对于无限概念逐步深入的认识,毕达哥拉斯学派对于无理数的发现,牛顿、莱布尼兹的微积分及其严格化,处处连续却处处不可导的函数的构造,集合论悖论的构造,都很好地说明了数学的这种严格的风格和精神。

数学中严谨的推理使得每一个数学结论不可动摇。数学的严格性是数学作为一门科学的要求和保证,数学中的严格推理方法是广泛需要并有广泛应用的。学习数学,不仅学习数学结论,也强调让学生理解数学结论,知道数学结论是怎么证明的,学习数学科学的方法,包括其中丰富蕴涵的严格推理方法以及其他的思维方法。如果数学教学对于一些重要结论不讲证明过程,就使教学价值大为降低。学生也常常因为对于一些重要而基本的数学结论的理解产生困难却不能及时得到教师的指导解惑而对数学学习失去兴趣和信心。根据对于新高中数学课程教学的一些调查,新教材中对于某些公式的推导,某些内容的讲解方面过于简单,不能满足同学的学习要求,特别典型的是立体几何中的一些关系判定定理只给出结论,不给出证明,方法上采用了实验科学验证实验结论的方法进行操作确认,就与数学科学的精神和方法不一致,老师们的意见比较多,是日前数学教学实践面临的一个问题。数学教学的一个重要目标是教学生思维的过程与方法,让学生充分认识数学结论的真理性、科学性,发展严密的逻辑思维能力。

严密性程度的教学把握当然应该贯彻因材施教的原则,根据学生和教学实际作调适,数学教材(包括在教师教学用书中)可提供严密程度不同的教学方案,备作选择和参考。例如,对于平面几何中的平行线分线段成比例定理,在实际教学中就可以根据教学实际情况采用三种不同的教学方案:第一种是初中数学教材(如人民教育出版社中学数学室编写的《九年义务教育三年制初级中学教科书几何第二册》)普遍采用的,即从特殊的情形作说明,不加证明把结论推广到一般情形;第二种是用面积方法来得到定理的证明(如人民教育出版社中学数学室编写的《义务教育初中数学实验课本几何第二册》的证明方法);第三种则分别就比值是有理数、无理数的不同情况来加以证明,是严密性要求较高,对学生的思维能力要求也较高的一种教学方案(如苏联的某些初中数学教材的教学要求)。可以肯定,长期不同程度的教学要求的差异也自然导致学生数学能力的较大差异。从培养人才的角度认识,当然应该为不同的学生设计不同的教学方案,才能有利于学生的充分发展。

此外,数学科学中逻辑的严密性不是绝对的,在数学发展历史中严密性的程度也是逐步加强的,例如欧几里得的《几何原本》曾经被作为逻辑严密性的一个典范,但后人也发现其中存在不严格,证明过程中也常常依赖于图形的直观。在中学数学教学中培养学生逻辑思维能力的问题上,要注意严密的适度性问题,在这方面,我国中学数学教材工作者和广大教师在初等数学内容的教学处理上做了许多研究,许多处理方式反映了中学生的认识水平,具有重要价值。例如,中学代数教学中许多运算性质的教学,其逻辑严格性不可能达到作为科学意义下数学理论的严格程度,一直以来的处理方法是基本合理的。

此外,在数学教学上追求逻辑上的严密性需要有教学时间的保证,中学生学习时间有限。目前,在实施高中数学新课程以后,各地实际教学反映教学内容多而课时紧的矛盾比较突出,教学中适当地减少了一些对中学生来说比较抽象,或难度较大,或综合性较强的教学内容,以保证教学时间比较充裕以利于学生消化吸收知识。在目前的高中数学新课程试验中,教学内容的量究竟多少才比较合理,让一部分高中学生能够学得了新增的数学选修课内容(尤其是选修系列四的部分专题)切实得到实施,以贯彻落实新高中课程的多样性和选择性,也是值得继续探讨的重要问题。

与此相关的一个问题是,数学教学要处理好过程与结果的关系。学习数学基本而重要的目标是学会解决各种问题;过分地强调数学教学中的逻辑与证明又会导致知识面不宽,以致对于许多影响深远、应用广泛的数学方法了解不够。

这说明,数学教育一方面应该重视逻辑思维能力的培养,还应该重视科学精神的培养、数学思想方法的领会。就数学结论的严格性和严密性,严格和严密的态度是需要的,但是,在一些特定的教学阶段,只要不导致逻辑思维能力的降低,不影响学生对于结论的理解,对于某些类同的数学定理的证明应该可以省略,这应该不会影响数学能力的培养。

其他科学工作为了证明自己的论断常常求助于实验,而数学则依靠推理和计算来得到结论。计算是数学研究的一种重要途径,所以,中学数学教学必须培养学生的数量观念和运算能力。现在的计算工具更加先进,还可以借助于大型的计算系统,这使计算能力可以大大加强。新的高中数学课程增设了算法的内容,充实了概率统计、数据处理的内容,在高中技术课程中又增加了"算法与程序设计"模块,这体现了计算机和信息时代对于培养运算能力的新要求。从目前中学数学实际教学情况看,算法内容的教学由于技术条件的限制而存在落实不够的情况,应该解决教学中存在的实际困难,如算法在计算机上真正实现运算,使教学落到实处,这就涉及计算机语言的问题,但在中学数学课程中直接引入计算机程序设计语言又似乎使中学数学教学的内容过于技术化和专门化,这是值得研究的一个问题。

3. 应用广泛性

首先,在日常生活、工作和生产劳动以及科学研究中,数量关系和空间形式方面的问题是普遍存在的,数学应用具有普遍性。数学这门历史悠久的学科,在第二次世界大战以来出现了空前的繁荣。在各分支的研究取得重大突破的同时,数学各分支之间、数学与其他学科之间的新的联系不断涌现,更显著地改变了数学科学的面貌。而意义最为深远的是数学在社会生活方面的作用发生了革命性变化,尤为显著的是在技术领域,随着计算机的发展,数学渗入各行各业,并且物化到各种先进设备中。从卫星到核电站,从天气预报到家用电器,新技术的高精度、高速度、高自动、高安全、高质量、高效率等特点,无一不是通过数学模型和数学方法并借助计算机的计算控制来实现的。计算机软件技术在高新技术中占了很大比重,而软件技术说到底实际上就是数学技术,数字式电视系统、先进民航飞机的全数字化开发过程,大量的例子说明了在世界范围数学已经显示出第一生产力的本性,她不但是支撑其他科学的"幕后英雄",也直接活跃在技术革命第一线。数学对于当代科学也是至关重要的,各门学科越来越走向定量化,越来越需要用数学来表达其定量和定性的规律。计算机的产生和进步本身就强烈地依赖于数学科学的进展。几乎所有重要的学科,如在名称前面加上"数学"或"计算"二字,就是现有的一种国际学术杂志的名字,这表明大量的交叉领域不断涌现,各学科正在充分利用数学方法和成就来加速本学科的发展。关于数学应用的广泛性问题,哈佛大学数学物理教授阿瑟·杰佛(Arthur Jaffe)在著名的长篇论文《整理出宇宙的秩序——数学的作用》(此文是美国国家研究委员会的报告《进一步繁荣美国数学》的一个附录)中作了精辟的论述,他充分肯定了数学在现代社会中的重要作用:"过去的四分之一世纪中,数学和数理技术已经渗透到科学技术和生产中去,并成为其中不可分割的组成部分。在现今这个技术发达的社会里,扫除数学盲的任务已经替代了昔日扫除文盲的任务而成为当今教育的重要目标,人们可以把数学对于我们社会的贡献比喻成空气和食物对于生命的作用。事实上,可以说,我们大家都生活在数学的时代——我们的文化已经数学化。在我们周围,神通广大的计算机最能反映出数学的存在……若要把数学研究对我们社会的实用价值写出来,并说明一些具体的数学思想怎样影响这一世界,那就可以写出几部书来。"他指出:"(1)高明的数学不管怎么抽象,它在自然界中最终必能得到实际的应用;(2)要准确地预测一个数学领域到底在哪些地方有用场是不可能的。"有许多数学家常常对自己的思想得到的应用感到意外。例如,英国数学家哈代(G H Hardy)研究数学,纯粹是为了追求数学的美,而不是因为数学有什么实际用处,他曾自信地声称数论不会有什么实际用处,但四十年后质数的性质成了编制新密码的基础,抽象的数论与国家安全发生了紧密关系。"计算机科学家报告说每一点数学都以这样或那样的方式在实际应用中帮了忙,物理学家则对于数学在自然科学中异乎寻常的有效性赞叹不已。"

　　其次,数学教育应该注意培养学生应用数学的意识和能力,这已经成为我国数学教育界的共识。但应该注意另一方面,数学的应用极其广泛,在中小学有限时间内,介绍数学应用就必须把握好度。数学的应用具有极端的广泛性,任何一个数学概念、定理、公式、法则都有极广的应用。而过量和过度的数学应用问题的教学必然影响数学基础理论的教学,而削弱基础理论的学习又将导致数学应用的削弱。在中学数学教学中,重在让学生初步了解数学在某些领域中的应用,认识数学学习的价值从而重视数学学习。另外,数学的应用也不仅限于具体知识的实际应用,很重要的是一些数学观念和思想在实际工作中的运用。中小学是打基础的时候,所谓打基础主要是打数学基本知识和技能的基础,要让学生有较宽广的数学视野,不应该以在实际中是否直接有用作为标准来决定教学内容的取舍,也不应该要求学生数学学得并不多的时候就去考虑过多的应用问题。初中数学教学实践反映,一些传统的教学内容被删减对于学生数学学习产生了不良影响;高中数学新教材实验回访也反映,高中数学教科书中某些部分实际问题分量"过重",不少实际问题的例题、习题背景太复杂,教学中需花很多时间帮助学生理解实际背景,冲淡了对主要数学知识的学习。实际上,学生参加工作后面临的实际问题会有很大的差异,学生的工作生活背景差异也很大,学生对于实际背景、实际问题的兴趣会有很大的差异,另外实际问题涉及因素常常较多,对于中小学生,尤其是对于义务教育中的学生而言常常显得比较复杂。数学在某一个特殊领域的应用就必然涉及这个领域的许多专门化的知识,对于学生这就成为较大的困难。此外,学校教育虽然是为学生今后参加工作和生产做的准备,但也不必让学生花过多时间去思考成人阶段才会遇到的一些实际问题,有些实际问题不如留给成年人去考虑。2001 年,人民教育出版社中学数学室邀请北京大学数学科学学院田刚教授等谈数学教育的有关问题,他们在谈到对于数学科学及其教学的看法时指出:数学主要还是计算与推理,从数学中能学到的,最重要的是逻辑思维、抽象化的方法,这是一些普遍有用的东西;数学教育中逻辑思维能力的培养要加强,就应用而言,目前的信息技术中就非常需要很强的逻辑思维能力,尤其是编写程序,编程有长有短,短的出错的可能性小一些,怎样才能短一些又解决问题,不出现错误,这就需要逻辑思维;美国进行微积分的教学改革,用高级的图形计算器,能直观地看,用逼近的方法;技术能对直观地把握数学有一定的帮助,不过真正重要、有用的还是用逻辑推导公式;数学教育要教一些基本的东西。

最后,数学具有广泛应用,但并非所有学生都会去从事需要很深奥的数学知识的工作,单就直接应用数学的角度而言,不必每个学生都学习很高深的数学理论。普通百姓经常应用的是最基本的数学知识,学习数学很重要的目的是通过学习提高思维能力。所以,在中小学阶段,一方面数学教学要面向全体学生,使人人都有机会获得良好的数学教育,另一方面也应该根据学生的实际和他们的兴趣爱好,根据每个学生的学业、智能发展特长,让不同的学生在不同的方面得到不同的发展,当然,对于规划在科学和技术领域发展的学生必然应该打下良好的数学基础。大家注意到,大量在中学阶段打下了良好数学基础的学生,包括部分国际国内中学数学竞赛中的优胜者,却没有在后续学习阶段继续以数学作为自己的主要发展方向而选择其他的领域,而选择理工科专业的学生常常在大学阶段仍学习很多数学科学的课程,这也说明了数学应用的广泛性和数学对于学生发展的重要价值。

第二节　制订学期教学计划

一、教学设计与备课

数学课堂教学工作是一项复杂的系统工程,课堂教学设计是其中的一个重要过程。在既定的教师水平、学生基础和教材内容的条件下,教学设计对于课堂教学效果起着重要的作用。课堂教学设计,也就是人们通常理解的"备课"。备课是教师学习、分析、研究和处理教材的过程,是教学全过程的基础。备课的充分与否和质量高低,对课堂教学的质量和效率起着决定性的作用,是抓教学质量的重要一环。

二、制订教学工作计划

教学设计主要是"吃透两头",这是关键。一要吃透课标要求和教材,二要吃透学生情况。吃透教材和课标,备课才有依据;了解学生情况,备课才能有的放矢。

先通读教材和课标要求,进行总体备课,了解全局;再重读教材,进行单元备课,了解分目标;最后精读每一节教材,进行课时备课;最终制定课时目标和切实可行的教案。在上述工作基础上,教师经过认真调查、研究之后,制订出的学期教学工作计划才是切实可行、科学合理的,才能使教学工作有秩序,按计划进行,这也是开学后第一项教学工作。

学期教学计划要求做到以下几点:

①计划项目齐全。各项目要有独特的作用,设计时应深思熟虑、全面周到,不可草率、敷衍了事,在学期初完成。

②情况分析要全面准确。学生情况分析具体,符合实际;教材分析系统,结构清楚,纵横脉络分明。

③教学目标正确。目标全面、系统,重点突出,符合课标要求,具体可行。

④措施切实可行。设计的措施符合教学内容和学生实际,力求获得最佳效果。

⑤进度安排科学。进度表设计合理,日程准确,各项要求具体。

三、某年级数学教学工作计划简介

1.本学期的教学目标和要求

内容:根据教材、教学任务、课程标准、课时安排,分类分层次确定学期的总目标和教学要求。目标可分为认知与技能目标、能力目标、情感目标;也可根据课程标准提出的要求进行整理归纳来表述(首先是教材简析,其次是目标、任务、要求)。

2.提高教学质量,实施素质教育的措施

内容:从提高质量,改进教法、学法,推行素质教育,提倡创新等方面要采取的方法、手段。具体讲是对上课、改作业、辅导、考查、学法指导采取的措施,怎样帮助后进生转化,优秀生更上一层楼等。

3．第二课堂活动安排

内容：假如是班主任，又是数学课老师，就应注意做好兴趣小组、数学讲座、实践活动、参观、数学竞赛、计算机应用、数学建模、学法指导、家长学校、思想教育、数学游戏等丰富多彩的，且有条有理、不拘形式的第二课堂。

4．数学教学进度表的制订

内容：各学校在开学前都会发给任课老师一张表，各学校的格式不尽相同，但要求基本一致，要求老师填写表格。表格一定要简明，务实可行，便于检查，对教学进度和计划的完成，有较高的指导作用。

5．所任班级学生情况分析

内容：从学生的年龄、家庭情况、基础知识、班风、学风、特长、优势和不足等方面，结合数学教学来简要表述。（另：人数，男女生比例，学习成绩分布）

学期教学工作计划一般包括这五个方面的内容，但根据各学校的具体要求不同，在格式上也不尽相同。以上仅供参考。

6．数学教学工作计划格式

具体教学工作计划格式如表 2-1 所示。

表 2-1　教学工作计划表

某学期教学计划表							
科　目		班　级			任课教师		
教材名称		出版单位			讲课时数		
周次	时间	章节	教学内容	讲授	作业	实际进度	备注
1							
2							
3							
4							
5							
6							
7							
8							
9							
10							

注：本表一式 3 份，教师本人、教务处、教研组各一份，作为教学计划检查和工作量计算的依据。本表应在每学期开学两周内交教务处。

第三节 制定课时教学设计

数学教师进行数学课时教学设计,通常需要考虑以下几个方面的内容:教材分析设计、学情分析设计、教法学法分析设计、教学过程分析设计等。

一、教材分析设计

(一)精读教材

精读教材就是对教材中的定义、定理、公式、法则等要逐句地推敲,抓住揭示其本质属性的关键词语,搞清彼此之间的逻辑结构及知识之间的因果关系;掌握教材的系统性、实践性、思想性、可接受性。

(二)查阅资料

有重点地查阅资料、文献和理论书籍,以加深对教材的理解,充实教学内容,注意吸收别人的教学经验,为自己的教学教改提供借鉴和积累经验。

(三)确定明确恰当的教学目标

教学目标是完成教学任务、检查教学效果的重要指标,应从基础知识的理解、基本技能的训练、数学素质(思维品质、思想方法、想象、情感与态度等)和能力的培养几个方面考虑,要求教学目标明确,针对性强,太空泛、太概括就体现不出一节课的特点;应当恰如其分,不能偏高或偏低,偏高脱离实际不能实现,偏低则完不成教学要求。

(四)确定教材的重点、难点、关键

也就是说,在教学过程中要把握好以下几个方面:

1. 确定教材的重点

所谓重点就是融贯全局、带动全面的重要之点,它在教材中起着核心纽带的作用,是基本的纲领性知识和能力,是进一步学习的基础。每节课的重点,要根据本节内容在整个教材中的地位来确定。诸如关于概念的形成和定义,定理、公式、法则的推导与运用,各种技能技巧的培养与训练,解题的要领与方法,应用题的审题、分析与列式,图形的制作与描绘,理论如何应用于实践等都可以确定为不同课的重点。一般来说,每章、每节以至每堂课的重点都是不相同的,但它们又是互相联系的。例如:相似形是平面几何的一个重点,而在相似形这一章中又以相似三角形为重点,在相似三角形中以相似三角形的三个判定定理为重点,在三个判定定理中又以第一个判定定理为重点。因此,只有抓住重点

才能突出重点,从而使课堂教学层次清晰、主次分明,也只有这样,才能取得良好的教学效果。

2. 正确估计教材的难点

难点是学生学习中困难的地方,号称学习中的"拦路虎",它是由于学生的认识能力与知识要求之间存在较大矛盾造成的。一般来说,教材重点是统一的,而教材难点往往因所教学生的不同而有所区别。有的内容既是重点又是难点,也有的内容则只是难点而不是重点。

解决难点的根本办法是"对症下药",针对学生学习感到困难的具体原因,采取相应的措施加以突破。学生学习的难点大体有以下几种情形:一是知识抽象,而学生实践经验少。如解字母系数的一次及二次方程要进行讨论,多数学生感到困难。解决的办法是丰富实践经验,逐步抽象。二是知识精深,而学生基础知识粗浅。如点的轨迹的纯粹性和完备性的证明,学生不易理解。解决的办法是打好基础,由粗到精。三是知识内部结构复杂,而学生综合分析能力差。如直线垂直判定定理,综合性强,涉及面广。解决的办法是分散难点,各个击破。四是知识实质比较隐蔽,而学生容易从表面看问题。如:

$$\sqrt{a^2} = \begin{cases} a(a>0) \\ 0(a=0) \\ -a(a<0) \end{cases}$$

解决的办法是左右衬托,突出本质,由浅入深,由特殊到一般。五是知识更新,而学生认识守旧。如从常量到变量,从有理数到无理数。解决的办法是以旧引新,逐步提高。

在对学生进行基本训练时,也会遇到一些难点,如因式分解、列方程解应用题、"反证法"、"同一法"的运用等。对于这些难点,主要是用不断提高学生思考能力,踏踏实实地由易到难、由简到繁、逐步过渡的办法进行训练加以解决。例如,在几何教学中,初学推理证明就是一个难点。学生以前没有接触过推理证明,不明白证明的意义,不知道证明的方法。对待这一难点,一般采用较长时间的训练,逐步求得解决。一开始,可以通过例题示范,要求学生在括号内填写证明的理由,让学生初步认识证明的意义,了解证明的方法,接触证明的格式。接着,让学生模仿例题试着写出简单的证明。经过一段时间的准备,从三角形全等的判定开始,逐步训练学生自己写出全部证明。这样,由于思路单纯,总是寻求判定条件,有利于学生步入证题之门。入门之后,更要注意由易到难,由简到繁,逐步提高。先是只要求学生找到判定条件,证明两三角形全等,然后再要求学生在证明两三角形全等的基础上,进一步证明另外一对三角形全等。所选习题,先是不必作辅助线的,然后是需要作辅助线的;先是题目已经写出已知、求证的,然后是要求学生自己写出已知、求证的。还要特别注意训练学生根据题意自己画出图形,标明字母,写出已知、求证。经验证明,采取上面这样的由易到难、由简到繁、逐步过渡的办法进行训练,对于引导学生过好推理论证这一难关,是比较行之有效的。

3. 抓住教材的关键

关键是教学中的突破口,是那些能使教学得以顺利进行的关节点。例如,余弦定理的证明,现行教材是用两点间的距离公式推证的。这里,理解证明的关键在于熟悉单位圆上的点的直角坐标表示法。又如,掌握同底数幂的乘法公式 $a^m a^n = a^{m+n}$ 与幂的乘方公式 $(a^m)^n = a^{mn}$,必须抓住幂的意义这个关键。再如,解两个都是二元二次方程的方程组,其关键在于通过变形化为至少有一个方程为二元一次或一元一次的方程组。

(五)演算习题、精选题目

习题在数学教学中有着特殊的作用,没有必要的、恰当的练习,学生就很难掌握所学的基础知识,更不会将知识转化为能力。因此,教师在钻研教材的同时必须加强对习题的研究,对于用来讲课的例题和布置给学生的练习题都需要作出精心的选择和安排,才能获得应有的效果。

习题的选择必须从练习目的、内容、分量以及学生接受能力等多方面去考虑。为了精选习题,教师必须预先将教材中的全部习题演算一遍,在演算过程中细心体会每一个题目的目的、作用和要求。具体讲,要解决以下几个方面的问题:

1. 明确习题的目的要求

教材里的习题分为三种类型。第一种是安排在各个小节后的"练习",它是围绕新课内容用以说明新概念的实质和直接运用这些知识的基本技能。第二种是各章每一大段教材之后的"习题",是在进行了若干基本练习的基础上安排的,目的在于使学生巩固所学的基础知识,能熟练地运用这些知识解题并形成一定的技巧。它比练习题复杂些,更能体现基础知识应用的主要方面。第三种是每章末的"复习题",其内容比"习题"涉及面广,综合性强,富有变化,带有一定的灵活性、技巧性。这种题的目的是使学生进一步巩固和深化所学的知识,培养学生灵活运用知识的能力。教师在演算这些题目的时候,要注意各个题目的具体要求、解题关键、解题技巧,做到心中有数。

2. 明确习题的重点

数学基础知识有主要与次要、关键与一般之分。习题是为巩固基础服务的,因此,选择习题必须考虑知识的特点和学生的接受能力,应让学生集中精力围绕重点知识和技能去练。所以,教师在演算习题的同时,要注意区别哪些习题是主要的,哪些习题是次要的,以便在课堂练习和布置作业时,掌握习题的重点。

3. 确定习题的解答方式

为了提高学生的解题兴趣和从多方面培养学生的解题能力,应该让学生用各种不同的方式解答习题。所以,教师演题时,要注意到各题的难易和繁简,考虑分别采用口答、板演、复习提问、书面作业、思考讨论、合作交流等方式进行练习。一般来说,运算不繁,论证较易,且又是必须掌握某一概念、定理、法则和公式才能回答的问题,宜作口答题;计算或论证不甚繁杂,且具有典型性、示范性、能体现知识技能的具体运用的习题,可作板演题;计算较繁或论证较难,以及涉及的知识面较广的习题,可作为书面作业题;思考性较强,富有变化,叙述较繁的习题,宜作为思考讨论题。

4. 衡量习题的分量

习题的分量适当与否与能不能达到练习的目的有很大关系。题目太简单,分量太小,学生轻而易举就可以完成任务,这不仅达不到练习目的,而且容易使学生产生自满情绪;若题目太复杂,分量太大,多数学生在规定的时间内完不成任务,这不仅会使学生丧失信心,而且会加重学生负担,影响德、智、体全面发展。必须根据题目的难易、学生解题能力的强弱,来确定出习题的分量。一般来说,布置题目的分量以足以使学生掌握基础知识和基本技能为适宜。但由于学生成绩参差不齐,所以,除了布置一些为绝大多数学生所能按时解答的必做题目外,还可布置一些要求较高的题目,作为程度较好的学生的选做或思考题。

5. 精选每节课的例题、习题

有了上面的准备,教师就可根据教材的特点、练习的目的要求、学生的解题能力,精选好讲课用的例题和供学生练习用的习题。还要说明的是,教师应该善于从参考书中选用、改编或自编一些补充题目,以使例题的讲解更富有示范性、启示性,使学生的练习更富有目的性、针对性,更符合本班学生的实际情况。

二、学情分析设计

教学设计主要是"吃透两头"。通过对教材的分析,吃透了教学的依据一头;还要通过对学情的分析,吃透教学的对象一头。

学生的思想基础和知识能力基础是教的出发点。教师不了解学生的情况,讲课就不可能因材施教、有的放矢,深浅度就失去了根据。

就总的方面来说,学生的思想基础是指学生对待数学课的态度和学生的个性特征。应该了解哪些学生懒散,哪些学生勤奋;哪些学生浮躁,哪些学生踏实;哪些学生喜欢在课堂上发言,哪些学生不善言辞表达;哪些学生有傲气,哪些学生对学习缺乏信心。学生的知识能力基础是指学生知识掌握的情况和数学思维发展的程度。应该了解学生对已学过的哪些知识掌握比较牢固,哪些知识还不够熟练或还存在缺漏,学生哪方面的能力较强,哪方面的能力较弱,哪些学生思维敏捷,哪些学生思维迟钝,造成知识缺陷和能力不强的原因何在。

优秀教师的经验表明,最好能对所教学生建立教学卡片,记录他们的学习态度、接受能力、思维状况、知识缺陷、学习成绩等。这样持之以恒,就能对学生的情况了如指掌,教学的起点和教法的选择就有了依据,讲课也就有针对性了。

就课时设计来讲,了解学生主要是指了解学生对将要讲授的新知识,所牵扯到的旧知识掌握得怎样,会不会遗忘,所用到的感性经验是否具备,对新知识本身哪些容易接受,哪些难以理解,哪些知识容易产生混淆。通过这方面情况的了解和分析,以便及时查缺补漏,确定课堂教学中的重点、难点和关键,突出重点、抓住关键、突破难点的途径和方法。

新的研究表明,课时设计中了解学生,主要是要了解学生对教师所提出的问题将如何去思考和解决。这要凭借教师的教学经验,把学生面对问题时的心理探索规律了解清楚、分析明白了,才能在课堂上引导学生实实在在地思考。让学生既感受成功的欢乐,又不回避探索中的失败,从成功中总结经验,从失败中吸取教训。这样学生的思维才能得到发展,能力才会逐渐提高。

通过备教材,把所授知识的逻辑顺序搞清楚;通过备学生,又把学生学习新知识的心理探索过程弄明白。只有把知识的逻辑顺序和学生心理的探索过程有机地结合起来,在讲课中既有明确无误的结论,又不回避探索过程中的失败,才能把培养能力、开发智力的课堂教学任务真正落到实处,从而取得良好的教学效果。

三、设计选择课型

课型是依据每节课的主要教学目的和任务而划分的课堂类型。中学数学教学中常用的课型有综合课、新授课、练习课、复习课、讲评课等。现将五种常用课型的结构和特征介绍如下。

(一)综合课

综合课是各个年级普遍采用,且用的次数较多的一种课型。这种课能实现多种教学目的,如复习旧知识,学习、巩固新知识等。因而,它一般包括教学过程的主要环节。其结构为:组织教学,复习提问及检查家庭作业,引入新课,讲授新知识,巩固新知识,课堂练习,布置家庭作业。

(二)新授课

以传授新知识、学习新方法为主的课是新授课。当某一节教材的内容较多,理论性、系统性较强,需要在一节课内集中讲完时,可选用这种课型。这种课的结构大致是:复习、讲授、巩固、布置作业。因为学生学习的新知识是与已学过的旧知识密切联系的,"复习"一环便于引出新课,并为新课的顺利进行铺平道路。学生接受新知识要有一个消化过程,"巩固"一环一般也是必要的。但这种课是以讲授新知识为主,复习巩固工作一般所占用的时间较短,也可以省略。

(三)练习课

通过解答习题使学生巩固旧知识、培养其技能技巧的课是练习课。这种课的基本特征是学生在教师的指导下独力进行练习。它的结构大致为:复习、练习、小结、布置作业。

练习课所复习的内容,要紧紧围绕练习所需要的知识。复习的方法可以是教师提问让学生回答,亦可由教师作扼要的叙述,还可选用典型的题目由教师作出解题示范。在进入练习时,最好将题目逐题安排和布置,由全班同学独立去做。学生独立解题时,教师要巡回指导,特别注意练习中暴露出来的普遍问题,教师亦可指定学生到黑板前板演,师生共同订正,练习完毕教师要作出适当小结。小结的内容,即可分析学生练习中存在的问题,也可以总结解题规律,归纳解题方法。最后还要布置一些作业,作为课堂练习的延续和补充。

(四)复习课

这种课的目的是巩固和加深所学的知识,使之系统化。分为阶段复习、学期末的复习和新学期开始的复习三种形式。

1. 阶段复习

阶段复习课的任务是对某一章或某一单元的教材作总结性的复习。进行过程大致是:提出复习提纲、重点讲述或综合题举例、总结、布置作业。

复习提纲由教师在课前准备好。在初中低年级,一般是教师上课一开始就出示提纲,然后引导学生边看提纲边回忆;在初中高年级,为培养学生分析综合及抽象概括能力,课前可指定范围让学生独立作出总结,课堂上教师用一串精心设计好的提问,指定学生依次回答,在答问中把这一部分教材的主要知识及它们之间的逻辑联系提示出来,同时,要在黑板上系统地列出知识间的关系。

复习课的重点讲述,不是泛泛地重讲前面的内容。这种重点讲述应在教师深入了解学生学习中存在的主要问题的基础上,分析哪些地方学生不懂或懂得不深不透,哪些方法学生不熟,哪些内容需要补充等。教师要有针对性地归纳出几个主要问题来重点讲述,以便堵"漏"补"缺",解决疑难,加深对基础知识的理解和基本技能的掌握。

复习课的总结,应由教师更全面、更概括地提示各项知识间的内在联系,并提出在理解和运用知识时应注意的问题。也可以总结一些学生如何记忆有关知识的方法。

复习课的作业一般应比新授课的作业更带有综合性、技巧性。

2. 学期末的复习

学期末的复习课，一般安排几节课才能完成。通常的做法是：前面的课时着重复习教材内容，掌握基本知识；后面的课时着重知识的综合运用，培养学生分析问题和解决问题的能力。

3. 新学期开始的复习

新学期开始的复习课，主要是帮助学生解决过去学习中存在的问题，为今后的学习做准备。这种课一般是在了解学生学习情况的基础上，有针对性地用指导解题的方式来带动对旧知识的复习。

(五)讲评课

这种课的任务是对某一阶段的课外作业情况进行总结，或者对某次考试的结果进行分析。它的目的是纠正作业或试卷中存在的缺点和错误，总结经验教训。

讲评课的结构一般为：首先说明完成作业的数量和质量的概况或者考试的评卷结果；其次将归纳整理的各类典型错误展示给学生，并给出正确答案；再次分析产生错误的原因及改正的方法，同时介绍某些题目的最优解法；最后总结经验教训，亦可有针对性地布置一些补充作业。

上面介绍的常用课型的结构，是为初当教师者参考的。在备课时，对每节课该用哪种课型，要根据教材特点、教学目的、学生情况等，由教师选择。在教学实践中，不要求一定按上述程序讲课，允许教师根据具体情况，灵活地、综合地运用各种课型的程序，拟定出更适宜的教学环节。

四、设计教与学的方法

教学方法是教学过程整体结构中的一个重要组成部分，是课堂教学的基本要素之一。中学数学的教学方法多种多样，在一节课里要选择什么样的教学方法呢？选择的依据是什么？一般情况下，要从以下几个方面考虑：

第一，要根据教学内容和任务来选择。如果教学任务主要是让学生获得新知识，那么选择讲授法、发现法等较为合适；如果教学任务主要是以培养技能技巧方法为主的，那么选择练习法、讨论法、尝试法等较为合适；如果教学任务是以培养学生思维能力、发展智力为主的，那么选择探究法、发现法、引导法等较为合适。如果教学任务是以让学生掌握一些现象、观念，获得感性知识为主的，那么选择演示法、实验法、活动法等较为合适。在一节课中，要完成多种教学任务,就需要几种不同的教学方法来完成,这就需要综合几种教法,以一法为主,配合其他方法。

第二,要根据教学过程的不同阶段来选择,教法可根据教学的不同层次来变化。比如,一节课的引入阶段可用练习法、谈话法,新授阶段可用讲授法、尝试法、发现法,巩固练习可用讨论、变式总结等。

第三,要根据教师本人素质和学校的实际情况来选择。有的教法,经验虽好,但是如果教师缺乏必要的素养,自己驾驭不了,就不能取得好的教学效果。因此,应根据不同的学校环境、教学设备、学生情况来选择相应的教学方法。总之,教师应努力提高自身素养,发挥个人优势,扬长避短,选择适合自己的教学方法,形成自己的教学风格。常言道:"教无定法,教学有法,教有好法,贵在得法。"这是对教学方法选择的最好总结。

五、设计准备教具

准备和制作教具,尽可能地利用多媒体等现代教育技术和手段,这对提高教学效果,增强学生的感性认识有一定的优势,应给予关注。

六、设计教学过程(教案)

编写教案是备课成果的体现,是以上几项工作的总结和加工。教案是课堂教学的计划方案,它应力求反映出课堂教学全过程的概貌。由于每节课的任务不同,课型不一,教学过程千差万别,因此,教案没有一个统一的模式。但是,不管哪一种教案必须包括两项基本内容:一是这一节课的目的要求,二是各教学环节进行的计划和内容。以新授课为例,教学过程必须反映出新授课的各个环节:第一步复习,引入新课;第二步讲授新课;第三步巩固小结;最后布置作业。如果是练习课或复习课,其教学过程又应分别按这两种课型的结构编写。由于教师的教学经验有多有少,驾驭课堂的能力有强有弱,所以,教案也有详写与简写之分。仍以新授课为例,详写的教案要求写出的内容有:复习哪些具体内容,提问哪几个问题;讲新课时如何提出问题引入新课,如何启发诱导(如用谈话法,还要写出问题怎样一个接一个地提出);巩固小结采取什么方式进行;课堂练习如何进行;布置的作业需要做哪些提示等。此外,需要使用哪些教具,板书如何安排,各环节所需时间的估计等,也要在教案中写出。至于简略的教案,则相当于详细教案的提纲,但是必须包含师生进行教学活动的基本步骤、方式方法,以及讲授的简要内容。

一般来讲,新教师应写出详细教案,这样做,可促使教师备课更仔细,有利于积累教学经验。对于教学经验丰富的老教师,教案可书写得简略些,因为他们在课堂教学中能灵活而富有创造性地掌握好各个教学环节,较好地完成教学任务。用于观摩教学或示范教学的教案宜详写,以便于学习和讨论。

教案一般包括课题(即本节课的题目)、教学目的、教材分析(重点、难点、关键)、课型与教法、教具、教学过程。

编写好教案不等于备课工作结束,若在讲课时需要教具,课前应准备好教具并要进行演示练习。如果对即将要上的课没有十分把握,最好课前进行试讲。

试讲说明:首先,要设计好板书布局,对课题、图形、公式、定理、例题、练习题等书写的时间,板书的位置,彩色粉笔的运用等都要统筹安排;其次,可以用纸代替黑板进行个人试讲,边讲、边写、边问、边画,好像正式上课一样,并试验各个环节安排是否恰当。这样反复实践练习,就可使教学内容更精练,教学方法的运用更熟巧。在试讲中如发现原教案的不足之处,可修改补充,以求更加完善。

总之,教师在备课中需要解决的问题很多,在教学实践中,也会提出许多其他问题。重要的是,教师要及时发现问题、解决问题,善于吸收他人的长处,丰富自己的教学经验,形成自己的教学风格。

七、组织试讲

将准备好的教案,进行熟悉预讲的过程叫做试讲。个人试讲可以用纸代替黑板,边想边讲、边讲边改、边写边画、自问自答,通过试讲,可估计课堂教学的时间分配和检查各教学环节之间的衔接关系以便进一步修改,完善教案。

八、制作课件

制作课件就是把修改好的教案,再整理和制作成电子教案,和原教案配合使用,做到和谐统一。由于教学课件更便于修改和保存,是更有意义的。

上述的各项准备工作,统称备课,在此基础上走进教室,一定会胸有成竹,信心十足。

第四节　微格教学设计

一、微格教学设计概述

微格教学设计是根据课堂教学目标和教学技能训练目标,运用系统方法分析教学问题和需要,建立解决教学问题的教学策略微观方案、试行解决方案、评价试行结果和对方案进行修改的过程。它以优化教学效果和培训教学技能为目的,以学习理论、教学理论和传播理论为理论基础。

微格教学设计与一般的课堂教学设计既有联系,又有区别。一般的课堂教学技能对象是一个完整的单元课,教学过程包括导入、讲解、练习、总结等完整的教学阶段。而微格教学通常都是比较简短的,教学内容只一节课的一部分,便于对某种教学技能进行训练。因此,不能像课堂教学设计那样主要从宏观的结构要素来分析,而是要把一个事实、概念、原理或方法等当做一套过程来具体设计。所以,在微格教学技能训练的过程中应有两个教学目标:一是使被培训者掌握教学技能;二是通过技能的运用,实现课堂教学目标。教学技能是实现教学目标的方法和措施,而课堂教学目标所达到的程度是教学技能的检验和体现,二者紧密联系,互相依存。由此微格教学设计既要遵循课堂教学设计的原理和方法,又要体现微格教学技能训练的特点。

二、开展微格教学设计

在微格教学中,教学设计的编写是教师的一项重要工作,它是根据教学理论、教学技能、教学手段,并结合学生实际,把知识正确地传授给学生的准备过程。开展微格教学设计的具体计划是:

①确定教学目标。片段教学内容教学目标的确定和整堂课教学目标的确定方法一样,只不过对象是一个片段,所以教学目标的确定应立足于本片段当中。

②确定技能目标。即教师课堂教学技能训练目标,针对不同的学员可以有不同的技能要求。

③教师教学行为。要求教师把教学过程中的主要教学行为,以及要讲授的内容、要提问的问题、要列举的实例、准备做的演示或实验、课堂练习题、师生的活动等,都一一进行设计。

④标明教学技能。在实践过程中,每处应当运用哪种教学设计,在教案中都应予以标明。当有的地方需要运用多种教学技能时,就要选其针对性最强的主要技能进行标明。标明教学技能是开展微格教学设计的最大特点,它要求受训者感知教学技能,识别教学技能,应用教学技能,突出体现微格教学以培训教学技能为中心的宗旨。不要以为把教学技能经过组合就是课堂教学设计,而要根据教学目标结合教学实践决定各种技能的运用,这对师范生来说尤为重要。

⑤预测学生行为。在课堂教学设计中,对学生的行为要进行预测,这些行为包括学生的观察、回答、活动等各个方面,应尽量在设计中注明,它体现了教师引导学生学习的认知策略。

⑥准备教学媒体。对教学中需要使用的教具、幻灯、录音、图表、实物等各种教学媒体,按照教学流程中的顺序加以注明,以便随时使用。

⑦分配教学时间。每个知识点需要分配的时间预先在设计中注明清楚,以便有效地控制教学进程和教学行为的时间分配。

三、微格教学设计案例

微格教学设计的具体格式可以是多种多样的,但大致应该包括教学目标、教师的主要教学安排、相应的教学技能、学生的学习、教学设备与媒体、时间分配等项目,导师可以设计好表格(见表 2-2),发给学生用于教学设计。

表 2-2　微格教学设计表

学科:　　　执教者:　　　年级:　　　日期:　　　指导教师:

教学课题				
教学目标	1. 2. 3.			
技能目标	1. 2. 3.			
时间分配	教师授课行为	教学技能要素	学生学习行为	教学设备与媒体

第五节　课时教学设计格式及案例

一、课时教学设计格式与内容介绍

具体格式如表 2-3 至表 2-5。其中表 2-3 是几种教学设计的格式,表 2-3 是几种教学目标(教学目的)的划分的格式,表 2-5 是教学过程的设计的格式。

表 2-3　几种教学设计的格式

教学设计格式一（详案）	教学设计格式二（公开课）
课题 教学目标 教材分析 教学重点、难点、关键 课型和教法 教具和教室 教学过程 教学后记	课题 教学地点、时间、班级、执教人、单位 教学目标 教学重点、难点、关键 课型和教法 教具 教学过程
教学设计格式三	教学设计格式四（简案）
课题 预期目标 设计意图 实施要领 教学反思	课题 教学目标 教学过程

表 2-4　几种教学目标（教学目的）的划分

教学目标划分一	教学目标划分二
认知目标 能力目标 技能目标 情感目标	认知与技能 数学思考 解决问题 情感与态度
教学目标划分三	教学目标划分四
应掌握的知识 应发展的能力 应培养的情感（预期目标）	要使学生了解……认识……理解…… 要使学生掌握……灵活运用…… 要使学生经历……体验……情感上获得……

表 2-5　教学过程的设计（一般的新授课）

教学环节之一（传统模式）	教学环节之二
复习旧知识 导入新课 讲解新课 巩固练习 布置作业	复习思考 创设情境 探究新课 巩固反思 小结作业
教学环节之三	教学环节之四
准备活动 置疑活动 导入新课 应用知识 归纳总结 反馈反思 布置作业	创设情境 解决情境问题 例题分析熟悉问题 基础训练强化问题 课堂小结回顾问题 课外作业巩固问题

说明:课型、教法不同,教学环节的设计和安排也不同。新旧明显变化是:传统的教学环节设计,突出以教师为中心,以教材为中心,多体现在做"答"上;新的教学环节设计上,突出以学生为主体,以学生为中心,多体现在做"问"上,这是一个很大的教学观念的转变。

二、课时教学设计样例

课时教学设计一:

全日制普通高中必修1第一章第三节(数学2009届学生提供的修改稿)

◆**教学课题**

　§1.3.1　单调性与最大(小)值(第一课时)

　授课对象:高一学生　　授课类型:新授课

◆**教材分析**

　本节课位于数学必修1第一章第三节——函数的基本性质的第一课时,主要学习函数的单调性。函数的单调性是函数的重要性质。从知识的网络结构上看,函数的单调性既是函数概念的延续和拓展,又是后续研究指数函数、对数函数、三角函数的单调性等内容的基础,在研究各种具体函数的性质和应用、解决各种问题中都有着广泛的应用。函数单调性概念的建立过程中蕴涵诸多数学思想方法,对于进一步探索、研究函数的其他性质有很强的启发与示范作用。

◆**教学目标**

(一)知识与技能

(1)从函数图像的角度,直观认识函数的单调性;

(2)从函数解析式的角度,学会运用数学符号表示函数的单调性,理解增减函数的定义;

(3)运用定义证明函数的单调性。

(二)过程与方法

通过观察一些函数图像的升降,形成增(减)函数的直观认识。再通过具体函数值的大小比较,定量分析增(减)函数,认识函数值随自变量的增大而增大(减小)的规律。从图形语言到数学语言,将"数"与"形"有机结合,得出增减函数的定义,掌握用定义证明函数单调性的基本方法与步骤。

(三)情感态度价值观

学生经历从具体到抽象、从特殊到一般、从感性到理性的自主探究过程,体验数学概念的形成过程,培养学生善于观察、勇于探索的良好习惯和严谨的科学态度。

◆教学重难点

重点:形成增(减)函数的形式化定义,并能用定义解决简单的问题。

难点:形成增(减)函数的形式化定义的过程中,如何从图像升降的直观认识过渡到函数增减的数学符号语言表述;用定义证明函数的单调性。

◆教法学法

教法:启发探究式、问题驱动式

(基于学生的认知储备,就图像角度直观描述函数单调性的特征学生并不感到困难。困难在于,把具体的、直观形象的函数单调性的特征抽象出来,用数学的符号语言描述,这里需要教师以问题驱动的方式,引导学生进行积极的思维活动,主动参与知识的探究活动。)

学法:观察—猜想—推理—证明—应用

(学生通过对直观函数图像的观察,以描述性语言表述自己的猜想,并从定性到定量进行推理,数形结合加以证明,最后到巩固应用。培养学生"数学化"、"再创造"的学习方法。)

◆教学准备

将部分函数图像和文字说明做成幻灯片;借助几何画板制作函数图像,追踪点的轨迹,直观、便捷地展示函数的图像;将部分表格和图像以学习资料的方式发给每位学生,提高课堂效率。

◆教学导图

具体如图 2-1 所示。

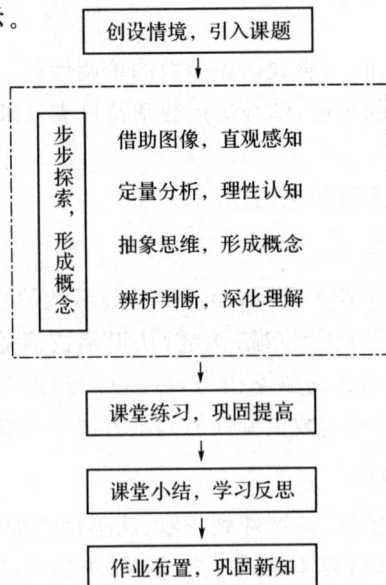

图 2-1　教学导图

◆教学过程

(一)创设情境,引入课题(5min)

【问题】你知道 2008 年北京奥运会开幕式时间为何要定在 8 月 8 日吗?

主要是天气的原因,北京的天气到 8 月中旬,平均气温、平均降雨量和平均降雨天数等均开始下降,比较适合举办大型国际体育赛事。

【设计意图】以学生熟悉并关注的话题引入新课,吸引学生的注意力,设置轻松的学习氛围。

【活动】图 2-2 是北京市 2008 年 8 月 8 日一天 24 小时内气温随时间变化的曲线图。

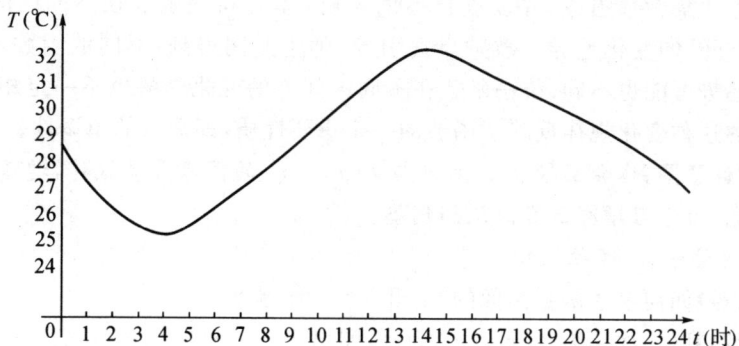

图 2-2　2008 年 8 月 8 日北京一天内气温随时间变化的曲线

教师引导学生识图,启发学生思考其中蕴含的信息,重点引导学生观察图像的升降情况,即函数的单调性,并列举生活中其他的数据变化情况。

【设计意图】体会研究函数单调性的必要性,明确本课我们要研究和学习的课题,同时激发学生的学习兴趣和主动探究的意识。

(二)步步探索,形成概念(18min)

1. 借助图像,直观感知

【活动】观察一次函数 $f(x)=x$ 和二次函数 $f(x)=x^2$ 的图像(见图 2-3、2-4),研究函数图像的变化规律。

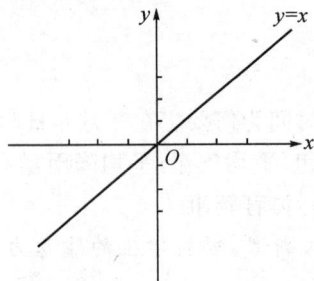

图 2-3　$f(x)=x$ 图像

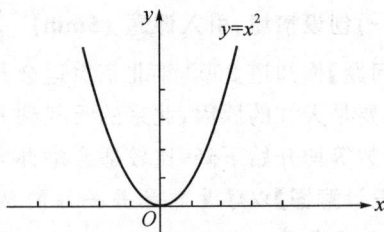

图 2-4　$f(x)=x^2$ 图像

学生观察函数图像，并发表自己的见解，体会同一函数在不同区间上"上升"与"下降"的变化差异。教师点拨引导，师生共同得到：不同的函数，其图像的变化趋势可能也不同；统一函数在不同区间上的变化趋势也不一定相同。函数图像的这种变化规律反映了函数的一个重要性质，即函数的单调性。

【设计意图】体会函数 $f(x)=x$ 与 $f(x)=x^2$ 的图像升降规律，增强学生的直观感觉，为学习增减函数做认知铺垫。

2. 定量分析，理性认知

【问题】如何描述函数图像的"上升"、"下降"呢？

【活动】以二次函数 $f(x)=x^2$ 为例，列出 x,y 的对应值表（见表 2-6）来研究它的上升与下降情况：

表 2-6　三次函数 $f(x)=x^2$ 的 x、y 对应值

x	$\cdots$	-4	-3	-2	-1	0	1	2	3	4	$\cdots$
$f(x)=x^2$	$\cdots$	16	9	4	1	0	1	4	9	16	$\cdots$

对比函数图像与表格，引导学生从区间 $(-\infty,0]$ 和 $(0,+\infty)$ 进行分析，可以发现：

图像在 y 轴左侧"下降"，也就是说，在区间 $(-\infty,0]$ 上，随着 x 的增大，相应的 $f(x)$ 值反而随着减小；图像在 y 轴右侧"上升"，也就是说，在区间 $(0,+\infty)$ 上，随着 x 的增大，相应的 $f(x)$ 值也随着增大。

【设计意图】指导学生从定性分析到定量分析，从数值变化角度认识函数的单调性，将描述性语言转化为数学语言表示。这是学习增减函数的第一次认识提升。

3. 抽象思维，形成概念

【问题 1】如何利用函数解析式 $f(x)=x^2$ 描述"随着 x 的增大，相应的 $f(x)$ 随着减小""随着 x 的增大，相应的 $f(x)$ 也随着增大"？

【引导一】以区间 $(0,+\infty)$ 为例，任意改变 x_1,x_2 的值，当 $x_1<x_2$ 时，都有 $x_1^2<x_2^2$ 吗？

学生随意给出一些 $(0,+\infty)$ 上的 x_1,x_2 的值，当 $x_1<x_2$ 时，用计算器验证是否都有 $x_1^2<x_2^2$。

【引导二】我们验证的是一些具体的、有限个自变量的值，对于 $(0,+\infty)$ 上任意的 x_1,x_2，当 $x_1<x_2$ 时，都有 $x_1^2<x_2^2$ 吗？

学生思考教师提出的问题，并将自己的想法与同学交流。教师引导学生结合图形，得出：(图形语言)函数 $f(x)=x^2$ 在 $(0,+\infty)$ 上图像是上升的，用函数解析式来描述就是(符号语言)：对于 $(0,+\infty)$ 上任意的 x_1,x_2，当 $x_1<x_2$ 时，都有 $x_1^2<x_2^2$。(文字语言)即函数值随着自变量的增大而增大。具有这种性质的函数叫增函数。

【设计意图】通过限定区间，强调突出单调性描述中取值的"任意性"，从直观认识过渡到数学符号表示，获得学习增减函数的第二次认识提升。

【问题2】如何定义一个函数 $f(x)$ 在某个区间 D 上为增函数呢？

【活动】学生讨论、交流，说出自己的想法，体现合作交流的学习方式；教师进行分析、点拨、评价，给出增函数的定义：

如果对于定义域 I 内某个区间 D 上的任意两个自变量的值 x_1,x_2，当 $x_1<x_2$ 时，都有 $f(x_1)<f(x_2)$，那么就说函数 $f(x)$ 在区间 D 上为增函数。

图像表示(见图 2-7)：

【设计意图】由具体到一般引出增函数的定义，由形象到抽象，培养学生的逻辑思维能力。

【问题3】根据函数 $f(x)=x^2$ 在 y 轴左侧图像是下降的，类比增函数的定义，由此你能概括出怎样的结论？如何给出减函数的定义？

【活动】由学生观察、验证、讨论、交流，并类比增函数的定义表述减函数的定义：

如果对于定义域 I 内某个区间 D 上的任意两个自变量的值 x_1,x_2，当 $x_1<x_2$ 时，都有 $f(x_1)>f(x_2)$，那么就说函数 $f(x)$ 在区间 D 上为减函数。

图像表示(见图 2-8)：

【设计意图】培养学生的类比能力，完成增(减)函数的形式化定义，突破教学难点，获得学习增减函数的第三次认识提升。

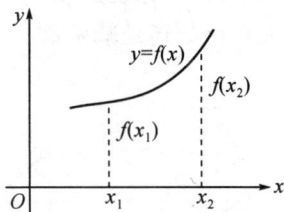
图 2-7　增函数图像

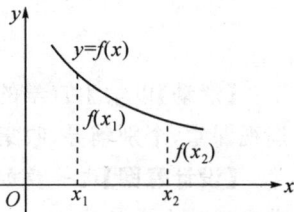
图 2-8　减函数图像

4. 辨析判断,深化理解

判断以下句子是否正确,为什么?

①函数 $f(x)=x^2$ 在区间 $(-\infty,+\infty)$ 上是单调增函数。

②定义在 R 上的函数 $f(x)$ 满足 $f(2)>f(1)$,则函数 $f(x)$ 在 R 上是增函数。

③若函数 $f(x)$ 在区间 $(1,2]$ 和 $(2,3)$ 上均为增函数,则函数 $f(x)$ 在区间 $(1,3)$ 上为增函数。

【设计意图】

题①是为强调函数单调性是针对某一个区间而言的,是一个局部性质。有些函数在整个定义域内是单调的;有些函数在定义域内的部分区间上是增函数,在部分区间上是减函数;有些函数是非单调函数,如常数函数。

题②是为强调函数的单调性是函数在一个单调区间上的"整体"性质,x_1,x_2 具有任意性,不能用特殊值代替。

题③是为说明函数在定义域内的两个区间 A,B 上都是增(或减)函数,一般不能认为函数在 $A\cup B$ 上是增(或减)函数。

(三)课堂练习,巩固提高(16min)

【练习1】如图 2-9 所示,是定义在闭区间 $[-5,5]$ 上的函数 $y=f(x)$ 的图像,根据图像说出 $y=f(x)$ 的单调区间,以及在每一单调区间上,函数 $y=f(x)$ 是增函数还是减函数。

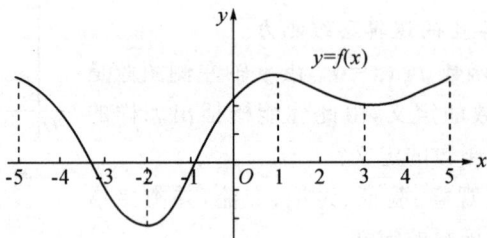

图 2-9 练习 1

【活动】以学生自学的方式学习此题,进一步理解增(减)函数的定义,教师巡视课堂,个别辅导,收集反馈信息,及时点评。

【设计意图】进一步加深对增(减)函数的认识,学习单调区间的概念,培养学生阅读自学的能力。

【练习2】物理学中的波利尔定律 $p=\dfrac{k}{V}$(k 是正常数)告诉我们,对于一定量的气体,当体积 V 减小,压强 p 将增大。试用函数的单调性证明之。

【活动】在教师的引导下,学生进行思考与讨论,并口述回答,教师进行板书演示,规范书写步骤。

分析:怎样来证明"体积 V 减小,压强 p 将增大"呢,根据函数单调性的定义,只要证明函数 $p=\dfrac{k}{V}$(k 是正常数)是减函数。怎样证明函数 $p=\dfrac{k}{V}$(k 是正常数)是减函数呢? 只要在区间 $(0,+\infty)$(因为体积 $V>0$)任意取两个大小不相等的值,证明较小的值对应的函数值较大,即

设 $V_1<V_2$,去证明 $p_1>p_2$. $p(V_1)>p(V_2)$ 也就是只要证明 $p(V_1)-p(V_2)>0$。

证明:设 $V_1<V_2$,$V_1,V_2\in(0,+\infty)$. $p(V_1)-p(V_2)=\dfrac{k}{V_1}-\dfrac{k}{V_2}$。因为 k 是正常数,$V_1<V_2$,所以 $\dfrac{k(V_1-V_2)}{V_1V_2}>0$,$p(V_1)>p(V_2)$。所以,体积 V 减小,压强 p 将增大。

最后,总结概括证明函数单调性的步骤:任意取值—作差变形—判断定号—得出结论

【设计意图】加强函数单调性的应用,形成解题思路,提高解题能力。

【练习3】画出反比例函数 $y=\dfrac{1}{x}$ 的图像。

①这个函数的定义域 I 是什么?

②它在定义域 I 上的单调性是怎样的? 证明你的结论。

【师生活动】教师:借助几何画板给出函数的图像,通过观察图像,引导学生对函数是否具有某种性质作出猜测,并模仿练习 2 的解题过程,进行独立分析与论证。

学生:相互讨论,尝试自主进行函数单调性的证明,可能会出现不知如何比较 $f(x_1)$ 与 $f(x_2)$ 的大小、不会正确表述、变形不到位或根本不会变形等困难。

师生:教师深入学生中,与学生交流,了解学生思考问题的进展过程,投影学生的证明过程,纠正出现的错误,规范书写的格式。最后,借助投影仪投影个别学生的解题过程,师生共同分析与探讨,强调分区间讨论函数的单调性。

完成解题后,点明从中渗透的探究函数性质的常用方法:通过观察图像,先对函数是否具有某种性质作出猜测,然后通过逻辑推理,证明这种猜想的正确性。

【设计意图】有效的数学学习过程,不能单纯的模仿与记忆,数学思想的领悟和学习过程更是如此。利用学生自己提出的问题,让学生在解题过程中亲身经历和实践体验,师生互动学习,生生合作交流,共同探究。并从中学习探究函

数性质的方法,为研究其他函数性质提供方法依据。

(四)课堂小结,学习反思(5min)

【问题】这节课我们学了哪些内容?从中运用了哪些数学方法?

在知识层面上,引导学生回顾函数单调性定义的探究过程,使学生对单调性概念的发生与发展过程有清晰的认识,体会到数学概念形成的三个主要阶段:直观感受、文字描述和严格定义。

在方法层面上,首先引导学生回顾判断、证明函数单调性的方法和步骤;然后引导学生回顾知识探究过程中用到的思想方法和思维方法,如数形结合、等价转化、类比等,重点强调用符号语言来刻画图形语言,用定量分析来解释定性结果;同时对学习过程作必要的反思,为后续的学习做好铺垫。

【设计意图】让学生建构自己的知识网络,理解数学思想方法的应用。

(五)作业布置,巩固新知(1min)

必做题:教科书第 39 页习题 1.3 A 组第 1、2、3.

选做题:①证明函数 $y = x^3 - b$(b 是常数)在 R 上是增函数。

②定义在 $(1,1)$ 上的函数 $f(x)$ 是减函数,且满足:$f(1-a) < f(a)$。

求实数 a 的取值范围。

【设计意图】分为必做题与选做题的目的在于服务不同的学生,分层提高。必做题是基础练习题,强化巩固函数的单调性应用,提高学生的综合运用能力;选做题是为学有余力的学生设置的,用于扩展知识面,提高解决问题的能力。

◆板书设计

| 投影区 | §1.3.1 单调性与最大(小)值
图形语言:上升的;
符号语言:对于 $(0,+\infty)$ 上任意的 x_1, x_2,
当 $x_1 < x_2$ 时,都有 $x_1^2 < x_2^2$;
文字语言:函数值随着自变量的增大而增大。
增函数:
减函数:
注意:"任意性"、"区间性" | | 例题讲解与学生板演区 |

课时教学设计二:

"合情推理"(第一课时)①

(一)教学目标

【知识与技能目标】理解归纳推理的概念,了解归纳推理的作用,掌握归纳推理的一般步骤,会利用归纳进行一些简单的归纳推理。

【过程与方法目标】学生通过积极主动地参与课堂活动,经历归纳推理概念的获得过程,了解归纳推理的含义;通过欣赏一些伟大猜想的产生过程,体会并认识利用归纳推理能猜测和发现一些新事实、得出新结论;能初步掌握归纳推理的一般步骤;通过具体解题,进一步感受归纳推理的优缺点及其使用方法。

【情感态度与价值观目标】学生乐于主动探究、积极思考,欣赏合情推理的价值,认识到"大胆猜想、小心求证"的重要性,并受到数学文化、数学精神的熏陶。

(二)教学重点与难点

【重点】归纳推理的含义与作用。

【难点】利用归纳法进行简单的合情推理。

(三)教学过程

1. 创设情境,引出课题

师:某市为了了解本市的高中生数学学习状态,对四所学校做了一个问卷调查,其中有两个问题的统计数据如表2-4所示:

表 2-4　问卷调查

某市高中数学学习状态问卷调查	对数学的印象		数学学习的目的	
	生动活泼	严肃枯燥	发现问题	解决问题
甲学校	19%	71%	11%	89%
乙学校	7%	75%	23%	77%
丙学校	16%	64%	21%	79%
丁学校	25%	53%	16%	84%

根据这四所学校的情况,你能推测全市高中生对数学的印象吗?

【设计意图】既为归纳推理概念的形成埋下伏笔,也为学生数学观、数学学习观的转变埋下伏笔。

生:谈自己的认识与体会(绝大多数表示接受和认可表中的数据)。

---

① 洪琼."合理推理"(第一课时)教学设计.数学通报,2010(7).

师：你是用怎样的方式得出结论的？这个结论一定正确吗？

师生：得出推理的概念：由已知判断(前提)到新的判断(结论)。

师：显示少年侦探柯南、埃及金字塔、医生诊断病人的症状、中央气象台天气预报等 4 张图片，说明推理在现实生活中是到处存在的。

【设计意图】推理在生活中大量存在，我们需要从数学上作深入的研究。

2. 顺其自然，解决问题

(1)由实例归纳出归纳推理的概念

师：请仔细分析、比较下列推理，说出其推理的方式与特点。

①由铜、铁、铝、金、银等金属都能导电，猜想一切金属都能导电。

②由三角形内角和为 $180°$，凸四边形内角和 $360°$，凸五边形内角和为 $540°$，猜想凸 n 边形内角和为 $(n-2) \cdot 180°$。

③地球上有生命，火星具有一些与地球类似的特征，猜想火星上也有生命。

④因为所有人都会死，苏格拉底是人，所以苏格拉底也会死。

【设计意图】让学生通过直观感知、观察分析、归纳类比对推理作出合理分类，并抽象概括出合情推理和归纳推理的概念，经历由浅入深、由易到难、由特殊到一般的思维过程。

师：给你们一列数，第一个数是 2，第二个数是 4，第三个数是 6，第四个数会是什么呢？

师：集中显示下列 4 个推理，请学生归纳其特点，并得到归纳推理的概念。

铜能导电
铝能导电
金能导电　　→一切金属都能导电；
银能导电

甲、乙、丙、丁
4 所高中学生　　全市高中学生
普遍认为数学　→普遍认为数学
是严肃枯燥的　　是严肃枯燥的

三角形内角和为 $180°$　　n 边形内
四边形内角和为 $360°$　→角和为
五边形内角和为 $540°$　　$(n-2) \cdot 180°$

第 1 个数是 2
第 2 个数是 4　→第 n 个数是 $2n$。
第 3 个数是 6

生：得出归纳推理的概念，明确归纳推理的特点。

师:你能举出生活中和学习中归纳推理的例子吗?

(2)进一步认识归纳推理

师:介绍浙江省地图着色问题,再现四色猜想产生与探究的过程;再介绍相关历史,如 1852 年英国人弗南西斯·格思里为地图着色时发现了四色猜想,1976 年美国数学家阿佩尔与哈肯在两台计算机上用了 1200 个小时完成了四色猜想的证明等。

师:观察下列等式:$3+7=10,3+17=20,13+17=30,\cdots$,你能从中发现什么规律?

如果换一种写法呢?

$10=3+7,20=3+17,30=13+17,\cdots$

师:你验证"偶数=奇质数+奇质数"对任何大于 4 的偶数成立吗?

师生互动:当正偶数比较小时,由学生直接验证,然后再由学生任意提出一些比较大的偶数,教师借助计算机软件马上把它分解为 2 个质数之和.

师:介绍哥德巴赫猜想,并用式子 $2n=p_1+p_2(n\in N,n\geqslant 3)$ 表示;然后再介绍陈景润和陈氏定理 $2n=p_1+p_2\cdot p_3$。

(3)进一步感受和体会归纳推理的魅力与价值

师:把全班学生分成两组,一组举出生活中用归纳推理发现结论的例子,一组举出科学研究中用归纳推理发现结论的例子。

师:在学生举例的基础上,再举牛顿发现万有引力、门捷列夫发现元素周期律、植物的向光性等例子,并指出:应用归纳推理可以发现新事实,获得新结论;归纳推理是科学发现的重要途径。

(4)归纳出归纳推理的一般步骤及其注意点

师生:归纳推理的一般步骤:①观察分析;②发现规律;③检验猜想。

师:归纳推理得到的结论是否一定可靠?为什么?

师:介绍费马猜想:

①已知 $2^{2^1}+1,2^{2^2}+1,2^{2^3}+1,2^{2^4}+1$ 都是质数,运用归纳推理你能得出什么样的结论?

②半个世纪后欧拉发现,$2^{2^4}+1=4294967297=641\times 6700417$,说明了什么?

③后来人们又发现 $2^{2^6}+1,2^{2^7}+1,2^{2^8}+1$ 都是合数,你们又有什么样的想法?

师:这是一个"猜想—验证—再猜想"的过程,科学发现需要把大胆猜想与小心求证有效地结合在一起。

3.运用巩固,形成能力

例　已知数列 $\{a_n\}$ 的首项 $a_1=1$,且有 $a_{n+1}=\dfrac{a_n}{a_n+1}$

(1)请用直接推理和归纳推理两种方法分别求这个数列的通项公式,并仔细比较这两种方法的优缺点;

(2)记 $S_n = \dfrac{1}{a_1^3} + \dfrac{1}{a_2^3} + \dfrac{1}{a_3^3} + \cdots + \dfrac{1}{a_n^3}$,试求 S_n。

【设计意图】第(1)小题要求学生用归纳推理和演绎推理两种方法解决,并比较这两种方法的优缺点;第(2)小题重在让学生感受归纳推理发现新事实、提供研究方向上的价值,并增强学生用归纳推理解决问题的意识和能力。

练习:任取两条平行直线 l_1,l_2,在 l_1 上取三个点依次记作 A_1,B_1,C_1,在 l_2 上任取三个点依次记作 A_2,B_2,C_2。连接 A_1B_2,A_2B_1,记交点为 P;连接 A_1C_2,A_2C_1,记交点为 Q;连接 B_1C_2,B_2C_1,记交点为 H,你能发现什么规律?

【设计意图】为学生提供一个真实的、开放的数学问题,让学生进一步感受数学美和发现规律的喜悦,同时认识到只要做个有心人,发现规律并非难事。

4. 回顾总结,提升认识

师:请从知识、方法、思维三方面谈本节课的收获。

师:请谈谈本节课的学习体会与心理感受。

师:合情推理是地球上最美丽的思维花朵之一。

5. **拓展延伸,继续提高**

(1)书面作业:课本第 93 页 A 组第 1,2,3 题.

(2)选做作业:

①登录网站(课后指定网站),选择两个猜想并探究其来源.

②如图 2-10 所示三角阵,从上往下数,第 1 次全行的数都为 1 的是第 1 行,第 2 次全行的数为 1 的是第 3 行,$\cdots$,第 n 次全行的数都为 1 的是第 _____ 行;第 61 行中 1 的个数是 _____。

```
第1行              1  1
第2行           1  0  1
第3行        1  1  1  1
第4行     1  0  0  0  1
第5行  1  1  0  0  1  1
```

图 2-10 三角阵

实践与思考

1.什么是学期教学计划与一节课教学设计?并叙述两者的主要区别。

2.自选中学数学教材中一节课的教学内容,书写一份完整的教学设计。

第三章　数学课堂语言技能

在教学过程中,教师与学生之间的知识传递、信息反馈以及感情交流都是借助教学语言来进行的。因此,教学语言是教学信息的主要载体,是教师完成教学任务的重要工具。苏霍姆林斯基说过:"教师的语言修养在很大程度上决定着学生的脑力劳动效率。"对于数学而言,掌握数学语言,不仅是掌握数学知识的必要手段,而且也是用数学的思维去解释客观社会现象的重要手段。

第一节　数学课堂语言技能概述

一、什么是数学课堂语言技能

数学语言是以数学符号为主要词汇,以数学公理、定理、公式等为语法规则构成的一种科学语言,它和自然语言一样是人类思维长期发展的成果。数学语言已成为科学研究的通用语言。数学语言是在数学知识的产生、发展和运用过程中逐渐形成的,是数学内容经过归纳、概括、抽象的一种表达形式。

数学课堂教学语言技能是教师用数学语言向学生阐明教材、传授知识、提供指导、培养学生思维、促进学生建立良好数学个性品质等方面的语言行为方式的一种技能。

数学教学语言技能并不独立存在于数学教学之外,而是与数学、与数学教学活动同时存在的,它是一切数学教学活动的最基本的行为。数学教学语言技能是可描述、可观察、可培训的具体教学行为。数学教学技能可通过学习来掌握,在练习实践中得到巩固和发展。

数学教师要真正理解并掌握数学教材,上好数学课,搞好数学活动,不能不把自身的数学教学语言技能训练放在头等重要的位置。教学语言对教学效果的影响包括两个方面:其一,由于语言是信息的载体,是交流思想的工具,教师语言质量直接影响着学生对数学知识、数学思想和方法的掌握以及数学能力的发展。其二,"语言是思想的直接现实",数学事实要用数学语言表达,从这个意义上讲,学习数学也就是对数学语言的学习。因此,教师数学语言的使用,对学生数学语言的形成起着至关重要的作用。我们强调教师的授课技能,从根本上说,就是强调教师的语言表达技能。

二、数学教学语言技能的特点

数学教学离不开教学语言这个有力的手段,教学语言是教师教学的基本功和必要素养。教师的教学语言修养良好,就会"不是蜜,但它可以黏住一切",常常可以使教学锦上添花,更上一层楼;教师的教学语言修养不高,就会"茶壶里煮饺子——肚里有货倒不出",从而直接影响教学效果。

(一)语言应具有严密的科学性

语言表达的科学性应体现在准确性、逻辑性和系统性上。

第一,准确性就是要求说话明白,概念应用确切,否则就会导致概念模糊,造成判断模棱两可。例如,"方程 $f(x)=0$ 的解是 0"与"方程 $f(x)=0$ 的解的个数是 0"表达的是完全不同的两个意思,前者说明方程有解,零就是它的解,而后者则表明此方程无解。语言表达不准确还可能导致谬误,如"两条直线不相交就一定平行",虽然在平面几何中是成立的,但在立体几何中就是错误的结论。原因在于表述这一结论时丢掉了必要的前提条件——在同一平面内。准确是我们在运用数学语言时不可忽视的问题,否则可能导致科学性错误或给学生造成理解上的困难,产生不良的教学后果。用数学语言表达数学问题或阐明数学结论的准确性,要求达到增加一个字符则多余,减少一个字符则含义不清的效果。当然对教学问题或结论的解释则另当别论。

第二,逻辑性要求,既说话更严谨周密,言之有理,言之有据。例如,矩形、菱形、正方形是特殊的平行四边形,故它们具有平行四边形的所有性质。又如,证明 7 是素数,因为"一个数只能被 1 和它本身整除,这个数就是素数,而 7 只能被 1 和它本身整除,所以它是素数"。这样的证明符合充足理由律的逻辑性要求,因而整个证明是正确的。假如教师的语言缺乏逻辑性,就会造成推理上的错误。例如"因为 $ac>bc$,所以 $a>b$"。

第三,系统性要求,即说话要条理清楚,前后连贯。要做到语言准确精练,就要认真备课,熟练掌握教材,并掌握好各部分的衔接作用和深入钻研数学理论问题。只有这样,才能锤炼出准确和精练的语言。数学教师只有通过学习与钻研,不断提高自身的数学素养,才能逐步完善运用数学语言的技能。如 $|x|$ 应

读作"x 的绝对值"，而不能说成"绝对值 x"。$\sqrt{2}$ 可以读作"根号 2"，但不能把 $\sqrt{2^2}$ 读作"根号 2 的平方"。对几何图形的位置关系表达既要清楚又要规范，如点与圆的位置关系有点在圆上、点在圆内和点在圆外三种，不能把"点在圆内"说成"点在圆里"。

（二）语言表达应具有启发性

语言的启发性就是要求教师的语言能启发学生积极思维。古人说："话令人惊不如令人喜，令人喜不如令人思。"曾有人说过："平庸的教师只是叙述，好教师讲解，优异的教师示范，伟大的教师启发。"

情境问题：车轮为什么做成圆的？

教学内容：圆的特性。

师：车轮为什么做成圆的？

生：能滚动。

师：（画出正方形和长方形）看来大家说的是对的，不做成这里画的形状，就是因为它们不能滚动。那么，为什么不做成这种可以滚动的形状呢？（画扁圆形）

生：（会感到问题的幽默，活跃起来）滚动起来不平稳。

师：为什么不平稳呢？

生：……

这就引发了具有生机的"愤悱"状态，同学们都知道问题所在，但却找不到恰当的语言表达。

要想使语言富有启发性，教师除了熟练掌握教学内容、不断丰富教学语言外，还要充分了解学生的学习状况、思维程度，使学生"跳一跳，摘到桃子"。

（三）语言表达应具有直观性

语言表达的直观性体现在生动和形象两个方面。语言的生动性要求教师在抓住教材的本质进行分析的同时，又要语言幽默、生动有趣，以消除学生思维的疲劳，唤起学生求知欲和学习热情。语言的形象性要求教师将抽象的内容尽量具体化，深奥的道理尽量形象化，联系实际、深入浅出，善于比喻，使枯燥的知识趣味化。

（四）语言的表达应具有节奏性

教师语言的节奏性是指教师语言要快慢得当，声调要有轻重缓急，使学生听起来感到抑扬顿挫，条理清楚，富有感染力。同时，声音大小适中。一般说来，教师讲课的声音应使第一排学生听了不刺耳，最后一排学生听起来不吃力。教师的语言节奏，要依据教学内容及课堂上学生情绪来确定，讲到重点难点或关键的地方,语言速度要放慢,语气要加重,要稍有停顿,以便学生思考和领会。

(五)以姿势辅助语言

教师正确的姿态可以增强语言的表达效果。如配合讲课内容做出相应的手势与举动,可以增强语言表达效果;同时教师脸部的表情、目光的转移、动作的停顿等都会起到辅助语言的作用。教师的视线要注视全班学生,既不能只面对课本、教案,也不能只是面对黑板。教师的视线要尽量环顾班内的每一位同学,通过视线与学生交流信息,得到反馈。同时,教师的情绪要乐观、饱满。

三、数学课堂语言技能的功能

(一)准确传递数学知识

语言是信息的载体。随着数字化的社会发展趋势,数学语言已成为人们生活中的一种必需语言。数学教学通过标准规范的文字语言、准确精练的符号语言、形象的图形语言,可以有效地传递数学知识,提升数学思维能力。数学教学中大量活动需要通过数学语言的表达和交流来实现,教师使用规范的、准确的数学语言,才能使学生掌握扎实的基础知识。教学语言水平与教学效果是直接相关的。研究表明,学生的知识学习与教师表达的清晰度是密切相关的,如果教师的讲解含糊不清会直接影响学生的学习成绩。所以,准确、清晰地传递知识是对教学语言训练的基本要求。

(二)组织好数学课堂教学

组织好课堂教学,是教学语言技能的重要功能。使用恰如其分的语言可以明确学生思维指向,集中学生的注意力;用鼓励性的语言可以激发学生求知欲望,调动学习积极性;用激发强化的语言可以引起学生的学习兴趣,稳定课堂纪律;用发自肺腑的教学语言可以实现师生的情感交流。总之,通过丰富的教学语言可以恰当而有效地组织课堂教学。

(三)促进师生的数学思维

不断提高教学语言水平,可以促进学生数学思维的发展和数学能力的提高。数学教学在很大程度上也是数学语言的教学,因为语言是思维的工具,语言能力的提高,必然会促进思维的发展。对语言的逐步掌握及语言的不断发展(新的数学语言的学习)推动着思想内容日益丰富,调节着思维活动,促使人们的思维能力不断提高。教师在教学设计时,要将教材内的数学知识变为教学语言,包括确定逻辑顺序,明确因果关系,以及表面上不同数学事实之间内在的质的联系的语言表述。这就是教师的逻辑思维与教学语言水平的统一。

我们会发现,有的数学教师在教学中,由于语言技能高超,时时在调动学生进行数学思维;有的教师语言讲解非常细,学生没有思考余地;还有的教师语言模糊不清,学生听不明白老师在说什么。因此,教师的语言技能对学生数学思维的影响是重大的。

(四)激发学习数学兴趣

学习兴趣是推动学生主动、愉快地探求知识的巨大动力,是发明创造的源泉。教师可以巧妙地利用语言,促进学生情感迁移,培养学生热爱数学的情感。教师要善于锤炼教学语言。富有趣味性、幽默性、艺术性的教学语言是激发学生学习兴趣的重要方面,生动活泼的教学语言,往往能激起学生的学习热情。

教师可以用优美的语言充分展示教学内容的美,激发师生对美的共同感受,并赋予鲜明的情感色彩,以此来诱发学生学习数学的内部情感动力,从而达到组织好教学的目的。因为数学是用高度专门化语言——数学语言写成的,美的信息普遍蕴含于数学结构、数学语言、数学方法中。因此,教师要把数学语言美渗透到教学中去,通过美的图形、符号、和谐统一的简单式子唤起学生美的情感,提高学生审美意识,使学生在美的感受中愉快地接受知识。例如,欧拉用数学语言给出公式 $e^{i\pi}+1=0$,我们发现,式子中的五个数都具有非常重要的意义,它们如此和谐地共处于一个式子之中,是各种数的大统一。这其中就蕴藏着内在的、深邃的、理性的美,会在人们的内心深处激起强烈的美感,增进了理性和审美能力。因此,教师在教学中引导学生体会数学语言美的感受,可以提高他们学习的积极性,激发学习数学的兴趣。

(五)发挥语言的示范作用

中学教育是学生发展成才的阶段,学生经过学习基础知识、基本技能,发展思维,培养语言表达能力。要教会学生用规范准确的语言表达自己的思想,用规范的数学语言说明概念,解释原理。教师的教学语言对于中学生是最具体而直观的示范,对培养学生的语言能力起着重要的作用。教师语言的逻辑性,直接影响学生思维的逻辑性和语言表达的条理性。很难想象一个语言条理不清、啰啰唆唆的教师,能培养出语言流畅,表达层次分明,条理清楚的学生吗?

具有较高教学语言技能水平的教师,在教学中能对学生产生潜移默化的影响,学生从自觉或不自觉地模仿教师到自己灵活地表达,逐步提高了语言表达能力。因此,教师加强教学语言技能的训练,以提高教学语言的示范性,是十分必要的。

(六)实现情感交流

课堂教学是师生的双边活动,教师在传递知识信息的同时,必然伴随着师生的情感交流。教师的语调、节奏、语气的变化,或舒缓平稳,或慷慨激昂,或清新温和,或委婉动人,或欢快昂扬,或庄严郑重……凡此种种,均可有效地表达教师的情感、情绪,影响着师生间的情感交流。在此基础上形成的师生间的心理联系,又反过来影响知识信息交流的效率。

第二节　数学课堂教学语言的类型

数学教师课堂语言技能的结构不仅是从纯语言的角度去研究语音、语义、词汇、语法等语言的构成要素,还要侧重于对语言的内容与作用进行探讨。数学教师在课堂教学中所运用的语言按语义特征的不同可分为三类:一般教学语言、数学语言与数学教学语言。

一、一般教学语言

一般教学语言是日常生活语言在课堂教学这个特定环境中的运用。主要用于课堂教学过程的组织、教学内容的衔接、对学生学习的评价等方面。课堂教学中,教学信息不是单向地由教师传输给学生。教师在传递知识信息的过程中要及时接收教学的反馈信息,引导学生积极参与教学活动,不断调整教学的进度,使教学真正构成一个动态的教师教与学生学的双边活动系统。一般教学语言在此过程中起着重要作用。

对于一般教学语言,学生在理解上不会有什么问题。教师在运用这种语言时,其技能应该主要表现在语言的简练与明确、丰富与生动、文明与热情等几个方面。

1. 简练与明确

简练明确是指语义要清晰、明确,避免歧义、赘言和不必要的重复。一般教学语言在组织课堂教学中的主要作用是表明教师的意图,反映教学的目的、要求。因此应使学生听后立即明白其意,并能按教师的要求去做,以增强教师的主导作用。违反这一原则会对课堂教学的组织工作产生不良影响,如,"张三或李四到前面来板演这道题",其要求就不明确,张三和李四不知道谁该去,结果会延误教学时间。

2. 丰富与生动

为避免课堂教学的刻板、沉闷,教师要努力创造活跃的课堂气氛,丰富与生动的语言是达到此目的的手段之一。教师多样化的语言形式、丰富的词汇、生动而不入俗的语言,都能够缓解学生的紧张情绪,有张有弛,起到调节教学活动的作用,从而使学生的思维处于积极、能动的状态,共同推进教学进程。如在讲直线概念时,可以这样描述:"直线可以想象成黑板边线无限伸长,穿过高山巨川,突破大气层,经过星球,甚至九霄云外而无穷无尽。"经过这样的有意描述,直线这一概念就显得形象、逼真了,学生就会感到兴趣盎然。又如讲述合并同类项时,可用生活中的例子进行类比:二头牛加三头牛是五头牛,但是二头牛加三头马就不是五头牛马了。如果教师善于运用形象化的语言,就能把本来枯燥乏味的数学知识变得生动而有趣,从而激发学生学习数学的兴趣。

3. 文明与热情

教师在运用一般教学语言指导、组织、评价学生的学习活动时,要做到文明、热情,注意礼貌用语。如,"请某某同学解一下这道题"与"某某,你给我解一下这道题",让人听起来的感觉显然是不同的,前者体现出教师对学生的尊重和师生平等。又如,"你真笨,我讲了这么半天你还答不对"的评语会使学生的自尊心受到伤害,可能从此厌恶学习这门课程。如果教师改变一下说法:"你能够勇于回答这个问题,很好! 这几个方面(具体指出)你的考虑是对的,但是在某些方面(具体指出)还有欠缺。"接着引导学生做进一步的思考或纠正学生的理解、认识上的偏差,那么学生会乐于接受教师的指导、纠正,并会更加努力刻苦地学习。教师的评价语言往往对学生的学习心理产生很大的影响。

一般教学语言的掌握提高,以教师本人的语言、文学及教育心理知识水平为基础,因此,数学教师应不断加强上述方面的自我修养。

二、数学语言

数学语言是数学科学的专用语言,是一种符号语言、形式化语言。数学语言的特点是极为突出的。有人把文字和语言都广义地认为是一种符号,这是非常正确的。这里我们还是把作为一个民族特有的文字、词汇与数学专用符号系统加以区分研究,主要表现为下面几类。

1. 数学词汇

中国科学院从 1956 年开始多次修改出版《数学名词》一书,汇集数学名词 6000 多条。数学名词是表述数学事实的数学语言的最基本材料。某一数学词汇,必须确切表示某一数学事实。这就是通常所谓的某概念、某定义。数学词汇——数学名词的特点是每个名字都代表唯一一个数学事实。如单项式、分式、函数、映射、勾股定理、同一律、等价……都是数学词汇。

2. 数学符号

数学符号是数学科学专门使用的特殊符号,是一种含义高度概括、形体高度浓缩的抽象的科学语言。具体地说,数学符号产生于数学概念、演算、公式、命题、推理和逻辑关系等整个数学过程中,是为使数学思维过程更加准确、概括、简明、直观和易于揭示数学对象的本质而形成的特殊的数学语言。可以说，数学的发展史就是数学符号的产生和发展史。

数学符号可分为四类。

(1)元素符号

表示数或几何图形中的符号称为元素符号。例如：

数字符号，如 $0,1,2,3,4,5,6,7,8,9$；

表示数的字母，如 $a,b,c,d,e,f,\cdots$（常元）；

$$x,y,z,u,\cdots（变元）；$$

某些特定常数，如 e,π；

多边形元素，如 $a,b,c,d,\cdots$（边）；

$$A,B,C,\cdots（角）；$$

几何图形符号，如 $\angle,\triangle,\odot,\cdots$；

集合符号，如 φ,I。

(2)关系符号

表示数、形、式之间关系的符号称为关系符号。例如：

$=,\equiv,>,\geqslant,<,\leqslant,\backsim,\cong,\approx,\cdots$；

$\in$ 表示属于，$\subseteq$ 表示包含于，$\Rightarrow$ 表示推出，$\Leftrightarrow$ 表示等价；

$A\xrightarrow{f}B$ 表示从集合 A 到集合 B 的映射 f。

(3)运算符号

表示按照某种规定进行运算的符号称为运算符号。例如：

$+,-,\times,\div,\cdot,a^n,\sqrt[n]{\ },\sum,\prod,\cdots$；

$\sin,\cos,\tan,\cot,\arcsin,\arccos,\arctan,\text{arccot},\log,\lg,\ln,\cdots$；

$\lim,f,f',y',\mathrm{d}y,\int,\int_a^b,\cdots$。

(4)其他符号

也有人称之为辅助符号，是用于表示某些特定式子、某种特定意义的符号。例如：

$\triangle$ 表示一元二次方程判别式；

$n!=n(n-1)(n-2)(n-3)\cdots3\times2\times1$；

$\max\{\cdots\}$ 表示取大括号中有限个数中最大者；

$\min\{\cdots\}$ 表示取大括号中有限个数中最小者；

括号：( )，[ ]，{ }；

区间：( )表示开区间，[ )表示半闭区间，[ ]表示闭区间；

表示三角形全等的条件符号(SSS)、(SAS)、(ASA)。

以上这些例子,只是初等数学中常见的部分基本符号。

数学词汇和数学符号是组成数学语言基本成分的重要内容。数学学习的过程就是数学符号的学习过程。例如:数学符号语言"设 $A=\{(x,y)\,|\,x^2=y^2\}$,$B=\{(x,y)\,|\,y^2=x\}$,则 $A\bigcap B=$?"转换成数学图形语言就是"求坐标轴的角平分线与抛物线 $y^2=x$ 的交点的坐标"。

三、数学教学语言

学生对数学语言的不适应,往往成为他们学习数学的极大障碍。于是为讲清数学知识,用日常生活语言,特别是用学生使用的语言加以解释是必要的。这时教师运用的是"生活化"的数学语言,不再是完全形式化的语言。另一方面,中学数学教学中也存在大量用数学术语去解释自然现象或现实生活中问题的例子,虽是生活语言,却有一定的数学性能,我们习惯称之为"数学化的"生活语言。这两种语言,我们统称为数学教学语言。数学教学语言技能由基本语言技能和数学教学特有的语言技能构成。数学教学语言的要素主要有以下几个方面。

1.语音和吐字

语音是语言的物质材料。有了语音这一载体,才使得表达信息的符号——语言能以声音的形式发出和被感知。在交际中,特别是在教学中,对语音的基本要求是要规范,即要用普通话语音来讲话。要求数学教师发音吐字正确、清晰、准确,要字正腔圆、清晰悦耳。普通话语音正确是教学语言规范的基本条件之一。不能带有地方口音,因为方言、方音是信息交流的极大障碍。有的数学教师由于带有方言、方音,吐字不清,说数字"10"和"4"不分。造成这种情况的原因主要是发音器官在发相应的字音时不到位。数学教师必须进行语音、语言的训练,有意识矫正,经常练习,就会养成正常发音的习惯。当然,教师还要借助板书或不同的关联词句来明确某些词或字。

数学中经常使用英文字母、希腊字母,对它们的发音一定要正确。如果数学教师发音不正确,会造成学生听不清教师所讲的数学事实。如反正切函数 arctan x 的发音,因不同数学教师读音不同,每当换数学教师时,都因学生听不清而产生思维障碍。

2.音量和语速

音量指声音的大小。声音小听不清楚,声音过大没必要,而且会使人感到不舒服。音量应控制在教室安静的情况下最后一排也能听清楚。音量大小和气息控制有关。要达到一定的音量,就要注意深呼吸,要注意有控制地用气,注意音量的保持,避免听清前半句,听不清后半句。要把每一句的最后一个字都清清楚楚地送进学生的耳朵里。

语速是指讲话的速度。耳朵有一定的承受力,超载就会听不清。中学数学与其他学科比较,具有明显的抽象性的特点,而中学生的形象思维又强于抽象思维,数学课上学生要不断地将教师传递的信息进行思维加工,这就要求教师的语言速度不能太快。

而如果教师的语速太慢,落后于学生的接受能力和思维能力,学生必然感到乏味。

教师在教学中,要随时观察、了解学生对数学知识思维的情况,以此来调整自己的语速。对学生很熟悉的知识,可以 250 字/分钟左右的速度进行教学,但总时间最好不要超过 10 分钟。对学生不熟悉的知识,则要慢一些,有时为使学生充分思考、记忆,甚至可以 100 字/分钟左右的速度进行教学。总之,教师要根据教材和学生的学习情况,采用稳、急、缓的语速进行教学。有时还需要在两句话中间进行停顿。

3. 节奏

节奏是指讲话时的快慢变化。它和语速有联系但不是一回事,每个字音长短时间并不一样,句中句间的停顿长短不一,这种不一就是节奏。善于调节语言快慢,形成和谐的节奏,同样可以加强口语表达的生动性。

教学语言的节奏性,还可以用来促进学生的数学思维。

例如,教师讲三角形中三角恒等问题"在锐角三角形 ABC 中,求证:$\tan A + \tan B + \tan C = \tan A \tan B \tan C$"时,教师先不把整个题目写出,而以下面的过程给出题目。

师:在锐角三角形 ABC 中(同时在黑板上适当位置写出"在锐角三角形 ABC 中")(稍微停顿,给学生思考)锐角三角形 ABC 中 $0° < A < 90°, 0° < B < 90°, 0° < C < 90°$,且 $A + B + C = \pi$,即 $A + B = \pi - C$。

师:求证,$\tan A$ 加 $\tan B$ 加 $\tan C$(同时在黑板上适当位置写出"求证:$\tan A + \tan B + \tan C$")(停顿,对学生进行观察,促进学生进行思考)(学生联想变形公式 $\tan A + \tan B = \tan(A+B)[1 - \tan A \tan B]$且 $\tan(A+B) = -\tan C$)。

师:(接前半句话)这个值等于 $\tan A \tan B \tan C$(同时写上"$= \tan A \tan B \tan C$")。

教师利用语调和节奏,提高学生思考的效率。

4. 声调

有人也称其为语调。语调是指讲话时声音的高低升降、抑扬顿挫的变化。适度的语调,可以加强口语表达的生动性,有利于学生接受知识,积极思考。单一音调的刺激容易使人精神疲劳,注意力分散。声音的高低差距越大,按信息论的观点,就是传输信息的频带越宽,那么传输的信息量就越大。

例如:"以双曲线 $\dfrac{x^2}{9}-\dfrac{y^2}{16}=1$ 的右焦点为圆心,且与其渐近线相切的圆的方程是……"这题目中有若干个条件,当教师在读此题时,对条件"与其渐近线相切的圆",慢速并提高声音读,就等于是对这一重要条件的强调,即会引起学生的有意注意和思考。

有时为了强调某个数学事实方法,在语言叙述上也可"反常用兵"——降低音调,而达到学生有意注意的目的。

5.词汇

没有词就没有语言。一个人只有具备一定的词汇量并能正确、熟练地运用于口头表达中,才能具有一定的口语技能。在课堂口语中,对词汇的要求是:

①规范,即要用普通话的语汇交流。

②准确,即表达一个意思,描述客观事物,要用恰当的词语。

③生动,即注意用词形象性、可感性,注意词的感情色彩,能启发想象、联想,激发人的感情。

要注意符合语法,否则会让人听不懂或费解。还要注意合乎逻辑规律,才能思路明晰,语言连贯。

另外,学生的语言与其年龄特点、认识水平、掌握知识的深广程度都有着极大的相关性。对于初中低年级的学生来说,他们不会用数学语言叙述问题和表达思想。而初中高年级和高中的大部分学生已经会用较简单的数学语言来表达自己的思想了,虽然有时还不太严谨。因此,数学教学语言应随着学生年龄的增长而逐渐接近数学语言。如教学中第一次出现式子"$A \Leftrightarrow B$"时,对大学生,教师可以直述为"A 当且仅当 B";对高中生,教师可以稍详细地说明:"$A \Leftrightarrow B$ 表明 A 是 B 的充分必要条件"。如果学生仍不解其意,教师则有必要对"充分必要条件"加以解释:"A 是 B 的充分条件,是说有 A 就有 B,即如果 A 成立,B 就一定成立。A 是 B 的必要条件,指没有 A 就没有 B,亦即如果 A 不成立,那么 B 就一定不成立。"(生活化的数学语言)数学教学语言的主要作用是将数学语言转化为学生熟悉的语言加以表述,帮助学生正确理解数学语言,从而使数学知识转化为学生的认知结构,逐步发展学生的数学思维。这种真正被学生理解、接受了或内化了的数学语言就成为学生的语言,它又可以帮助学生学习新的数学语言,而不断充实的数学语言,又可以不断深化学生的数学思维。

应该指出:在数学教学中强调数学语言的训练是重要的。数学作为基础教育的主要课程之一,不仅是让学生学会课本上的知识,更重要的是发展他们的数学能力,使他们树立数学意识,主动应用数学知识去解决周围世界中的实际问题。语言是思维的工具,又是人类表达思想、进行交流的工具。因此,不要由于数学语言抽象,就过于迁就学生。

第三节 数学课堂语言技能的实施

数学语言作为一种专业语言,在促进国际交流和各学科之间的理解与沟通方面有着重大的文化价值。但是,对于知识基础薄弱和受到年龄限制的中学生来说,要理解用数学语言表述的数学知识是有一定的困难的。在中学数学教学中,教师一般不宜直接使用数学语言作为讲授语言,而必须根据中学生的心理特征和知识基础,将数学语言转化为容易被学生接受的语言。

一、数学教学语言的选择

数学语言的确切性、精练性体现在教材上,也必须体现在教师教学语言上。它包括对数学定义、定理、公式和法则的阐述与板书,对某些数学事实的分析与讲解,对解题思想方法的讲述,对讲课内容的小结等等。教师对数学问题的叙述,有时多一个字少一个字都是不行的。如"a 除以 b"和"a 除 b",一字之差意义相反。数学教师要掌握各种教学语言。此外,还必须从教师个人的特点出发,研究如何选择数学教学语言。

将数学语言化为教学型数学语言,是数学教师在教学设计时必须重视的问题,常被称为"口语化"。实际上,"口语化"并不是单指将数学语言化为通俗语言,而主要是将其化为教学型数学语言。它的方法很多,下面我们举几个例子。把书本上的"文字词"改成教学型数学语言。例如,"任意非负数"可改写成"任意一个大于或等于零的数","曲线上升"可改写成"单调递增"或"增函数定义的符号叙述"。

将数学语言化为通俗自然语言。通俗语言生动形象,易于理解,教师可挥洒自如,听者感到亲切自然,容易得到情感上的认可,易被学生接受。如讲三角函数 $y=\sin(\omega x+\phi)+b$ 的图像时,是先将函数 $y=\sin x$ 的图像横向平移,再横向伸缩,然后纵向伸缩,最后纵向平移。为了便于学生理解记忆,可将图像变化用下面教学语言比喻为"先溜冰,后拉手风琴,再跳橡皮筋,最后乘电梯"。学生听了情绪活跃,对图形变换的整体步骤记忆清楚,也可以使用夸张的通俗语言。例如,"把这个三角形的三个内角撕下来,拼在一起,观察这三个角的和等于多少度?""让这个点跑遍定义域的每一'部分'……"利用顺口溜、打油诗、对偶句、排比句等,也是数学教学中常用的通俗语言。例如,三角函数诱导公式的口诀:"奇变偶不变,符号看象限。"二次不等式 $ax^2+bx+c>0(a<0$ 或 $a>0)$,可用

"小于取中间,大于取两边"来进行求解方法的记忆。在使用通俗语言时,教师要特别注意,若它所表述的数学方法或数学事实不够明确或不恰当,容易造成学生的误解。因此,用通俗语言表述某个数学方法时,必须对所指数学问题的条件、适用范围,甚至每个词的含义及它的隐含的意义交代清楚,分析透彻。

将数学语言化为符号型语言。数学教材中,大量使用符号型语言进行逻辑推导、证明或计算,虽简洁准确,但也抽象深奥,教师要根据学生的理解程度,适当插入些简明的文字型数学语言,有助于学生的理解。如平面几何和立体几何中,大量例题是用逻辑符号推导的,教学中对每步推理,教师都可用如"因为……所以得……","根据……定理(或定义或法则),所以得……"的语言给予解释。

例如,选取"直线与平面平行的判定定理"的部分教学片段。

师:请将前面分析的"直线与平面平行的判定"补充完整。

生:若 $a /\!/ b, b \subset a, a \not\subset \alpha$,则 $a /\!/ \alpha$。

师:请用文字语言翻译出来。

生:若一条直线与一个平面平行,一条直线在平面内,另一条直线不在平面内,则这条直线与这个平面平行。(一说完,学生自己都笑了,典型的顺序直译法,别扭。)

师:慢慢来,从命题中你得到什么结论?

生:直线与平面平行。

师:需要什么条件?

生:直线与直线平行。

师:对呀,主要是由线线平行得到线面平行,但是,是怎样的线,怎样的面,要加上适当的定语。

生:一条在面内,一条在面外。

师:好,请重新整理再说一遍。

生:如果平面外一条直线和这个平面内的一条直线平行,那么这条直线和这个平面平行,即若 $a /\!/ b, b \subset a, a \not\subset \alpha$,则 $a /\!/ \alpha$。

点评:教师让学生尝试探究直线与平面平行的判定定理,通过用符号语言、文字语言的描述,不仅使学生归纳出了直线与平面的判定定理,而且加深了对定理的理解,同时也培养了学生用准确的数学语言表达和交流的能力。

数学语言是一种高度抽象的人工符号系统,也是数学教学的难点。一般地,学习数学语言要经历机械认识、归纳认识、理性认识的过程,最终内化为自己的认知结构的有机成分。G·波利亚把数学问题的解决分成四个水平:第一为图像水平,第二为联系水平,第三为数学水平,第四为探索水平。从数学语言的角度看待这四种水平,解题的第一水平是感知问题的视觉语言图;第二水平是将考察对象与图用数学文字或符号表示出来;第三水平是将数学词汇依据一定的数学理论组成数学语句;第四水平是将数学的定理、公式、法则等与问题形成的数学语句建立联系,连接点处即为问题解决的关键。

二、数学教学语言实施的基本原则

数学教学语言是教师在数学课堂教学的具体条件下——有明确的教学任务、特定的教学对象,使用规定的教材,达到某种预定的教学目的的活动中使用的语言,因而要合理利用数学教学语言,就要准确把握以下基本原则。

(一)知识性原则

数学教材内容的专业性决定了教学语言带有专业性很强的知识性和科学性。因此,数学教学语言要传递有效知识,提高学生的思维能力,就必须与课堂教学内容协调统一。一些与教育、教学无关的话,学生听不懂的话,必须废止。

(二)目的性原则

数学教学语言是为数学教学目的服务的,因而教学语言要服从、服务于教学目的的要求。即要根据教学目的的实际需要,有针对性地选择、组织自己的语言。如果教师的教学语言离开了特定的教学目的,不顾一节课的教学目标所规定的教学任务,而凭个人的兴趣、爱好、情绪而随意旁征博引,追求表面轰轰烈烈的课堂热闹,但由于规定的基本教学任务没有完成,特定的教学目的没有达到,仍然是一堂不成功的课。

(三)针对性原则

数学教学是双边活动,教师的语言是师生之间沟通的桥梁。因此,教师的教学语言必须充分考虑学生的年龄特征、生理、心理、已有知识水平及思维发展水平等,有针对性地进行教学,要让学生听清楚、听明白,具有相通性和可接受性。

(四)激励性原则

教师在课堂教学中,无论是讲授知识,还是对待学生,都应当运用激励性的语言。特别是对待差生,更应以此维护他们的自尊心,激发其学习动机,激励其上进心。相反,教师如果对学生的错误过多地批评指责,甚至挖苦、讽刺,那么就会使学生失掉学习的自信心,由厌恶教师到厌恶所学学科(实际上有许多学生害怕数学学科),这不能不说是课堂教学的失败。

(五)审美性原则

审美性原则是对数学教学语言的较高层次的要求。因为一般的教学语言只要求讲深、讲透、讲清楚,让学生听懂、听明白就可以了,而审美性的教学语言除了让学生听懂、听明白之外,还要能让学生获得一种艺术享受,使学生受到一种"细雨湿衣看不见,闲花落地听无声"的审美教育,进而提高课堂教学的效果。

三、数学教学语言实施的注意事项

(一)应注意形成自己个性化的语言风格

在教学过程中要形成自己个性化的语言,也就是说首先内容要正确,其次表达方式上要形成个性化的语言风格。只有个性化的语言才能表现独到的见解,产生独特的魅力,给人留下深刻的印象。什么是语言的个性化呢?所谓语言个性化,是指讲话者要用自己的语言表达自己的思想感情、意志,体现自己的气质,而不是老调重弹,套用那些现成的语言。个性化的语言是一个人的思想、学识、阅历、才华、性格、气质和语言修养的集中表现。只有表达语言生动形象,带有强烈情感,才能把那无声的文字变成有声的语言,来教育鼓励学生,使学生的情感和情趣融合在一起。优质的教学语言,能激发学生的学习兴趣,提高学习效率。教师必须研究教学语言的艺术性,必须下工夫锤炼自己的语言,加强语言修养,使自己的语言不断规范、准确、明快、流畅,妙趣横生。

应当注意,语言的生动、形象只是为了帮助学生接受和掌握抽象的数学语言,但不能代替抽象的数学语言,否则不利于数学思维能力的形成和发展。因此,在数学教学的课堂上,无论我们采用哪种授课方式,也不管要给学生传达什么知识,都要认识到正确运用数学教学语言进行教学的重要性,克服自己随意性的语言,加强自我训练,不断思考教学语言的创新,使自己的数学教学语言准确、严密、简洁、精练、生动、形象,富有启发性和感染力,形成自己独特的有魅力的语言风格,以达到更好的教学效果。

(二)数学教学语言与体态语言要配合使用

作为教师,不但要"言传",还要"身教"。教师的一个手势、一种身体姿势、穿着打扮乃至面部表情,都可能对学生产生影响。

在数学教学活动中,教师作为信息的载体,是一个信息的"发射站"。学生主要是通过不断地从教师处接受各种信息,从而使认识、情感、意志、性格和行为等方面得到调节和发展。有心理学家在一系列实验的基础上得出了这样一个公式:信息的总效果=7%的文字+38%的音调+55%的面部表情。

教师同样一句话,配合眼神、面部表情、头部动作、手势、身体姿势,就会进一步使学生心领神会,顿然觉悟。相反,教师生硬地站在讲台上,眼光呆滞,双手下垂,一字不差、用同一声调讲稿子,其教学效果就可想而知了。其原因何在?恐怕不在于教材,不在于教学内容,不在于数学教学语言的结构与组成,而在于和教学语言相关、相配合的其他教学技能的使用。

数学教学语言内容丰富，变化无穷，人们的看法也不尽相同。要真正掌握适合自己、规范、实用，且能运用自如的教学语言，需要教师不断学习，潜心研究，勇于实践，认真总结。

实践与思考

1. 谈谈数学语言在课堂教学中的作用。

2. 观看一段数学教学的录像，说出在这段教学过程中，教师是如何运用教学语言技能的。

3. 选择教材中的某一内容做一个突出教学语言的教学设计，具体说明哪些内容采用符号型数学语言讲解，哪些内容采用教学型数学语言讲解，哪些内容采用通俗语言讲解。

第四章　数学课堂板书技能

第一节　数学课堂板书技能概述

板书是课堂教学的重要组成部分。板书是浓缩了一堂课的示范信息,也是一件艺术作品,它能给学生带来启示、示范和美的感受。在数学教学中,常用到板书,其存在的价值就是辅助性地完成课堂教学任务。它必须根据教学的目的和要求,精心构思,反映教材的特点,突出教材的重点,揭示教学内容的难点和关键。因此,板书技能是数学教师必须掌握的教学基本功之一,也是数学教师教学素养的有机组成部分。

一、什么是课堂板书技能

板书技能是指在教学中,教师运用在平面媒介(包括黑板、投影片、展示台等)上书写文字、符号或作图等方式,向学生呈现教学内容,分析认识过程,使知识概括化和系统化,帮助学生正确理解并增强记忆,提高教学效率的一类教学行为。本书主要对最常见的在黑板上的板书进行阐述。

一般情况下,板书包括两个基本的组成部分,即主板书和辅助板书。主板书是教师在对教学内容进行概括的基础上,提纲挈领地反映教学内容的书面内容;可以是讲授要点、内容分析、解题过程、概括总结,一般写在黑板的左部和中部。对于数学板书来说,由于板书容量大,又要体现数学知识的连贯性,所以主板书内容大多数写在黑板的左边。主板书一般保存时间较长,而且作为教材内容的框架保留下来,这往往是重点部分,学生在上课时所做笔记的内容也常常是这一部分。

辅助板书是在教学过程中教师为了引起学生的注意或为了解释一些学生

难以理解的问题,写在黑板右侧的书面内容。教师在讲课中遇到的一些专业用语、关键词、需要补充或解释的一些知识点、不太重要的局部教学过程,随手写在黑板一侧(一般是右侧)的内容就是辅助板书,又称副板书。辅助板书没有必要保留很长时间,一般只起辅助和补充的作用,一旦达到了理解的目的,它的作用性下降,就可以考虑擦去。一般来说,一节课应有一个完整的板书计划,讲课结束后,黑板上应留下一个完整、美观的板书。

二、数学板书的特点

在中学各学科的教学中,一般都要用到板书。与其他学科板书相比,数学板书有其自身的特点。由于数学内容常常符号化,所以在数学板书中,常见到许多符号,文字相对来说反而偏少一些。数学板书的内容丰富,不仅有文字符号,还有图形和图像。同时数学板书常涉及逻辑严密的定理证明、公式推导及例题演算,而这些前后联系紧密,环环相扣。这使得数学板书量很大,超过一般学科的板书。另外,数学板书在进行图形绘制时,由于这些图形往往具有过程性,并且常带有模糊的试探性,也就要求在图形绘制时往往需要手动绘图,而手动绘图不好用其他教学形式代替,这使得数学板书比其他学科的板书有更高的要求。

数学中的很多内容,如定义、定理、公式、法则、数学符号或数学公式的变换推导,都比较抽象,逻辑性强,思维严密。为此,数学板书不仅体现教学内容,而且还体现数学知识的发生过程和数学思想方法。另外,数学板书常常涉及许多图形,如黄金分割图形、圆锥曲线、各种函数图像,这些图形往往风格独特,简约内敛,与美学联系紧密,甚至成为美学上的一些示例,所以在众多学科板书中,数学板书最容易让学生体会到美的享受。

数学板书是数学教师根据教学的需要在教学用具(主要指黑板)上写出的教学提纲,数学板书的质量直接影响到教学效果。常言道:"百闻不如一见。"因为学生通过视觉获得的信息印象比较深刻,所以教学板书是课堂教学的重要组成部分。板书的特点主要表现在以下几点。

(一)板书应具有计划性

由于课堂板书一般分为主板书和辅助板书。主板书是指需要保持一节课的内容,如教材中的重点、难点、关键及主要的定义、性质、定理、公式等。目的是便于教师小结,便于学生理解记录。主板书是整个课堂板书的骨架,而辅助板书是指讲课过程中可以随时擦掉的内容,如计算过程、证明过程,以及根据学生反馈临时写在黑板上的其他内容,是主板书的具体补充和辅助说明。辅助板书是整个课堂板书的血肉。

　　板书不是讲授内容的重复,而是教学内容的加工和提炼,应起到画龙点睛、提纲挈领、加深对知识的理解和巩固的作用。教师在备课时要精心设计板书,对一节课的内容做统一安排,对可作为主板书或辅助板书的内容做到心中有数,使板书布局合理,详略得当,重点突出,条理清楚,才能使板书起到启迪学生思维、帮助学生理解和掌握知识的重要作用。

　　首先,板书内容应有计划的编排。板书的内容不是教案内容的全部,而是教案内容的一个缩影。板书的内容应能够科学、系统、概括地反映教学内容的知识结构。教师应当从板书标题的确定、表现形式、各部分内容的出现顺序、相互之间的呼应和联系、文字详略等方面设计编排好板书的内容。板书内容出现顺序如何显现呢? 一般来说,新课的标题在复习提问及导入新课后书写,各部分的标题则依具体情况而定,一般演绎法课型往往先写后讲,体现学生学习思维的连续性。而在归纳法、发现法的课型中则是先探究发现后写板书。因为写出了板书也就知道了结论,会削弱学生的思维活动,不利于学生思维品质的培养。

　　其次,板书版面应有计划的布局。板书的布局就像园林规划设计一样,应该整体美观、协调,令人满意。合理的板书布局有利于教师的讲解,有利于学生的思考和领会知识。主板书是一节课的主要教学内容,也是一直要保留在黑板上的内容,一般是那些学生熟悉,而又必须进行的知识点的梳理和问题分析论证、推导解决的过程内容。辅助板书是可以在黑板上随写随擦的板书,通常是提醒学生注意的数学概念、数学符号,启发学生思维的草图,以及学生的板书演示等。对辅助板书也要注意局部内容的完整。辅助板书通常写在黑板的最右边,在中学数学常见的过程式教学中,常常把解题的分析思路写在辅助板书上,而解题的具体过程写在主板书上。对于板书布局有时还要考虑板次,以便学生理解记忆。另外,布局还包括合理安排板书与教学挂图、屏幕投影的位置等,以利于学生听课、观看和记录。

(二)板书应具有示范性

　　数学板书中的内容特别是例题的演算和推证、定理的证明都要给学生做示范,以便就做作业时有所依据。在数学教学过程中,教师的板书主要是书写和作图。书写的主要对象是文字和数学符号,作图的主要对象是一些函数图像和几何图形。

　　书写文字、数学符号时要工整清楚,大小适当,字迹不可过小或潦草。书写数学符号要注意规范,体现科学性。数学板书除了书写外,还要作图,不仅要作平面图,还要作立体图。作图时,要做到准确无误、清晰直观,并要注意大小比例恰当,易于分析和启发学生思维。作图对数学教学有重要的意义,它不仅能培养学生的动手能力和自主探究能力,也能培养学生的创新思维。常言道:"作好图形,相当于解决问题的三分之一。"在作图教学过程中,一定要使用作图工具。作出图形要标准无误、直观清晰。另外,教师还要掌握基本的手动作图技巧。特别是教学中对一些问题的分析,常需要作一些辅助性的草图,而手动作图往往比工具作图更为方便有效,更便于学生的理解,更符合人的思维习惯。手动作图对平时的数学教学比较重要。一位优秀的数学教师手动作图能力应是比较强的。

书写和作图最基本的要求是让学生看清楚教师所写板书的内容。如果学生看不清楚的话,就很容易影响学生对教学内容的理解,影响对学生数学思维的启发。有事实表明,一部分中学生数学学习效果不好与看不清黑板的字迹有一定的关系。

另外,教师的板书态度、作风、习惯等往往会成为学生模仿的对象,起到潜移默化的作用。

三、数学板书的功能

板书是课堂教学的重要组成部分,又是课堂教学内容、步骤、方法的体现,是教与学过程的反映,是师生信息双向交流的桥梁。板书设计受年级、教材、课型、教学目的等多种因素影响,其形式变化万千。板书的最基本的功能是展示,是数学教学的主要手段。数学板书有哪些方面的功能呢?

(一)展现数学思想和方法,利于启发学生的思维

数学知识之间联系紧密,逻辑性强。在实际教学中,教师运用板书有利于集中学生的注意力,能清晰地表达出不同知识之间的联系,有助于激发学生的思维。对于比较抽象的知识、一些数学理论知识的分析以及对数学技能的讲解,仅用口头阐述,学生往往难以理解,更别说体会数学思想和方法。通过直观而富有启发性的板书,就可以很好地体现教学内容的直观性和新旧知识的内在关联性,提供知识迁移的外部条件和数学思维方式,通过对原有知识的提取、强化、加工、改组,让学生更好地掌握新的知识。

更为重要的是,数学板书并不是机械地展示课本知识,而是知识展示与师生互动相结合的过程。这种过程也就是数学学习中知识发生的过程和数学思维发展的过程,通过一步步的板书,就可以很容易地揭示数学的思想和方法。再加上师生之间的板书互动,则容易启发学生思考,让学生对所学知识有进一步的体会。

(二)展现数学知识内容和结构,利于学生理解记忆

如果仅从语言来接受数学知识,对于学生来说,是一件很困难的事。由于

数学知识往往具有系统性和逻辑性,一幅条理清晰、简明扼要的数学板书,易于揭示教学内容的知识结构,有助于突出教学重点,突破教学难点,强化知识脉络,使学生对本节课教学内容有一个系统、全面的认识。良好的知识结构板书,不仅能帮助学生理解和记忆,而且有利于知识的广泛迁移,培养学生的归纳概括能力。

通过板书不仅能将数学知识结构清晰地呈现,还可以清楚地表达出教学思路和认识问题的方法。这样有助于学生形成系统的、有逻辑关系的知识体系,而不是一些孤立、零散的知识点。知识的系统化对学习数学有很大的帮助,因为割裂的知识难以理解,而系统化了的知识便于理解和记忆。

教师用板书向学生呈现系统化的知识时,还可以用一些特殊的符号、线条表示知识点的关系或者强调重点及关键内容。这样有利于吸引学生长时间的注意力,对学生突破难点、加深理解能发挥很好的作用。

(三)运用板书示范,有利于学生养成良好习惯

在数学教学中,教师运用板书可以为学生提供正确书写和运用数学语言、符号、图形的示范。数学专业语言、符号、图形可以简便、准确地表达数学知识和数学学科的特点,是学习数学的基本工具。学生在学习数学时,首先要知道数学专业语言、符号等规范的书写方式,在此基础上,学生还要作出准确的数学图形,正确地使用数学语言、符号、图形,这些无疑需要教师为学生提供模仿的原型,而板书恰恰可以提供良好的示范平台。

数学语言和符号是表述数学中某一概念的专用方式,有着严格的含义,既不可混淆,也不可乱用。数学教师如果在板书中正确使用数学语言和符号,无疑对学生良好的数学素养的形成有很大的促进作用。另外,严谨的示范会潜移默化地对学生起到良好的引导作用,这对培养学生规范的口头表述能力、书面表达能力和准确地运用知识的能力都是有益的。

(四)培养审美观念,体会数学之美

数学板书是书法、布局、作图等艺术的综合体现,也是教师内在素质的一个体现。良好板书在一定程度上体现教师的教学功底和数学素养,对学生是一种教育和熏陶,同时对形成良好的课堂气氛也能起到促进作用。在板书过程中,流畅漂亮的书法、新颖别致的布局、错落有致的数学符号、精美的几何与函数图形、合理搭配的色彩等无不给人以愉悦的感受,对培养学生的审美观念和激发学生的数学创新能力都具有潜移默化的影响。

数学板书不仅仅显示出外在之美,更为重要的是,它还体现出数学的内在之美。这种美更多的是要求学生用心体会,认真发现。一些定理的证明、公式的推导、问题的解决,处处都体现出数学思维的灵活性、逻辑性和严密性,这些巧妙的构思和简洁的分析论证过程中隐藏着大量的数学内在美。而这些内在美并不像外在美那么直观自然,是在数学板书过程中随着一步一步的思维活动得到呈现的。可以说数学并不缺少美,缺少的是创造和发现,缺少的是让其展示的平台,而数学板书这种教学手段恰好为数学的美提供一个良好的创造、发现和展示的平台。

第二节 数学课堂板书的类型

板书作为课堂教学的重要组成部分,教师在课前要设计好板书。教师在备课过程中要精心设计板书,板书要根据教学目标、教学内容、学生的年龄及接受能力不同而恰当地设计。板书的类型多种多样,按作用可分为主板书和辅助板书;按表现形式可分为提纲式板书、过程式板书、表格式板书和图示式板书。本节将从板书的表现形式阐述板书的类型方法设计。

一、提纲式板书

提纲式板书是把教学内容和讲解顺序,用简明扼要的文字提纲挈领地反映出来的板书。这种形式的板书条理清楚,能突出重点,同时又具有一定的归纳性。提纲式的板书,是对一节课的内容,经过分析和综合,用精要的文字形成能反映知识结构、重点和关键的提纲。其特点是高度概括地揭示授课内容、结构,给人以强烈的整体印象。这种形式的板书条理清楚,重点突出,便于学生抓住要领。例如:

◎案例 4-1 函数及其表示(一)

教师边讲解边板书,以下是板书内容

1.函数的概念及表示……

2.定义域及值域的定义及求法……

3.常用区间的概念……

4.函数的三要素及判断函数相等的条件……

点评:通过提纲式板书,将函数的相关概念及要点保留在黑板上,条理清晰,知识层次清楚,言简意赅,重点突出,方便学生掌握。

二、过程式板书

过程式板书是对数学教学内容进行逐步体现的板书,包括对数学教学中常见的定理、公式的推导,例题的证明及运算求解等。过程式板书是数学板书的精华部分,重点在于过程,它易于揭示数学知识发生过程和学生认知过程,且能体现出数学的思想和方法,有利于培养学生的推理论证能力和运算求解能力。在数学的性质发现及论证、运算与求解的教学中经常用到过程式板书,这也恰恰符合认知理论的实践。另外,过程式板书有很强的逻辑严密性,对学生的思维发展具有很大的启发性。例如:

◎案例 4-2 三角函数诱导公式的应用

化简:$\dfrac{\sin(2\pi-\alpha)\cos(\pi+\alpha)\cos\left(\dfrac{\pi}{2}+\alpha\right)\cos\left(\dfrac{11\pi}{2}-\alpha\right)}{\cos(\pi-\alpha)\sin(3\pi-\alpha)\sin(-\pi-\alpha)\sin\left(\dfrac{9\pi}{2}+\alpha\right)}$。

解:原式 $=\dfrac{(-\sin\alpha)(-\cos\alpha)(-\sin\alpha)\cos\left[5\pi+\left(\dfrac{\pi}{2}-\alpha\right)\right]}{(-\cos\alpha)\sin(\pi-\alpha)[-\sin(\pi+\alpha)]\sin\left[4\pi+\left(\dfrac{\pi}{2}+\alpha\right)\right]}$

$=\dfrac{-\sin^2\alpha\cos\alpha\left[-\cos\left(\dfrac{\pi}{2}-\alpha\right)\right]}{(-\cos\alpha)\sin\alpha[-(-\sin\alpha)]\sin\left(\dfrac{\pi}{2}+\alpha\right)}$

$=\dfrac{-\sin\alpha}{\cos\alpha}=-\tan\alpha$

点评:在读过程式板书时,利用三角函数的诱导公式,逐步推导,层层递进,揭示了问题证明的过程,不仅让学生体会到三角函数的实际应用,而且也让学生体会到数学证明的逻辑严密性。

三、表格式板书

表格式板书,是把数学教学内容用表格的形式表现出来。这类板书的优点是类目清楚,井然有序,可使不同的知识点形成强烈的对比,便于学生加强对知识的记忆、分类、归纳、对比,能够较好地培养学生的数学系统化分析思维。

◎案例 4-3　指数函数与对数函数的比较应用（见表 4-1）

表 4-1　指数函数与对数函数的比较

		指数函数$[y=a^x(a>0$ 且 $a\neq0)]$ 以 $a>1$ 为例	对数函数$[y=\log_a x(a>0$ 且 $a\neq0)]$ 以 $a>1$ 为例
不同点	图像		
	函数图像的定点	过定点$(0,1)$	过定点$(1,0)$
	函数的单调性	当 $a>1$ 时，函数单调递增 当 $0<a<1$ 时，函数单调递减	当 $a>1$ 时，函数单调递增 当 $0<a<1$ 时，函数单调递减
	函数图像位置	只要 $a>0$ 且 $a\neq1$，函数的图像始终在坐标轴上方	只要 $a>0$ 且 $a\neq1$，函数的图像始终在坐标轴右方
联系		指数函数$[y=a^x(a>0$ 且 $a\neq1)]$ 与对数函数$[y=\log_a x(a>0$ 且 $a\neq1)]$ 互为相反数	

点评：在此案例中，应用栏目清晰的表格形式，对指数函数和对数函数两种函数进行比较，分析两种函数的不同点。这样有利于学生对这两个基本初等函数有一个清楚的认识，加深了对两者的理解。

四、图示式板书

图示式板书，顾名思义是用图形、文字、线条、符号、框图等表现教学内容的板书，它可使教学中的重点和难点通过图表形象化，从而化难为易。这类板书具有形象性、趣味性的特点，也可以把数学知识的发生过程和事物间的关系简明地表达出来。

由于图示式板书具有形象、直观的特点，所以较容易引起学生的注意，便于学生对数学知识进行分析和比较，促进学生思考与记忆。如果条件允许的话，根据教学内容的需要，也可以将图形制成电子文稿，借助于多媒体教学技术，通过投影仪进行展示，这样既节省时间又能反复多次使用，可以有更好的展示效果。

图示式板书体现的数学知识丰富，按其内容之间的关系可以分为总分型、线索型、流程型等，在实际教学中应用范围很广。但不管使用什么样的图示式

板书,板书作为教学内容中不可缺少的重要组成部分,一定要讲究整体性、知识性、形象性、科学性。例如:

◎案例 4-4　四种命题之间的相互关系(见图 4-1)

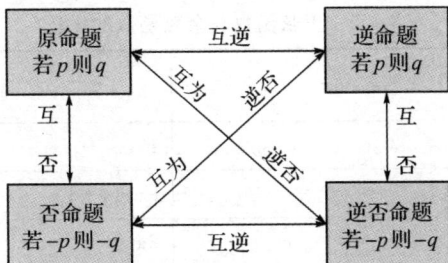

图 4-1　四种命题之间的相互关系

　　点评:该图示式板书揭示判断四种命题关系的知识结构,使学生对逻辑命题有一个完整的认识,便于学生抓住学习要领,掌握学习内容的层次和结构。

第三节　数学课堂板书技能的实施

　　数学板书是课堂教学中不可缺少的一部分,是师生之间交流的一种手段。运用板书时应该注意选择适合的板书类型,并与数学语言、多媒体、课堂情境相配合,以提高课堂效率,启发学生的思考,促进学生对教学内容的理解和记忆。

一、数学板书类型的实施应用

　　数学板书的类型有多种,但各种类型板书的应用范围不一。按表现形式来说,提纲式板书常用于课末小结以及复习当中,重于对知识的概括和归纳;过程式板书常用于论证推理、解题教学之中,是数学教学中的重中之重;图示式与表格式板书表现灵活,利于揭示知识结构,不仅能用于数学知识的分析和比较,也能用于归纳和总结。每一种板书都有自己的劣势和优势,设计板书时,应该根据教学课型、教学内容而定。在实际教学中,往往要综合使用多种类型的板书,以便优势互补,力求达到最好的效果。以下是几个课时教学的板书案例。

　　◎案例 4-5　三角函数的图像和性质(正弦函数与余弦函数的比较)(见表 4-2)

　　在这一节课中对正弦函数和余弦函数进行复习是对之前学习的知识进行的概括巩固,也是为之后所要学习的正切函数奠定基础。此堂课的内容在整个高中阶段乃至以后的学习中都有至关重要的作用。因此,对两个三角函数的相关知识的复习应注重学生的学习情况以及学生的主动性。据此我将该堂课的板书设计为如下形式,学生随着教师的思路,与教师一起完成以下的表格,在完成过程中,采用教师对学生给予引导,学生说知识点,教师写的方式进行,这样既调动了学生学习的积极性,也使学生对所学习的知识进行了系统的巩固,达到了此堂课的教学目标。

表 4-2 正弦函数与余弦函数的比较

内容　函数	$y = \sin x$	$y = \cos x$
定义域	R	R
值域	$[-1, +1]$	$[-1, +1]$
周期性	2π	2π
奇偶性	奇函数	偶函数
单调性	$\left[-\dfrac{\pi}{2}+2k\pi, \dfrac{\pi}{2}+2k\pi\right]$ 上为增函数;$\left[\dfrac{\pi}{2}+2k\pi, \dfrac{3\pi}{2}+2k\pi\right]$ 上为减函数$(k\in Z)$	$[(2k-1)\pi, 2k\pi]$ 上为增函数;$[2k\pi, (2k+1)\pi]$ 上为减函数$(k\in Z)$
图像		

点评:将这堂课的板书设计为以上形式,计划性好,条理性强,知识点清晰,有利于学生掌握巩固知识,符合教学规律。对于以上的板书,也可以将其放在多媒体上展示,在黑板上进行知识点的巩固练习,这样不仅可以提高课堂的教学效率,而且可以激发学生学习的热情,提高学习的效率。

教师若考虑在课堂上画表格影响教学效率,可首先回忆正弦函数的相关知识点,再对余弦函数的相关知识点进行回顾,对此堂课采用以下的板书设计,如图 4-2、图 4-3 所示:

第一板（见图4-2）：

> ①正弦函数（师生合作，主要是学生说老师写，师生共同完成［保留至结束］）
>
> 　表达式……　　　　　　②例题（保留至③出现）
>
> 　定义域……　　　　　　（用例题对之前学习的内容进行巩固，可以让
>
> 　值域……　　　　　　　学生板演）
>
> 　周期性……
>
> 　奇偶性……
>
> 　单调性……
>
> 　图像……

图4-2　第一板设计

第二板（见图4-3）：

> ③余弦函数（师生合作，主要是学生说老师写，师生共同完成［保留至结束］）
>
> 　表达式……　　　　　　④例题（保留至综合习题出现）
>
> 　定义域……　　　　　　（用例题对之前学习的内容进行巩固，可以让
>
> 　值域……　　　　　　　学生板演）
>
> 　周期性……
>
> 　奇偶性……
>
> 　单调性……
>
> 　图像……

图4-3　第二板设计

　　点评：这样的板书设计，条理清楚，知识点也比较清晰，符合教学规律。在课堂教学上，学生对知识点的掌握也是循序渐进的，因此这样的板书对于基础不是很扎实的班级来说有一定的优势，但对于基础较好的学生一般采用第一种板书设计的形式，这样可以使学生对之前的知识有更加系统的回顾掌握。

　　◎案例4-6　函数的奇偶性

　　函数的奇偶性是继函数的单调性之后学习的函数的另一个重要性质。在本节内容中，包括奇偶函数的概念和性质，也包括奇函数的概念以及性质，以及它们的一些相关知识。

　　在讲授这堂课的时候的板书设计如下所示。

　　设计一（见图4-4）：

函数的奇偶性板书设计

一、定义
　　偶函数
　　奇函数
二、函数具有奇偶性的一个充分不必要
条件
三、判断函数奇偶性的步骤
(1)判断定义域是否关于原点对称
(2)判断 $f(-x)$ 与 $f(x)$ 的关系
(3)得出相应的结论
四、函数按奇偶性的分类
(1)偶函数
(2)奇函数
(3)非奇非偶函数
(4)既是奇函数又是偶函数

例1　(4)$f(x)=-x^2, x\in[-3,1)$
　　　(4)$f(x)=\sqrt{4-x^2}+(x-2)^0$
　　　(5)$f(x)=2x-1$
(解答过程)
例2　证明题
(解答过程)
例3　题目
(解答过程)

图 4-4　设计一板书

设计二(见图 4-5):

在现在课堂的教学中,多媒体教学的应用已经越来越广泛,对于此节课的板书,运用多媒体进行辅助教学。对于知识点(偶函数、奇函数定义)的引入,用多媒体进行展示,然后由学生对照多媒体上给出的信息,简单概括出两者的定义,教师再在多媒体上给出两者的正确定义,在对他们进行解释的过程中,将定义中的关键词以及注意点展示在黑板上,帮助学生更好地理解新知识。对于例题的题目同样也是将完整的题目显示在多媒体上,在黑板上只给出题干,再进行解题的详细步骤。具体设计如下:

在多媒体上给出知识的引入,具体的知识点概念,以及相关的完整题目。具体的板书如下:

函数的奇偶性板书设计

一、定义
　　偶函数(关键词以及注意点)
　　奇函数(关键词以及注意点)
二、函数具有奇偶性的一个充分不必要
条件
三、判断函数奇偶性的步骤
(1)判断定义域是否关于原点对称
(2)判断 $f(-x)$ 与 $f(x)$ 的关系
(3)得出相应的结论
四、函数按奇偶性的分类
(1)偶函数
(2)奇函数
(3)非奇非偶函数
(4)既是奇函数又是偶函数

例1　(解答过程)
例2　证明(解答过程)
例3　(解答过程)

图 4-5　设计二板书

点评:这堂课的内容对于学生而言是比较陌生的,如果只是应用黑板的板书进行教学,而对知识点引入的过程以及例题的审题未加以深入透彻的剖析,会使得学生对知识的理解产生困难,造成对题目理解不全面,影响解题的思路,从而影响听课效率。而利用多媒体进行教学,不仅给知识点的产生以及审题带来了方便,而且激发了学生的学习兴趣,提高了学生的听课效率。因此,在有些课堂中,利用多媒体进行辅助教学更加具有说服力。

二、数学板书技能实施的注意事项

(一)紧扣教学、合理规划

在设计数学板书时要注意两点:一是教学内容,二是教学目的。教学内容是设计板书的依据,决定板书内容的取舍;但教学内容不一定全是板书内容,而板书内容体现了主要的教学内容。只有将这两点有机联系起来,并以此为出发点来设计板书,才能发挥其在完成教学任务方面有力的辅助工具的作用。

教师应按照教学内容的知识结构设计板书,紧扣教学目标,合理构架。要体现各部分之间的关系,如从属关系、并列关系、因果关系或递进关系等。在组织教学时,板书要体现学生的认知过程和思维过程,讲究先后次序,哪些内容写在前面(为后面的知识做铺垫),哪些内容写在后面,都应该有章可循。为此,板书的方案一定要在备课的教案上设计出来,不能在课上随机地进行。若课前准备不足,很容易造成板书条理不清,尽管有设计方案,但看不出"纲"与"目",既缺乏本堂课知识的独立性,又难以体现教材前后的内在联系。

(二)板书设计追求示范性

数学板书的示范性应注重哪些方面呢?首先,数学板书的内容不能出错,内容要完整。数学教学是严谨的,数学课堂教学很大一部分时间花在数学板书上,板书内容是数学教学的重点。如果板书内容出现了错误,就会带来不良的影响,甚至导致整节课的失败。其次,出现在板书中的文字、数学符号及数学图形都必须准确、规范、科学。文字要规范,笔顺要正确,要写标准简化字,不写错别字和繁体字,一行字要写平直,不可越写越歪。数学符号要符合标准,要注意新旧教材的不同,不写个性化的数学符号。作图要准确、直观,尤其在中学数学入门作图时,一定要用辅助工具作图,不要图方便而随手作图,否则容易让学生在做作业时养成随手作图的坏习惯。

优秀的板书应像一份专刊,字迹美观,数形并茂,重点醒目,疏密有致,布局均衡,不仅给学生树立模仿的榜样,也给人以美的享受。如果板书时随心所欲,数学符号不够标准,文字出现错别字,数学图形不像或不准,将会带给学生消极的影响。正因为板书对学生具有很强的示范性,它对学生个性品质、作风和思想都是有影响的,所以不能不引起教师的注意。身为教师,平时必须在黑板上练好文字符号的书写和数学图形的作图。

(三)板书设计要有概括性、简洁性

数学板书是随着口语讲述而逐渐呈现并保留于黑板,因此简洁性很重要。简洁不仅指数学语言,也指问题分析过程和推证思路,还包括图形。选择简洁推证思路,适当运用符号语言,设计明晰的几何图形,对于一道题、一节课的教学成功与否具有重要意义。数学本身具有高度的概括性,一些数学符号、公式往往包含许多意义。因此数学板书应言简意赅,具有高度的概括性,让重点内容突出,一目了然。几个数学符号,或是一两句话,或是简单的一个图形、公式,要把真正所讲的核心内容反映出来。有时板书的内容虽少,但它是教学内容的高度概括和总结,能反映出教学内容的重点、难点、关键点,一目了然,通俗易懂,学生看过以后能十分容易地把教学重点内容纳入自己的认知结构中。

(四)养成好的板书习惯

教师的板书习惯,对学生学习习惯产生潜移默化的影响。板书习惯往往体现在一些小的方面。板书时,教师难免会产生一些笔误或者要修改的地方,有的教师图方便用手直接擦去这些内容。还有些教师使用粉笔时,乱扔粉笔头。这些细节虽小,但由于教师本身具有示范性,易对学生产生不良影响。有的教师只顾板书,面朝黑板背对学生,既挡住了学生的视线,影响了传授知识,又与学生没有目光、思想、心灵交流。因此,教师板书时要注意姿势,要学会边交流边写,侧身写,板书姿势应使教师的目光既能看到黑板,又能随时观察到学生的表情,也不遮挡学生的视线,这样能够随时做到与学生交流。

(五)切勿过分依赖多媒体

伴随着科技的进步,多媒体技术在课堂教学中被广泛应用。相对于传统板书,有的教师对多媒体的应用更为偏爱,甚至过分依赖多媒体。这样不利于学生对数学思想和方法的认识、领悟,使得课堂教学效果欠佳。多媒体的使用应该与板书灵活配合,做到适时、适当和适量。

(六)注意配合,提高学习效率

板书要注意与其他教学活动相配合,而这种配合首先是与讲解的配合。板书的书写、图形的绘制、媒体的演示、讲解的分析,都要注意教学中时间的控制。板书要把握好时机,相机而动,力求顺理成章,避免随意性。对一幅内容相同的板书,教师板书与其他教学活动是否做到灵活配合,教学效果也会有极大的不同。教师在板书时,往往是学生自主思考、最易于受启发的时间,也是培养学生数学思维最佳的时机。一般情况下,教师往往是边讲边板书边启发学生,而学

生是边听边记边思考。讲到教学的难点、重点、关键处,板书要考虑断点设置。教师此时要控制板书的进程,适时停下来,先让学生有思考的时间,想一想下一步如何做,然后对所写的板书进行分析,并作讲解,再继续板书,直到结束;或者先作分析讲解,再写板书。一个优秀的数学教师在板书时,常常进行断点设置和有意试误,把握关键之处,边讲边写,层次递进,做到板书和讲解统一起来,让学生去发现错误,进一步加深学习印象,把数学知识结构和学生的认知过程以及数学思维的发展完整地体现出来。

实践与思考

1. 谈谈数学板书技能在课堂教学中的作用。

2. 以中学数学的一节课内容为例,进行板书设计,并结合注意事项进行小组评议。

3. 谈谈在数学教学中,板书与多媒体应如何灵活运用。

第五章 数学课堂导入技能

第一节 数学课堂导入技能概述

导入技能是数学课堂教学的重要组成部分,是教师进行课堂教学必备的一项基本技能。大量的数学教学实践表明,教师讲课导入得当,就能吸引学生的注意力,唤起学生的求知欲,燃起学生智慧的火花,使学生思维活跃,勇于探索,主动地去获取知识。反之,学生很难马上进入角色,学习不积极主动,教学就达不到预期的效果。一堂课的开头,导语具有先声夺人之效,善教者往往从激发学生的"疑"、"趣"、"情"开始,设法诱导学生渴求新知。数学教学中的导入,是数学教学中的一个主要环节,导入得法,可以充分调动起学生的好奇探究心理,唤起学生的求知欲望,从而顺利地进入课堂学习的最佳状态。

一、导入技能的概念

所谓"导入",包括"导"和"入"两部分,分别理解为"教师引导"和"学生进入"。导入技能是教师在进入新课时建立问题情境的教学方式,它包括引起学生注意,激发学习兴趣和动机,明确学习目标,建立知识间联系的教学行为。无论是开始新的学科、新的教学单元,还是一节新课,甚至教学过程中引发学生的思维活动,教师都必须发挥良好的导入技能,吸引学生的注意力,设立统摄全篇、辉映全堂的情境,对整堂课定出基调,使学生感到新的教学内容充满了无穷的趣味,具有引人入胜的奥秘,进而打开学生心扉,为下一步学生的思维活动充分活跃起来、课堂心理气氛达到高潮创造良好的教学条件。良好的导入技能虽是教学过程的开始阶段,但它是基于教师对整个教学过程和学生实际知识水平及数学理解努力的通盘考虑,熔铸了教师的教学风格、智慧和修养,体现了教师的数学教学观念。否则,教学过程导入的盲目性和随意性,必然使学生在高度抽象的数学知识面前产生畏惧心理,失去学习数学的信心。

二、导入技能的特点与功能

常言道:"良好的开端是成功的一半。"精彩的导入可以为整堂课的教学奠定良好的基础。新课或者新知识的导入是建立在已有的经验或联系旧知识的基础上,以旧引新或温故知新,促进学生知识的系统化。通过导入,可以将新、旧知识联系起来,扫除学生在学习新知识过程中将要遇到的思维障碍,突出新知识的生长点。将学生带入有利于学习新知识的"最近发展区",为新课的展开创造良好的条件。导入虽是教学过程的开始阶段,但它是基于教师对整个教学过程和学生实际知识水平及数学理解的通盘考虑,熔铸了教师的教学风格、智慧和修养,体现了教师的数学教学观念。

课堂教学的导入好像戏剧的"序幕",它的明显特征是在教学一开始就起着酝酿情绪、集中注意、渗透主题和带入情境的作用。精心设计的导入,能抓住学生的心弦,生疑激趣,能促使学生的情绪高涨,步入智力兴奋的状态,有助于学生获得良好的学习效果。

课堂教学的导入过程中,要求教师不仅要运用情感手法,更要注重创设情境,从而使学生在听讲的过程中以置身其内的角色来进行体验,为之所感,为之所动,以积极的心态进行数学学习。运用正确的方法导入新课,可以发挥以下功能:

(一)创设学习情境,引起学生注意

教育心理学研究表明,一旦学生从学习一开始就不能集中注意力,那么在教学过程中再去吸引他们的注意力就不太容易了。在一堂课的开始,选用适宜的导入方式,给学生较强的、较新颖的刺激,帮助学生收敛与学习新课无关的一切思绪和行为,在大脑皮层和有关神经中枢形成对本堂课新内容的"兴奋中心",把学生的注意力迅速集中并指向特定的教学任务和程序之中,学生的注意力在上课一开始便被深深吸引,就会兴趣盎然地期待接下来的教学内容,为完成新的学习任务做好心理准备。

(二)形成学习期待,明确学习目标

学习期待是学生对学习目标的意识,形成学习期待是导课技能中,使学生明确学习目标的教学行为方式。教学目标制定出来后,要成为学生的学习期待,还需要教师在课堂教学中做更具体的工作,使学生对教学目标有所意识,变成他自己的学习目标。这也是导入技能所要解决的问题。教师在上课伊始的导入中,就要让学生明确本节课学习的目的、任务及教学活动方向、方式,把学

生的注意力,引导到学习新课中来,使学生对学习程序心中有数,产生对学习的迫切期待,从而有目的、有意义地开展定向学习活动。良好的课堂导入,能使学生明确学习所要达到的目的和要求,使每个学生都了解他们要做什么,应达到何种程度。只有当学生清晰地意识到所学知识的地位和作用时,才能产生学习的自觉性,迸发极大的学习热情。

(三)激发学习动机,引起学生兴趣

托尔斯泰说过:"成功的教学所需要的不是强制,而是激发学生的兴趣。"兴趣是入门的向导,是感情的体现,能促使动机的产生。兴趣是学习动机中最现实、最活跃的成分,是学习取得高效率的催化剂。学习动机是直接推动学生进行学习的内在动力,学生在兴趣的牵引下,有了强烈的学习欲望和冲动,乐于学习,有利于提高他们对数学学习的主动性与积极性,从而达到理想的教学效果。在教学中要想方设法提高学生的学习兴趣,课堂导语就是要用学生喜闻乐见的形式,如典故、游戏、教学模具的展示等,充分调动学生的兴趣,引导学生在愉悦中进行学习。

(四)构建知识桥梁,温习旧知引发新知

著名的美国教育心理学家奥苏伯尔指出:"影响学习的唯一重要因素,就是学习者已经知道的东西,要探明它,并据此进行教学。"数学学科的知识逻辑性很强,新知识都是以旧知识为基础发展而来的。古人云"以其所知,喻其不知,使其知之",也说明了新知识和旧知识联系的重要性。教师在讲授新知识之前,可以先组织学生复习原有的旧知识,引导学生从新旧知识的密切联系中发现新旧知识的不同点及其内在联系,促使学生建立新、旧知识间有效的联系,让新学知识在原有知识结构的基础上进行,使学习成为有意义的学习。

三、导入技能的要素

一个完整的导入过程由"引起注意"、"激发兴趣"、"启迪思维"、"明确目的"、"进入课题"五方面构成。在具体操作过程中必须灵活运用,不能机械照搬。有时这五方面的界限并不明显,甚至互相交融;有时导入并不需要这样完整的五方面。因此在导入过程中必须具体情况具体分析,做到科学性和艺术性、规范性和灵活性的统一。

第二节　数学课堂导入的类型

采用什么方式导课,需要在深入钻研教学内容、明确教学目标和分析学生

认知特点的基础上来确定。一堂课如何开头,没有固定的方法,教学对象不同、内容不同,导入方式也有所不同。以下介绍一些数学课堂教学导入的常用类型,并结合具体的案例加以说明。

一、生活情境导入法

数学的概念或式子有些是生产、生活实际问题中抽象出来的,有些是由数学自身的发展而产生的,而有些数学概念源于生活实际。但数学的高度抽象性常常使学生误认为数学是脱离实际的,其严谨的逻辑性使学生缩手缩脚,其应用的广泛性更使学生觉得高深莫测,望而生畏,阻碍了学生学习数学的主动性。创设适当的问题情境导入可以激发学生的学习兴趣和动机,使学生产生"疑而未解,又欲解之"的强烈愿望,进而转化为一种对知识的渴求,从而调动学生的学习积极性和主动性,达到提高课堂教学效果的目的。要想使学生主动进入探究性学习,教师可引导学生对实际生活的现象多加观察,利用数学与实际问题的联系来创设导入情境。

例如,在执教"不等式的证明"一节时,提出问题:往一杯糖水中加入一定量的糖,糖水是否更甜? 为什么?

在此问题的启发之下,学生即刻抽象出课本中的例题:

已知 $a,b,m\in \mathbf{R}_+$,且 $a<b$,则 $\dfrac{a+m}{b+m}>\dfrac{a}{b}$。

引入的趣味性促使学生在得到上述命题的同时,也激发了探索其中奥秘的强烈欲望,于是,很快得到此不等式的多种证法。

又如,在"算术平均数与几何平均数"的教学中,可利用这样两个实际问题来创设情境。

问题1 某商店在节前进行降价酬宾活动,拟分两次降价,有三种方案:甲方案是第一次按 p 折销售,第二次按 q 折销售;乙方案是第一次按 q 折销售,第二次按 p 折销售;丙方案是两次都按 $\dfrac{p+q}{2}$ 折销售。请问哪种方案降价较多?

问题2 用一个有毛病(天平的两臂之长略有差异,其他因素忽略)的天平怎样称量物体的质量? 有人说只要左右各称量一次,再相加除以 2 就可以了,你认为怎样?

通过上述情境创设,可以吸引学生的注意力,启迪思维,从而引导学生不断追求和探究新知识,促进学生形成和发展数学应用意识,提高实践能力。

二、渗透数学文化导入法

兴趣是可以培养的,义务教育阶段的数学课程标准在发展性领域中提到,数学课程的目标包括情感体验目标,即让学生在"兴趣和动机、自信与意志、态度与习惯"等非智力因素方面获得发展。中学数学课程的目标已经包括上述情感体验目标,即关注学生在情感、态度和价值等方面的发展。因此,在中学数学课堂中渗透数学文化导入必须着眼于学生的非智力因素的发展,尤其是数学学习兴趣的培养。

为了说明问题,在此举一个简单的例子。比如在学习数列极限这节内容之初可考虑先开展一个与此内容有关的数学文化专题,如下:

庄子曰:一尺之棰,日取其半,万世不竭。

这句话的意思虽然简单,但是仔细一想,这里面却隐含着深刻的极限思想。首先看锤子长度的变化情况(单位:尺):

$$1,\frac{1}{2},\frac{1}{4},\frac{1}{8},\cdots$$

这构成一个无穷递缩等比数列。

回过头来再看每天取走的木槌长度,依次为(单位:尺):

$$\frac{1}{2},\frac{1}{4},\frac{1}{8},\cdots$$

由于最初的长度是 1 尺,直观上应有:

$$\frac{1}{2}+\frac{1}{4}+\frac{1}{8}+\cdots=1$$

这恰恰是一个无穷等比数列的求和。

上面的例子可以简单表示为图 5-1:

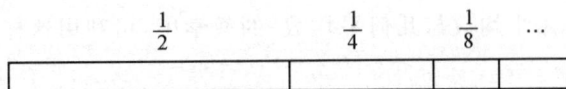

图 5-1　一维情形下的无限二等分

这是一维的情形。再看一个二维的例子:

将单位正方形无限二等分,如图 5-2 所示:

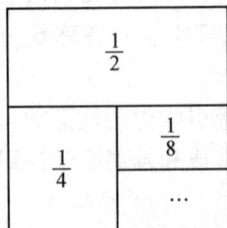

图 5-2　二维情形下的无限二等分

由于单位正方形的面积为1,同样有：

$$\frac{1}{2}+\frac{1}{4}+\frac{1}{8}+\cdots=1$$

再看一个二维的例子,设大正三角形的面积为1,如图5-3所示：

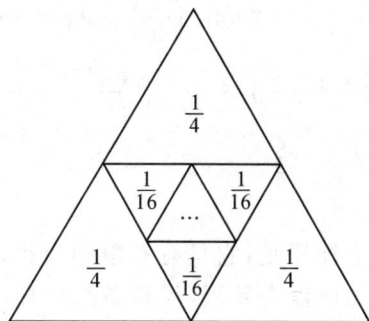

图5-3　二维情形下无限四等分

于是有：

$$\frac{3}{4}+\frac{3}{16}+\frac{3}{64}+\cdots=1$$

按照这样的处理,学生会对数列极限这部分内容产生浓厚的兴趣,这可以促使学生学好部分知识。同样,在其他适当内容上,也可以采用相类似的处理手法,让学生对数学知识产生兴趣进而喜欢数学并学好数学。这样就充分体现了数学文化教学培养学生数学学习兴趣的功能。

在执教"等比数列求和"时,也可引用"一尺之棰,日取其半,万世不竭"的论述,或利用图5-4的分形知识——探求美丽雪花形状的面积引出课题。

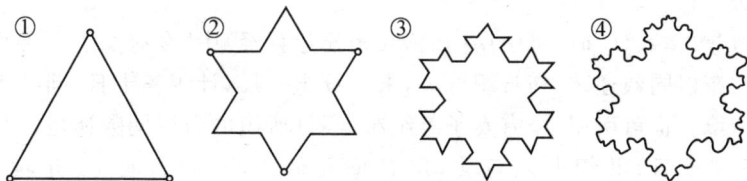

图5-4　求雪花形状的面积

图5-4①为我们熟悉的等边三角形,把三角形的每条边三等分,并在每条边三等分后的中段向外作新的等边三角形,再像图5-4②那样去掉与原三角形叠合的边;接着对每边继续上述过程,即在每条边三等分后的中段,像图5-4③那样向外画新的凸出图形;不断重复这样的过程,便产生了雪花曲线(见图5-4④)。能求出雪花曲线所围成图形的面积吗?

不妨假定原三角形面积为 1,探究雪花曲线产生过程中各图形的边数依次为 $3,3\times 4,3\times 4^2,3\times 4^3,\cdots,3\times 4^{n-1}$,对于每一条边,在第 n 个步骤时都将增加 $\left(\dfrac{1}{9}\right)^n$ 的面积。这样,雪花曲线所包含的面积为:

$$S = 1 + \frac{1}{9}\times 3 + \left(\frac{1}{9}\right)^2\times 3\times 4 + \left(\frac{1}{9}\right)^3\times 3\times 4^2 + \cdots + \left(\frac{1}{9}\right)^n\times 3\times 4^{n-1} + \cdots$$

$$= 1 + \frac{3}{9}\left[1 + \frac{4}{9} + \left(\frac{4}{9}\right)^2 + \cdots + \left(\frac{4}{9}\right)^{n-1} + \cdots\right]$$

$$= 1 + \frac{3}{9}\times\frac{1}{1-\frac{4}{9}} = \frac{8}{5}$$

雪花曲线令人惊奇的一个性质是:它具有有限的面积,但却有着无限的周长!雪花曲线的周长持续增加而没有界限,但整条曲线却可以画在一张很小的纸上,所以它的面积是有限的,其面积等于原三角形面积的 $\dfrac{8}{5}$ 倍。

数学是人类文化的重要组成部分,提倡体现数学的文化价值,通过数学文化专题系列的教学,可以揭示数学科学中的人文精神,寻找数学进步的历史轨迹,激发数学创新的原动力,领会数学的美学价值,使学生得到优秀文化的熏陶。

在执教"等差数列求和公式"时,可先讲一个数学小故事:德国的"数学王子"高斯,在小学读书时,老师出了一道算术题:$1+2+3+\cdots+100=?$,老师刚读完题目,高斯就在他的小黑板上写出了答案:5050,其他同学还在一个数一个数的挨个相加呢!那么,高斯是用什么方法做得这么快呢?这时学生出现惊疑,产生一种强烈的探究反响。这就是今天要讲的等差数列的求和方法——倒序相加法。

学习"等差数列"时,可引用南北朝《张丘建算经》中"今有女子不善织布,逐日所织的布以同数递减,初日织五尺,末一日织一尺,计织三十日,问共织几何"来创设情境。也可引用"今有女子善织布,逐日所织的布以同数递增,初日织五尺,计织三十日,共织九匹三丈,问日增几何。"(一匹为四丈;九匹三丈为390尺。)

在学习"杨辉三角"内容时,我们可以以网页的形式,制作与杨辉三角有关的学习情境,这里主要介绍杨辉三角的相关历史,如贾宪三角图、朱世杰的古法七乘方图、帕斯卡三角图、杨辉三角与二项式定理展开式中的二项式系数的关系。同时使用古代民族乐器演奏的音乐为背景音乐创设情境。

在执教"相互独立事件同时发生的概率"时可以创设情境:三个臭皮匠挑战诸葛亮,看到底谁是英雄。已知诸葛亮解出问题的概率为 0.8,臭皮匠老大解出问题的概率为 0.5,老二为 0.45,老三为 0.4,且每个人必须独立解题,那么三个臭皮匠中至少有一人解出的概率与诸葛亮解出的概率比较,谁大?

三、寻找典型习题导入法

学生有问题,才会去思考,而数学习题正是训练学生思维能力的一个良好途径。寻找典型习题导入情境,特别是思维的情境,可以引发学生思维。给学生创设一定的课堂情境,更能激发学生的求知欲望,激活学生的思维。例如:

具体问题情境:一个边长为 6cm 的正三角形,顺次连接正三角形各边中点,构成一个新的正三角形,将新的三角形涂上阴影,并将此过程重复进行,如图 5-5 所示。

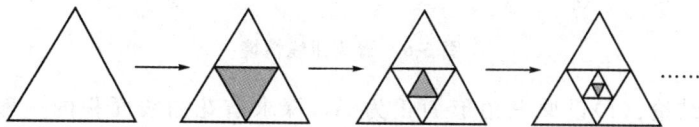

图 5-5　正三角型的变化

问题:如果将此过程重复 3 次,阴影部分的面积、周长是多少?

分析　将边长为 6cm 的正三角形按要求反复 3 次,得到新的正三角形的边长为 $\frac{6}{2^3}$cm,高为 $\frac{\sqrt{3}}{2} \cdot \frac{6}{2^3}$cm,则阴影部分面积为:$S = \frac{1}{2} \times \frac{6}{2^3} \times \frac{\sqrt{3}}{2} \times \frac{6}{2^3} = \frac{\sqrt{3}}{4}\left(\frac{6}{2^3}\right)^2$ (cm^2),阴影部分的周长为:$C = 3 \times \frac{6}{2^3}$ (cm)。

引申 1(同类问题情境):如果正三角形的边长为 a,按上面的作法重复 3 次,阴影部分的面积、周长是多少?

分析　将边长为 a 的正三角形按要求反复 3 次,得到新的正三角形的边长为 $\frac{a}{2^3}$,高为 $\frac{\sqrt{3}}{2} \cdot \frac{a}{2^3}$,则阴影部分面积为:$S = \frac{1}{2} \times \frac{a}{2^3} \times \frac{\sqrt{3}}{2} \times \frac{a}{2^3} = \frac{\sqrt{3}}{4}\left(\frac{a}{2^3}\right)^2$,阴影部分的周长为:$C = 3 \times \frac{a}{2^3}$。

引申 2(数列、极限问题情境):如果将此过程重复 $n(n \to \infty)$ 次,阴影部分的面积是多少?阴影部分的周长是多少?

分析　将此过程进行 n 次,则得到新的正三角形的边长为 $\frac{6}{2^n}$cm,高为 $\frac{\sqrt{3}}{2} \cdot \frac{6}{2^n}$cm,则阴影部分面积和周长为:$S = \frac{1}{2} \times \frac{6}{2^n} \times \frac{\sqrt{3}}{2} \times \frac{6}{2^n} = \frac{\sqrt{3}}{4}\left(\frac{6}{2^n}\right)^2$ (cm^2),$C = 3 \times \frac{a}{2^n}$,当 $n \to \infty$ 时,S 为 0,C 为 0。

引申 3(雪花曲线情境)：图 5-6①为等边三角形,把三角形的每条边三等分,并在每条边三等分后的中段向外作新的等边三角形,再像图 5-6②那样去掉与原三角形叠合的边;接着对每个边继续上述过程,即在每条边三等分后的中段,像图 5-6③那样向外画新的凸出图形;不断重复这样的过程,便产生了雪花曲线。这样得到的图形其面积和周长将发生什么变化?

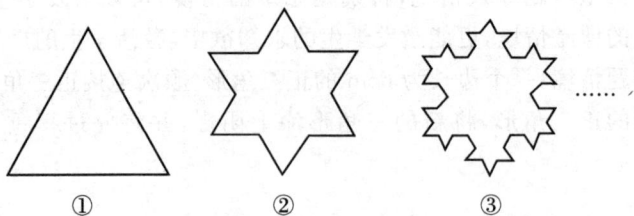

图 5-6　雪花曲线情境

得到结论：(I)设原三角形面积为 A_0,探求雪花曲线面积的一般公式为：$S = \frac{8}{5} A_0$。

(2)观察雪花曲线,发现令人惊异的一个性质是：它具有有限的面积,但却有着无限的周长!雪花曲线的周长持续增加而没有界限,但整条曲线却可以画在一张很小的纸上,所以它的面积是有限的,其面积等于原三角形面积的 $\frac{8}{5}$ 倍。

问题反思：按上述规律,如果向内作正三角形,所得到的雪花曲线称为反雪花曲线,试作出类似图 5-6②、③的反雪花曲线。留给有兴趣学生自己课后进一步思考。

引申 4(自我创新情境)：自己能否设计一个类似的,其中部分面积按某种规律减少的几何图形?如在一个正三角形内作一个内切圆,再作内切圆的内接正三角形,如此重复得图 5-7。

图 5-7　自我创新情境

提出新问题：

如图 5-8 所示,如果原始正三角形的边长为 1,对于图 5-8①,再分别连接其白三角形三边中点,得到图 5-8②;并按这样的方法继续下去,可得到图 5-8③……

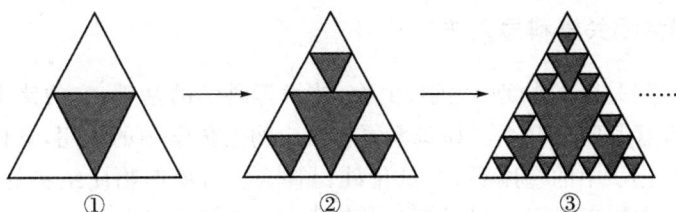

图 5-8　提出新问题

试问:把图 5-8②的黑三角形部分挖去,则剩下白三角形的个数是多少,它们的周长、面积各是多少? 第 n 个图形的黑三角形个数是多少? 它们的周长、面积各是多少?

分析　白三角形的个数为 9 个;由原始正三角形的边长为 1,得到原始正三角形的面积为 $\frac{\sqrt{3}}{4}$,因为图 5-8①分割成 4 个小三角形全等,所以图 5-8①白三角形的面积为 $\frac{3}{4} \cdot \frac{\sqrt{3}}{4}$,同理得到图 5-8②白三角形的周长为 $\frac{27}{4}$,面积为 $\frac{9}{16} \cdot \frac{\sqrt{3}}{4}$。

进一步可得各图形的黑三角形的个数、周长、面积分别如表 5-1 所示:

表 5-1　各图形黑三角形的个数、周长、面积

图形号	黑三角形个数	黑三角形周长	黑三角形面积
第 1 次分割图 5-8①	1	$\frac{3}{2}$	$\frac{1}{4} \cdot \frac{\sqrt{3}}{4}$
第 2 次分割图 5-8②	$1+3$	$\frac{3}{2} + \frac{9}{4}$	$\frac{1}{4} \cdot \frac{\sqrt{3}}{4} + \frac{3}{16} \cdot \frac{\sqrt{3}}{4}$
第 3 次分割图 5-8③	$1+3+9$	$\frac{3}{2} + \frac{9}{4} + \frac{27}{8}$	$\frac{1}{4} \cdot \frac{\sqrt{3}}{4} + \frac{3}{16} \cdot \frac{\sqrt{3}}{4}$ $+ \frac{9}{64} \cdot \frac{\sqrt{3}}{4}$
$\vdots$	$\vdots$	$\vdots$	$\vdots$
第 n 次分割	$1+3+3^2+\cdots+3^{n-1}$ $=\frac{1-3^{n-1}}{1-3}$ $=\frac{1}{2}(3^{n-1}-1)$	$\frac{3}{2} + \left(\frac{3}{2}\right)^2 + \cdots$ $+ \left(\frac{3}{2}\right)^{n-1}$ $=3\left[\left(\frac{3}{2}\right)^{n-1}-1\right]$	$\frac{1}{4} \cdot \frac{\sqrt{3}}{4} + \frac{3}{16} \cdot \frac{\sqrt{3}}{4}$ $+\cdots+\frac{3^{n-2}}{4^{n-1}} \cdot \frac{\sqrt{3}}{4}$ $=\frac{\sqrt{3}}{4}\left[1-\left(\frac{3}{4}\right)^{n-1}\right]$

四、结合相关学科导入法

数学课程是学习物理、化学、生物、技术等科学的基础,它的诸多知识都与上述学科有着紧密的联系。如概率原理在生物遗传学中的应用,立体几何中的正多面体与化学中的金刚石、二氧化硅、晶体硅、石墨等物质结构的联系,三角函数与向量在物理学中的应用等。因此我们在教学上述知识点时,可适时创设与相关学科联系的情境导入,从而强化数学的工具性、基础性,激发学生学习的积极性。

例如在执教"充要条件"时,首先提出以下问题:如图 5-9 所示,观察在电路图①②③④中,研究命题 p:"闭合开关 A"、命题 q:"灯泡 B 亮"的关系,接着引出两命题之间的四种关系与①②③④的对应。

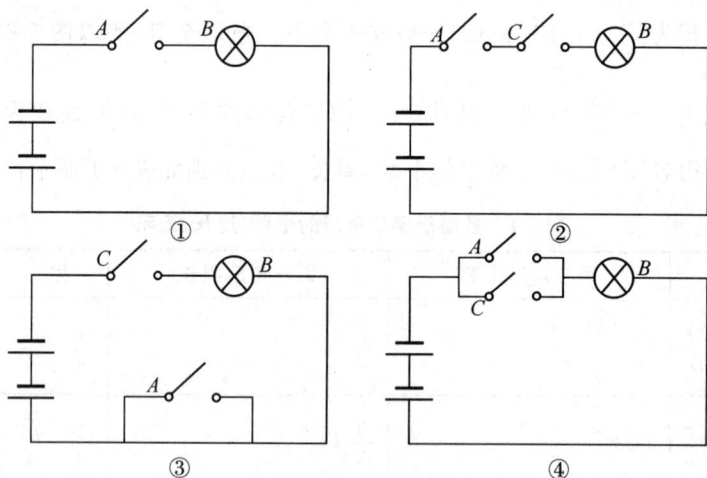

图 5-9　电路图

引入图形后,学生的兴趣被有效地激活,教学效果也相当好,这真是"他山之石,可以攻玉"。

又如,在讲解"正多面体"内容时,提出问题:请问甲烷 CH_4 的分子结构是怎样的? 你能求出其中 C—H 键角的大小吗?

如图 5-10 所示,碳原子位于正四面体的中心,4 个氢原子分别位于正四面体的四个顶点上。设碳原子与 4 个氢原子连成的四条线段两两组成的角为 θ,则 C—H 键的键角的大小即为 θ,易求得 $\cos\theta$ 的值为 $-\dfrac{1}{3}$。

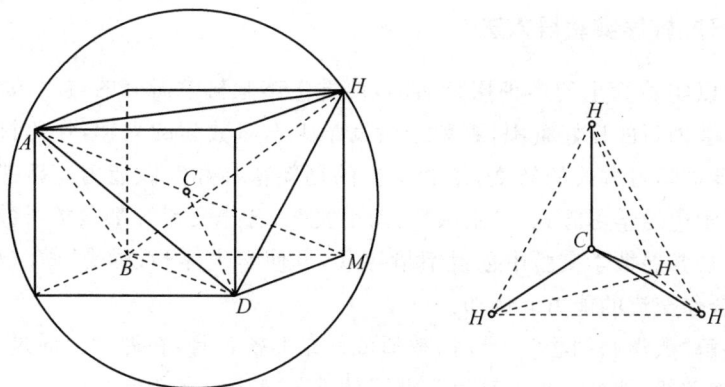

图 5-10　碳原子

当然,应用空间向量的知识也容易理解甲烷 CH_4 为什么是非极性分子。

上述情境的创设不仅提高了学生的兴趣,而且从根本上搞清了问题的本质,因为理解的东西才有生命力。

五、关注新闻事件导入法

要培养学生"用数学的眼光认识所生活的环境与生活",学会"数学地思考"。从我们身边的媒体中、新闻事件中创设情境导入,正是实施课程标准的有效策略之一。

"神舟五号"的上天,标志着我们伟大的祖国成为第三个进入太空的国家。如教师在执教"椭圆的定义与标准方程"时,正值"神舟五号"飞船发射成功,遂设计如下情境:10 月 15 日神舟五号在酒泉卫星发射升空,在 342 千米高度上飞行 21 小时,绕地球飞行 14 圈,问:(1)飞船的轨迹是什么?(2)如果已知飞船飞行的远地点为 350 公里,近地点为 200 公里,你能否求出飞船的轨迹方程?这一情境正是学生当前关注的热点,也正好作为引出椭圆定义的实例。

又如在执教"指数函数"时,可以从一则新闻报道引入:1994 年 8 月,美国考古学家在阿拉斯加州一处地窖中发现一具女童尸体,在无史料记载可供考证的情况下,考古学家却能测定出这名女童大约死于公元 1200 年。你知道考古学家是怎样测量古尸的年代的吗?

其实这是根据人体中含有的一种放射性元素"碳-14"衰变速度(每年人体内有 0.012‰的"碳-14"衰变为"氮-14")与尸体内的"碳-14"的含量进行推算的。

再如在学习"统计"内容时,可结合 2004 年奥运会的中国奖牌得数、射击运动员王义夫的射击环数创设情境;根据"中华风采"彩票抽奖中奖率引出"概率"的内容等,都收到良好的教学效果。

六、开展数学实验导入法

设置以实验为主的多种探究活动,使学生体验科学研究的过程,营造数学思维和数学创新的良好氛围,更利于激发学生学习数学的兴趣,强化科学探究的意识,促进学习方式的转变,培养学生的创新精神和实践能力。新课程标准强调丰富学生的学习方式,自主探究、动手实践、合作交流等都是学习数学的重要方式。从开展数学实验中创设情境导入,可使学生体验、感受"做"数学的乐趣,培养合作交流的能力。例如:

在讲解"数学归纳法"一节时,教师可首先准备道具,在课堂上通过实验"多米诺"骨牌游戏,使学生很快理解掌握了数学归纳法的定义与本质。

在立体几何起始课,教师可以通过让学生利用六根火柴摆四个三角形,引出空间问题;通过"切豆腐"的实验,即怎样切三刀得到豆腐块数最多?体验平面分割空间的奇妙,从而创设了数学情景,激发学生兴趣和探索。

如讲"三角形内切圆的作法"前,先让学生动手画一个任意三角形 ABC,然后要求学生动手试作出 $\triangle ABC$ 的内切圆。由于作图不得法,所有学生都不能画出这个圆。这时,教师因势利导指出:"同学们要学会作 $\triangle ABC$ 的内切圆,必须认真学习本节课的知识。"这样就激发了学生的求知欲。又如在讲三角形内角和时,可让学生将三角形的三个内角剪下拼在一起,在实践中总结出"内角和等于 $180°$"的结论,使学生享受到发现真理的快乐。这样的导入,激发了学生向新目标迈进的热情,为新课做好铺垫。

数学实验情境的创设也可以通过师生共同制作课件,学生设计题型等增强情境直观感、主体感和动态感,使数学的抽象性与空间想象得到最大限度的具体化。如"指数函数的图像"教学,使用 TI 图形计数器,学生不仅很快理解了指数函数的性质,还发现了指数函数的图像随底数 a 的变化规律,虽然这一性质已超出高中数学教学大纲的要求,但足以说明 TI 图形计数器对创设问题情境的优越性。数学实验也可就地取材,只要从实验中的现象获得数据能触发联想。如"球的体积公式"教学,可提供一只量筒,一杯水,一个实心球,要求测出这个球的体积。接着问:已知地球半径为 R,求其体积。由于地球的半径太大,上述方法失败,但可以类比猜想,这样问题情境形成了。

当然数学实验还应注重数学思维实验。思维实验是按真实实验方式展开的一种复杂的思维活动,通过对数学对象的不同变化形态的展示来创设情境。如多面体欧拉公式的发现与证明的思维实验设计为两个阶段 。实验的第一阶段,考察几个特殊的多面体,通过观察、记录、计算、归纳、猜想一般规律。实验的第二阶段,设想多面体是空的并且表面由薄橡皮制成,对它进行想象性实验操作——割去一面,将其压扁铺在一个平面,化为平面多边形。这样通过实验性推理完成证明,这是最具典型性的数学思维实验。

七、直接导入法

直接导入就是教师在上课一开始,就以凝练的语言,直接阐明本课所要讲的课题以及基本观点、方法、地位和作用,点明重点和难点,将本节课的教学目标完整清晰地展现给学生,使学生有一个明确的目标导向,俗称"开门见山"、"单刀直入"。这种方法就是教师概述新课的主要内容及教学程序,明确学习目标和要求,引起学生思想重视并产生认知需要,从整体上去把握所要学的内容,做到"课伊始,意亦明"的一种导课方式。

例如,"算法的含义"一课的片段教学案例:

师:大家都会解二元一次方程组,请同学们写出 $\begin{cases} x-2y=-1 \\ 2x+y=1 \end{cases}$ 的求解过程和主要步骤。

由学生在黑板上写出解题步骤:第一步……第二步……

(设计意图:直截了当,让学生感受到解决问题是按照一定的步骤来完成的。)

师:上述步骤构成了解二元一次方程组的算法。在数学中,算法通常指按照一定规则解决某一类问题的明确和有限的步骤。

(设计意图:了解算法含义及其特征,即计算过程中按照一定的程序,逐步执行,每一步都有一定的目的和确定的结果,且在有限步骤内完成。)

点评:该案例通过学生熟悉的问题,帮助学生形成对算法的感性认识,直接导入算法思想,有利于学生把注意力集中在当前的算法概念上。

直接导入的方法简单,花时少,能使学生对所学知识一目了然。但是,无论是从交代主旨内容、教学目标意义,还是解释课题,都有一定的局限性。问题在于这种方法比较单调,缺乏激情,也过于严肃,缺乏更深层次的感召力,因而不易激发学生学习数学的兴趣。因此,这种导入法最好用于高年段,因为他们学习方向性相对明确,目标性较强;若在低年级使用,就难免显得呆板乏味,应尽量少用或有控制地用。

八、旧知识导入法

旧知识导入法是以复习与新内容有关的旧知识作引路导人,是一种由已知求未知的导课方法。"温故而知新",人们认识事物总是遵循由已知到未知、由低级向高级的客观规律。在新知识的学习中,教师抓住新旧知识之间的联系和区别,充分调动学生运用旧知识去分析新问题,通过自己的思考,主动地学习新知识。新旧知识不仅内容上有必然的逻辑联系,而且方法上也有相似之处,把旧知识作为新知识的"引燃点",由复习旧知识入手,导入新课。运用这种方法导入新课,既可以巩固旧知识,又能使学生对新知识的理解由浅到深、由简单到复杂,循序渐进;同时有利于用知识体系来启发学生思维,促进学生对新知识的理解和掌握。

数学是一门系统性很强的科学,数学知识往往具有前后的有机连贯性,每一个概念、定义、法则、定理和公式都源于或发展于相应的原有旧知识基础之上。因此在讲授新知识时,应选择那些与新知识联系密切的、便于对比的旧知识,以旧引新。如学习立体几何中的"二面角"的概念时,可通过平面几何中角的概念的回忆:从一点出发引出的两条射线所组成的图形,然后把平面问题空间化,将"点"改为"直线",将"射线"改为"半平面",这样就自然而然地引出了二面角的概念:从一条直线出发引出的两个半平面所组成的图形。

教学过程中,可采用对比、类比、化归、实验等方法对新旧知识进行"同化"和"调整",使学生把已获得的知识和技能从已知的对象迁移到未知的对象上去。这样,学生始终处在想尝试一下自己能力的欲望中,他们会迫不及待地去学习和研究,从而增强学习的主动性。

复习旧知,要从数学思想方法上、知识的整体结构上,把握复习点;导入新知,要注意紧扣新课题知识的实质,抓住数学研究中出现的新问题、新矛盾,巧妙设置问题,由此及彼、由浅入深地揭示课题。

这种导入法的运用是建立在教师对教材的宏观把握及对学生原有知识结构比较了解的基础上的。因此,找准与新课知识相联系的旧知识点,是教师需重视的关键。

九、经验导入法

经验导入法是以学生已有的学习经验为出发点,通过生动的讲解、提问,以引起学生对已有学习经验的回忆,并引导学生从中发现问题,进而产生探究、解决问题的欲望与兴趣的一种导入方法。

荷兰教育家弗赖登塔尔提出过一个重要的基本观点:每个人都有自己生活、工作和思考着的特定的客观世界以及反映这个客观世界的各种数学概念、运算方法、规律和有关的数学知识结构。这就是说,每个人都有自己的"数学现实"。对于学生来说,不同的年龄有不同的"数学现实",同一年龄不同的学生也有不同的"数学现实"。了解学生实际拥有的"数学现实",在此基础上展开,让学生觉得新知生根于旧知,体会新旧知识的联系,在原"数学现实"的丰富和扩展中导入新课或学习新知。

例如"对数函数及其性质(一)"的片段教学案例:

(在介绍了对数函数的定义后,在研究对数函数的性质之前,教师采用如下方式引入。)

师:我们刚刚学习了对数函数的定义,紧接着需要探讨什么问题?

生1:对数函数的图像和性质。

师:大家能类比前面研究指数函数的思路,提出研究对数函数图像和性质的方法吗?

生2:先画图像,再根据图像得出性质。

师:画对数函数的图像是否需要分类?

生3:像指数函数那样按 $a>1$ 和 $0<a<1$ 分类讨论。

师:要从哪些方面观察图像呢?

生4:从图像的形状、位置、升降、定点等角度去观察。

师:在明确了探究方向后,再按以下步骤共同探究对数函数的图像。

步骤一:(1)用描点法在同一坐标系中画出下列对数函数的图像:

$y=\log_2 x, y=\log_{\frac{1}{2}} x$。

(2)用描点法在同一坐标系中画出下列对数函数的图像:

$y=\log_3 x, y=\log_{\frac{1}{3}} x$。

步骤二:观察对数函数 $y=\log_2 x, y=\log_3 x$ 与 $y=\log_{\frac{1}{2}} x, y=\log_{\frac{1}{3}} x$ 的图像特征,看看它们有哪些异同点。

步骤三:归纳出不同对数函数图像的类型特征,描述对数函数的性质。

点评:对数函数是继指数函数之后的又一个重要的初等函数,无论是知识层面还是思想方法,对数函数与指数函数都有许多类似之处。而指数函数是学生已掌握的"数学现实",引导学生回顾指数函数的性质,再通过类比的方法来研究对数函数,不仅使得对数函数性质的探讨较易展开,而且对指数函数知识和方法的巩固、深化和提高大有益处。

有效学习应当充分调动、应用学生的已有经验,并使学生沉浸其中。这样的导课激活了学生大脑中的原有经验以接纳、"镶嵌"新知,强调新知在已有知识经验基础上生成,减少将要学习新课程的难度,加深学生的理解,促进学生探寻知识的意义。

十、游戏导入法

游戏导入法就是通过与新知识有关的课堂游戏而导入本节课题的导入方法。心理学家弗洛伊德指出:游戏是由愉快原则促动的,它是满足的源泉。好玩是中学生普遍的特性。数学游戏融知识性、趣味性于一体,是一种极好的益智活动,深受学生喜爱。用游戏作为新课的开头,能集中学生的注意力,调动学生的积极性,让学生最大限度地参与到学习活动中去。

如在讲授"数学归纳法"时,可让学生在教室内排列一些多米诺骨牌,然后问:如何做到碰倒其中的一块多米诺骨牌,使其余的多米诺骨牌全部倒下?学生经过尝试、讨论,得出如下结论:(1)首先要碰倒第一块多米诺骨牌;(2)任意两块相邻的多米诺骨牌排列的时候,要保证前面一块倒下能够碰倒后面的一块。满足这两条,就可以保证所有的多米诺骨牌全部倒下。在此基础上,让学生想象,假如让这些多米诺骨牌延绵不断、无穷无尽地排列下去,然后碰倒其中的一块多米诺骨牌,如何使它后面的多米诺骨牌全部倒下呢?同学们通过自己的思考、探究,得出了正确的结论,从而为引入"数学归纳法"的基本思想和"数学归纳法"的教学奠定了良好的基础。

又如讲解极限的概念时,让学生站在讲台前,面朝教室门口移动,要求每次移动他到门边距离的一半。学生会发现他们可以无限地接近门口,但并不能走出门去,这时候再引入抽象的极限概念,就容易被学生理解接受。

例如"二分法求方程的近似解"的片段教学案例:

请两位学生参与,模拟"幸运52"中的游戏环节。

猜一件商品(如某种 MP3)的价格(1180 元),给出的价位在 0~2000 元之间。

学生甲:1500,1400,1200,1100,1150,1160,1170,1190,1180。

学生乙:1000,1500,1250,1100,1200,1150,1170,1180。

师:两位同学猜价格的过程略有区别,但都采用了相同的方式,就是通过不断缩小价格的范围,逐渐"逼近"准确值。这节课我们就要用此方法来求方程的近似解。

点评:将"逼近"的思想孕育于学生耳熟能详的"幸运52"游戏中,让学生感觉易学、乐学,从而对学习数学产生兴趣。

将游戏引入课堂,把一系列的数学概念和技能寓于游戏情境中,以游戏的方式呈现出来,从而使枯燥的数学知识变得生动有趣,促使学生积极主动地探求新知识,增强学好数学的信心。但必须注意,教学游戏不同于玩耍,教师应精心编排设计,见好就收。

十一、故事导入法

运用讲故事的形式导入新课,就是故事导入法。根据青少年的心理特点,以与数学内容有关的故事作为导入,能激起学生对将要学习的内容的极大兴趣,激发他们的求知欲,特别是对学习热情较差的学生更起作用。故事导入法是深受低年级学生欢迎的导入方法之一。在故事导入中,有的故事可以唤起学生的生活经验,从中抽象出数学知识;有的是通过故事的形式引导学生去解决生活中的一些简单数学问题。故事导入法能给数学课增加趣味性,帮助学生展开思维,丰富联想,使学生很自然地进入最佳学习状态。

如在讲平方根这节课时,可以讲述古希腊学者希伯斯因坚持"自然界中一定有无理数存在"的观点而被教徒无情抛入大海的故事。在讲逆向思维这种数学思想方法在解题中的运用时,先给学生讲了司马光砸缸的故事,"从前,有一个人叫司马光,在他 7 岁时……"由这个趣味性的故事引入课程,学生不仅不会感到数学课的乏味,而且会深刻地铭记逆向思维的作用,掌握了正难则反的解题方法。通过故事的形式,激发了学生强烈的求知欲,同时也强化了对学生的科学精神和人文精神的培养。

例如"等比数列的前 n 项和(第一课时)"的片段教学案例:

教师首先编拟故事:话说猪八戒自西天取经回到了高老庄,从高员外手里接下了高老庄集团,摇身变成了 CEO。可好景不长,便因资金周转不灵而陷入了窘境,急需大量资金投入,于是就找孙悟空帮忙。悟空一口答应:"行!我每天投资 100 万元,连续一个月(30 天),但是有一个条件:作为回报,从投资的第一天起你必须返还给我 1 元,第二天返还 2 元,第三天返还 4 元……即后一天返还数为前一天的 2 倍,连续一个月。"八戒听了,心里打起了小算盘:"第一天支出 1 元,收入 100 万;第二天支出 2 元,收入 100 万;第三天支出 4 元,收入 100 万元……哇,发财了……"心里越想越美,再看看悟空的表情,心里又嘀咕了:"这猴子老是欺负我,会不会又在耍我?"

师:假如你是高老庄集团企划部的高参,请你帮八戒分析一下,按照悟空的投资方式,30 天后,八戒能吸纳多少投资? 又该返还给悟空多少钱?

生:30 天后,八戒收入　100×30＝3000(万元)

返还给悟空 $S_{30}＝1＋2＋2^2＋2^3＋\cdots＋2^{29}$

(引出课题:等比数列的前 n 项和)

点评:故事是每一位学生都喜欢听的,特别是在"枯燥乏味"的数学课上,它能集中学生的注意力,调动学习的积极因素,激发学生学习的兴趣与热情。本案例依托市场经济背景,运用学生熟悉的人物来编拟故事,以趣引思,通过故事,让学生感受数学的应用价值。

用讲故事的方法导入时,要注意选择好故事,尤其要选择短小精悍、有针对性的故事。不要为讲故事而讲故事,以免画蛇添足。

导课的类型还有很多,在此就不一一枚举了。当然,实际教学中导课类型和方法模式不是固定不变的,不少方法可以交叉使用,教师应根据学生的年龄、心理特点等,结合数学教学的具体内容,认真选择导课方法,使教学自然而流畅地过渡到新课。

第三节　数学课堂导入技能的实施

从上一节知道,数学教学中的导入方法是多种多样的,教师在运用时要从多角度去思考,根据每节课的需要,灵活选择导入方式。只有这样,才能使导课充满吸引力,抓住学生的思维。"导"无定法,贵在得法。教师在授课时,应该先从课堂教学的主要环节"导入"上去巧妙构思、精心设计,以真正做到教师善"导",学生能"入"。

一、导入方法的选择

选择导入方法,一要依据学生的认知水平、生活阅历;二要考虑教材的内容、特点和要求;三要考虑教师自身的文化素质情况。因为学生的年龄、认知结构等有差异,所以要根据不同年级、不同学生,选择不同的导课方法。

一般来说,低年级的学生,由于他们思维有一定的局限性,所以在设计导入时最好以具体、形象为主,直观性强一些,这样可以以最短的时间激发学生的求知欲。例如,可以采用讲故事导入、游戏导入、多媒体导入等。

中年级课堂教学的导入应在低年级的基础上,适当增加一些方法,如生活实例导入、数学史实导入、旧知识导入、经验导入等。

高年级的学生,由于他们的知识阅历都比较丰富,有了一定的知识基础,他们对于一些简单的事物都能很快地接受和理解。所以在设计导入时可以更理性一些,如直接导入、置疑导入、实验导入等。

无论采取哪种导入方式都不能脱离教学实际,都要在认真钻研教材、了解学生的实际情况后再做决定。只有采用最好的、学生最容易接受的导课方式,才能取得事半功倍的效果。

二、导入的基本原则

从上述实例可见,导入技能是极具艺术性和创造性的,是各种课堂交流基本技能的综合运用,直接影响学生的学习情绪和效果。在设计和实施中,应遵循下列原则:

(一)针对性原则

导课的针对性包含两方面:其一,要针对教学内容而设计,使之建立在充分考虑与所授教材内容的有机内在联系的基础上,而不能游离于教学内容之外,使之成为课堂教学的累赘。其二,要针对学生的年龄特点、心理状态、知识能力基础、爱好兴趣的差异程度。引入新课时所选用的材料必须紧密配合所要讲述的课题,不能脱离主题,更不能引用与课题有矛盾或有冲突的材料。

(二)趣味性原则

心理学研究表明,令学生耳目一新的"新异刺激"可以有效地强化学生的感知态度,吸引学生的注意指向。"知之者不如好之者,好之者不如乐之者。"可见保证教学的趣味性是十分重要的。在数学教学过程中,一般要求课的导入要能做到新颖有趣,能唤起学生的注意,激发学生的学习热情。正如著名教育家巴班斯基所说:"一堂课之所以必须有趣味性,并非为了笑声或耗费精力,趣味性应该使课堂上掌握所学材料的认识活动积极化。"学习数学终究要付出艰苦的劳动,教师要在导入中让学生以新知发现者的愉快心情把兴趣转化为稳定的内在动力,这才是导入趣味性的目的所在。

(三)多样性原则

课的导入应根据不同的教学内容、不同的教学对象、不同的课型灵活多变地采用各种方法,做到巧妙、新颖,不千篇一律。固定单一的方法会使学生感到枯燥、呆板。课的导入常常是多种导入方法的综合运用,这就要求教师除了有精湛的演讲艺术外,还必须有丰富的资料和广博的知识,才能灵活运用各种各样的导入方法,从而使开讲更加活泼,更加引人入胜。

(四)简洁性原则

作为课堂教学前奏曲的课堂导入,虽然是教学过程的一个重要环节,但不是中心环节,它只为中心环节作铺垫。课堂导入的时间不宜过长,否则会冲击新课的讲述。教师引入新课时应言简意赅,力争用最少的语言在最短的时间内集中学生的注意力,使学生迅速进入学习情境。一般在 3～5 分钟内迅速缩短学生与教师之间的距离及学生与教材之间的距离,将学生的注意力集中到课程内容上来,完成向新课教学的过渡。若导入时间过长就会使导入显得冗长,从而影响本节课的进程。

导入是课堂教学的重要环节,方法多样,形式新颖,不应拘泥陈规,囿于老套,更应不离教材。要善于捕捉重点,以景召人,以情感人,以知识的勉力吸引学生,以教材的重点和难点为依据,充分调动学生的积极性和主动性,使导入成为培养学生兴趣、提高课堂教学效益的一个重要环节。

三、导入的注意事项

(一)导入注重直观性和趣味性

在引入新课时,应该要灵活多变地运用各种导入方法。学生好奇心强,对新奇、新颖、不平常的事物和现象感兴趣。根据学生的心理特征,教师在设计课堂导语时,要抓住学生的好奇心,提出富有潜在意义的"挑战性"问题,启其心扉,促其思维。导入的直观性,可为学生理解科学的概念和原理奠定必要的感性基础;导入的趣味性则能调动学生学习知识的积极性。固定的、单一的导入方法易使学生感到枯燥、呆板,激发不起学习的兴趣。因此课堂导入方法不能一成不变,要常变常新,融会贯通。

(二)导入注重目的性和针对性

导入的根本目的就是使学生明白要学什么、怎样学和为什么学。因此要针对教学内容、课题特点和学生实际,采用合适的导入方法,这样才能取得应有的效果。新课引入时不能信口开河、夸夸其谈,占用大量的时间,以免冲击正课的讲述。新课引入只能起"引子"的作用,起激发兴趣、提出问题、导入正课的作用,占用时间过长,就会喧宾夺主,影响正课的讲解。所以在引入时一定要合理取材,具有目的性和针对性,并且控制时间,恰到好处,适可而止。

(三)导入注重启发性和关联性

导入对学生将要学习的教学内容应具有启发性。富有启发性的导入能引导学生主动去发现问题,积极解决问题,参与学习。同时,设计导入时,还应注意以旧拓新,揭示新旧数学知识的相互关系,使学生温故而知新,实现从已知到新知的过渡。要善于设置和提出问题,激起学生认识活动的内部矛盾,启发学生由疑到思,主动地进入学习进程。引入新课时所选用的材料必须紧密配合所要讲述的课题,不能脱离正课主题,更不能与正课有矛盾或冲突。脱离教学目标的引入不但不能起到帮助学生理解新知识的作用,反而干扰了学生对新授课的理解,给学生的学习造成了障碍。

(四)导入注重科学性和艺术性

由于数学学科的严谨性和科学性,对导入的艺术性要求往往被人忽视。事实上,课堂教学就是一门艺术,因而作为数学课堂的重要组成部分——导入环节也应具有艺术性。导入存在的价值是不论学科的,数学课堂照样也可以生动有趣。一堂好的数学课,能给学生以美的熏陶,是艺术的展现、情感的交流,而好的导语是美妙音乐的前奏,是艺术创造的原动力,是情感交流的纽带。教师的语言修养在极大程度上决定着课堂效率,如果数学老师能注意到导语的艺术性,在课堂导入中运用几句充满诗情画意的语言、几个生动有趣的故事,不仅能使学生得到丰富的知识营养,而且能驱动学生发挥丰富的想象力,迅速进入学习进程中。但也不能一味追求艺术性而忽视科学性,把课堂导入庸俗化。

实践与思考

1.谈谈数学课堂导入技能在课堂教学中的作用。

2.自选观看一段数学课堂导入技能的录像,说出在这段教学过程中,教师是如何运用导入技能的。

3.选择一个教学片段,对导入技能进行实践,并说明:

(1)教学目的是什么?

(2)为什么选用这种类型的导入?

(3)请结合导入的原则和注意事项,对自己的导入进行总结。

第六章　数学课堂讲解技能

第一节　数学课堂讲解技能概述

数学教学的讲解不仅要求教师阐述有序、条理清晰,还要求引人入胜,具有风格。讲解技能是数学课堂教学艺术的重要组成部分,是数学教师进行课堂教学必备的一项基本技能。教师用语言讲解,学生以接受方式学习的这种教学形式是传授科学文化知识的主要手段。因其特有的优点,即使是多媒体等现代教育手段越来越多地进入课堂的今天,讲解仍是国内外课堂教学中应用最广泛的一种课堂教学技能。

一、讲解技能的定义

数学课堂教学中的讲解是数学教师运用语言辅以各种教学媒体,引导学生理解教学内容并进行分析、综合、抽象、概括,进而达到向学生传授数学知识、启发思维、表达感情、渗透思想方法的一类教学行为。

讲解技能就是教师运用简明、生动的教学语言,辅以各种教学媒体,通过叙述、描绘、解释、推理论证等方式将知识、经验及其形成过程呈现给学生,帮助学生了解掌握的一种技能,熟练掌握并运用讲解技能是数学教师必须具备的教学基本功。

二、讲解技能的特点与功能

在数学课堂教学中,主要通过语言讲述来传授数学知识、启发数学思维,所以讲解技能在行为方式上的特点是"以语言讲述为主";在教学功能上的特点是"传授数学知识、启发思维、表达感情、渗透思想方法",在教学活动中表现为"教师讲学生听",学生学习的方式是接受式学习。教学行为方式、教学功能和学生学习方式三方面结合在一起,构成了讲解技能的内涵,界定了讲解技能的特点。讲解技能中并不排除运用各种教学辅助媒体,但与教学导入技能中运用教学媒体的目的不同,讲解技能中运用教学媒体的主要目的是帮助学生理解教学内容,并进行分析、综合、抽象、概括。

从两千多年前孔子的"私学"和柏拉图的"学园"延续至今,主要都用讲解技能进行教学。讲解在课堂教学中有其独有的优点,而使数学教师对其十分偏爱。首先,讲解能够充分发挥教师在课堂上的主导作用。教师通过讲解最易把自己的思考过程和结果展示在学生面前,最易引导学生思维沿教师的教学意图进行。教师可根据学生接受知识的情况,调节讲解的步调,调节讲解的速度。其次,讲解能较迅速、较准确并且能密度较高地向学生传授间接经验。讲解易于控制利用时间,由教师的精心组织,可将大量的知识在较短的时间内讲授出去,在这方面对其他教学技能更有优势。讲解可使学生认知过程中减少盲目性,而使学生高速度获得数学知识。第三,方便是讲解技能被教师偏爱的又一个因素。它不需要其他的教学媒体,它使教师省时、省力。第四,教学中的其他教学技能离不开讲解技能。讲解为教师提供了主动权、控制权,常因为教师讲得精彩,而得到学生的赞扬与崇敬。好的讲解技能可使讲解具有很强的鼓动性,常能引起学生的兴趣。值得注意的是,讲解技能作用只有使用恰当时才能体现,如果使用不当,比如不注意调动学生的积极性和主动性,很少安排学生的活动,一味地灌输,就容易产生"满堂灌"、"注入式"等问题,在课堂教学中应当特别引起注意。

三、讲解技能的构成

讲解技能是一项综合技能,以使用语言为主,还包含和渗透着提问、演示、导入、结课、强化、变化、组织学生的学习活动等多项技能。就其特点来说,无论何种类型的数学讲解技能,其构成一般包括建立讲解的结构框架、突出重点的讲解方法和突破难点的讲解策略等。

(一)建立讲解的结构框架

在数学课堂教学中,为什么要建立讲解的结构框架呢?建立讲解的结构框架,实际上是对讲解内容进行分析综合的加工处理过程。讲解之前不建立结构框架,或对系列化问题缺乏清晰序列,对知识间内在关系不甚明确,将使讲解处于孤立突兀状态,不利于学生形成完整的认知结构及进行深入思考。

在数学课堂教学中,怎样建立讲解的结构框架?一篇好文章,需要作者精心构思的启、承、转、合,连接的基础是一条线索。一个讲解的结构框架也需要一条主线,这条主线一般包括教材的知识结构、学生的认知结构以及教学方法的组织结构,其中教材的知识结构是核心。这条主线一般表现为提出问题、思考问题和解决问题的过程。实施中的要点,可以简单概述为:创设情境、延时判断、清晰表达和适时概括。

1. 创设情境

设置悬念或者系列提问可以创设问题情境,这对形成讲解的结构框架有重要作用。创设问题情境,可以激发学生的认知矛盾冲突,引起学生的注意和兴趣,在此基础上,展开问题的讨论,直指研究对象和研究成果,形成讲解的主线和中心议题,建立了讲解的结构框架。

2. 延时判断

延时判断就是教师给学生留下思索和判断的时间,不要急于用自己的思维过程替代学生的结论,更不能用"满堂灌"的讲解替代学生的理解。延时判断是教师讲解时的有意停顿,对解决问题起积极激励的作用,是讲解的结构框架的重要组成部分。教师给学生留下判断时间的长短,涉及课堂信息反馈和讲解进度调控等问题,也涉及学生的程度,需要教师很好地把握。

3. 清晰表达

设计清晰化的表达方式,可以强化讲解的结构框架,并利用板书简明、直观的特点,将讲解的主要内容概括地呈现在黑板上,以表达知识的逻辑关系和思维过程。此时的板书就是清晰化展示的重要方式,是讲解框架的有效组成,它与示范性板书的要求有所不同。

4. 适时概括

适时概括强调在最佳的时间里给出方法的总结、推广和理论的提升,这对学生正确认识数学,形成数学思想,发展学习能力,优化知识结构都有相当重要的作用。在适当的时机引导学生对讲解的内容进行概括,是讲解结构框架的重要组成部分。

(二)突出重点的讲解方法

突出重点是讲解结构框架的核心成分。课堂教学中,教师处理好重点和一般的关系,解决好重点问题,是讲解的关键。教学重点,是指教材中最基本、最主要的内容,这些内容在众多的教学内容中处于主导地位,是主要矛盾。要突出重点,先要让学生明白什么是重点,在讲解时,要有详有略,少讲或略讲一般问题,将学生的注意力放在重要和基本的信息上,将重要的关键信息从背景信息中突出出来,减少次要因素的干扰。要知道,舍不得简化就腾不出时间去突出重点。重点和一般是一对矛盾,解决得好,既可以突出重点,又可以照顾一般,使讲解的层次更加清晰。教师在讲解的过程中,为了突出重点,可采用以下做法。

1. 运用强调语言

运用强调语言可以起提醒作用,突出讲解的重点。成功的强调语言来源于对新旧知识的联系和新知识结构的透彻分析,在讲解中遇到关键要素或需要分析新知识与原有知识的联系和区别时,可以放慢语速,提高语调,加重语气来吸引学生的注意力,提醒学生这是重点。强调的语言要肯定有力。有时,讲解中巧妙设计对比,配合抑扬顿挫、轻重缓急、强弱快慢、张弛疏密的教学语言,可以获得最佳的教学效果。有时生活化语言,诸如"这很重要"、"稍后我们会回到这一点"、"记住这一点"等口头用语以及丰富的面部表情和肢体语言也能起强调作用,可见强调语言的形式是多种多样的,但切记简单地重复结论不等于强调。强调语言的运用形式体现了教师的教学风格。

2. 借用板书提醒

借用板书的提醒功能,可以突出讲解的重点。教学时,教师可以准备一些彩色粉笔,在关键点用彩色粉笔书写或用彩色粉笔标注,来吸引学生的注意力,提醒学生这是重点。使用板书突出重点,有时也辅以语言的停顿和故意的出错。

3. 慎用语言重复

讲解语言的重复讲述,虽然可以突出重点,但容易引起学生反感,所以应该慎用。为了突出重点,不得不进行知识点反复讲解时,应设计"内容重复而语言不重复",换个角度进行讲解。对于基本技能的培养,要及时强化,反复训练,教师可以变换问题情境,设计题组训练,在不同的认知层次上多次出现,让学生牢固、灵活地掌握。

(三)突破难点的讲解策略

教学的难点是指学生不易理解与掌握的知识和技能。教学内容有易有难,如果教师不能帮助学生解开思想上的疑团,对这部分内容学生不仅听不懂、学不会,还会给以后的学习带来困难。因此,教师在教学时,除了突出重点之外,还要想办法突破学生学习的难点。造成难点的原因有多种,教师要针对具体的情况,采取相应的办法分类解决:基础知识准备不足的可以回顾相关知识恰当铺垫;基本技能训练不到位的可以设置问题阶梯拾级而上或辅以信息技术直观呈现;思想方法欠缺或逻辑混乱的可以巧设正反例证化难为易,或者指导数学阅读化繁为简,等等。

第二节 数学课堂讲解的类型

讲解技能是指教师利用口头语言对知识进行剖析和揭示,帮助学生理解掌握知识的课堂教学行为方式。显然,语言技能是讲解技能的基础,但它不等同于讲解技能。讲解技能侧重于语言的组织结构和表达程度,即如何用语言来剖析和揭示知识的内涵。

讲解技能的类型可依据不同的标准进行划分。如根据讲解内容可以划分为概念讲解、定理讲解、证明方法讲解、总结评价讲解等,还可以依据学生的听讲情况进行分类。这里我们根据数学课堂教学的实际情况,提出四种常见的讲解类型:解释式讲解、描述式讲解、原理中心式讲解和问题中心式讲解。就结构而言,这四种类型既有各自的结构,也有其共同的模式。

一、解释式讲解

解释式讲解,就是对较简单的知识进行解释和说明,从而使学生感知、理解、掌握知识内容。这种解释与说明可以是表征意义上的或者是结构程序上的,也可以是语言翻译性的、适应范围上的等等,主要是根据教学的内容和目的来确定。对于较复杂的知识,单用解释说明的方法就难以收到好的讲解效果,需要其他技能的配合。

例如"无理数"一课的片段教学案例:

(教师在上"无理数"一课前,先做了一个大骰子作为教具)

师:同学们,这是什么?

生:骰子!

师:它有什么用处?

生:打麻将用!

师:是的,打麻将要用它。但是除了打麻将外,它还有什么用处?

生:……

(面对大家的沉默,教师没有立即给予回答。他请两位同学上台,让一位同学在讲台上掷骰子,另一位同学在小数点后面记录骰子掷出的点数。所有的同学都聚精会神地看他俩的表演。随着骰子的一次次投掷,点数一点点记录,黑板上出现了一个不断延伸的小数:0.315 426 512 3…)

师:好!暂停!同学们,如果骰子不断地掷下去,那么我们在黑板上能得到一个什么样的小数呢?它有多少位?

生:能够得到一个有无限多位的小数。

师:是无尽循环小数吗?

生:不是。

师:为什么?

生:点数是掷出来的,并没有什么规律。

师:不错。这样得到的小数,一般是一个无尽不循环的小数。这种无尽不循环的小数,与我们已经学过的有尽小数、无尽循环小数不同,是一类新的数,我们称它为"无理数"。这就是我们今天要学习的主题。

如果没有事先制作的教具演示,没有学生的上台自己的动手操作,教师的"无理数"概念讲解就显得苍白无力。对于这些内容比较抽象的数学概念,在解释时要考虑学生的可接受程度。

二、描述式讲解

描述式讲解就是通过对客观事物发生、发展、变化过程的描述,以及对事物形象、结构、要素进行描述,使学生对事物有一个完整的印象,达到一定深度的认识和了解。根据教学内容和目的,描述又可分为结构要素性描述和顺序性描述两种。例如对正弦定理的描述,就是顺序性描述。对于要素性描述,要注意揭示事物结构的层次关系和要素间的关系,突出重点,抓住关键,注意运用生动形象的比喻和类比。对于顺序性描述,要注意事物发展的阶段性,抓住事物发展变化的关节点,而不是无重点、无要点的流水账。

例如在学习立体几何"直线与平面的垂直"这节课时,教师采取以下的教学讲解片段:植树节栽树如何判断树与地面垂直? 问题提出后,学生们十分感兴趣,纷纷议论,连平时数学成绩较差的学生也跃跃欲试,甚至生活中的办法也才能来了,学生们学习的主体性很好地被调动了起来,在不知不觉中投入了数学课堂的思维活动之中、如何定义线面垂直、如何判定线面垂直等这一课时的重点内容也就在轻松和谐的情境之中完成了。

又如在对"函数单调性"一课进行教学讲解时,教师可以通过具体问题的解决创设出如下诱人的问题情境(见图 6-1):

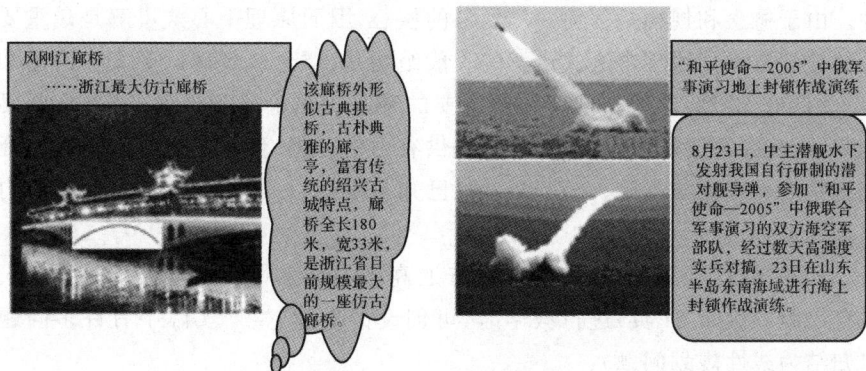

凤刚江廊桥
……浙江最大仿古廊桥

该廊桥外形似古典拱桥,古朴典雅的廊、亭,富有传统的绍兴古城特点,廊桥全长180米,宽33米,是浙江省目前规模最大的一座仿古廊桥。

"和平使命—2005"中俄军事演习地上封锁作战演练

8月23日,中主潜舰水下发射我国自行研制的潜对舰导弹,参加"和平使命—2005"中俄联合军事演习的双方海空军部队,经过数天高强度实兵对搞,23日在山东半岛东南海域进行海上封锁作战演练。

图 6-1 廊桥与炮弹发射

请学生观察桥孔离水平面的高度的变化,炮弹离水平的高度变化。学生通过观察得到正面回答,有逐渐升高、逐渐下降等。而这正是要学的课题。于是教师便抓住上升和下降的规律提出问题,如何用数学语言来描述上升和下降呢?引出课题,再引导学生分析画法的实质,并用几何语言概括出这个实质,如图 6-2 所示:

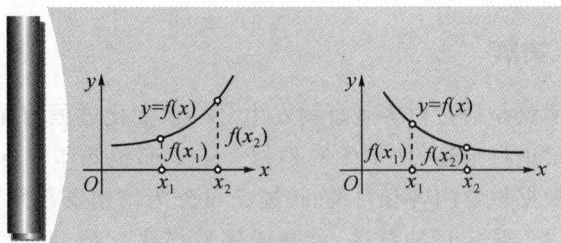

图 6-2　如何用数学语言描述上升与下降

这样,就由学生自己从问题出发获得了性质定义。除创设问题情境外,教师还可以创设新颖、惊愕、幽默、议论等各种教学情境,良好的情境可以使教学内容触及学生的情绪和意志领域,让学生深切感受学习活动的全过程并升华到自己精神的需要,成为提高课堂教学效率的重要手段。这正如赞可夫所说的:"教学法一旦触及学生的情绪和意志领域,这种教学法就能发挥高度有效的作用。"

三、原理中心式讲解

此种讲解就是以概念、规律为中心内容进行讲解,使学生能正确理解掌握有关概念和规律。根据讲解的逻辑方法,又可分为归纳中心式和演绎中心式两种。由于概念和规律是任何一门学科的核心,因而原理中心式讲解是最重要的一种教学方式。原理中心式讲解的一般结构是:概念或规律的导入—论述和推证—结论。显然,论述和推证是最重要的环节。在论述和推证过程中,既要运用归纳、演绎等逻辑思维方法,还要提供有力的证据、例证及统计材料。论证过程就是揭示现象与本质、个别与一般、已知与未知、一事物与其他事物间的内在联系的过程。

如在"线性规划"的例 3(全日制普通高级中学教科书数学第二册(上)人民教育出版社版第 61 页)进行教学时,可创设情境为(生产实际中有许多问题可以归结为线性规划问题):

问题情境:某工厂生产甲、乙两种产品。已知生产甲种产品 1t 需耗 A 种矿石 10t、B 种矿石 5t、煤 4t;生产乙种产品 1t 需耗 A 种矿石 4t、B 种矿石 4t、煤 9t。每 1t 甲种产品的利润 600 元,每 1t 乙种产品的利润是 1000 元。工厂在生产这两种产品的计划中要求消耗 A 种矿石不超过 300t、B 种矿石不超过 200t、煤不超过 360t。甲、乙两种产品应各生产多少（精确到 0.1t），能使利润总额达到最大？

学生通过阅读，感觉文字描述繁琐，数据太多，不知道如何分析，难以对构建数学知识的模型也感到比较困难。如何把问题转化为数学语言呢？这里不仅仅是一个列方程解应用题问题，而且问题情境中含有多个变量，学生的认知冲突容易形成疑问。

经过分析讨论该问题可以归结为线性规划问题。目标函数的确定比较直观：即设生产甲、乙两种产品分别为 xt，yt，利润总额为 z 元，得目标函数为 $z=600x+1000y$。

对于变量 x，y，我们又如何确定其约束条件呢？学生可能会多写条件，或少写条件，而且思路较乱，容易犯错，这里是问题的凝滞点，要培养学生分析能力，教师不妨引进图表分析法（制作四列表格：资源列、产品两列、限额列），即为：

	甲种产品(1t)	乙种产品(1t)	资源限额(t)
A 种矿石(t)	10	4	300
B 种矿石(t)	5	4	200
煤(t)	4	9	360
利润(元)	600	1000	

根据数据列表分析可较准确地给出线性约束条件：

$$\begin{cases} 10x+4y \leqslant 300 \\ 5x+4y \leqslant 200 \\ 4x+9y \leqslant 600 \\ x \geqslant 0 \\ y \geqslant 0 \end{cases}$$

由数形结合，画出可行域。运用线性规划问题的解题策略求得最优解为点 $M(12.4, 34.4)$。

问题发现：按题中精确度 0.1，通过解方程组得到 M 的坐标值为 $x=\dfrac{360}{29}=12.41379\cdots \approx 12.4$，$y=\dfrac{1000}{29}=34.482758\cdots \approx 34.5$。但为何教材中的 y 值取 34.4 呢？促使学生反思，发现点 $(12.4, 34.5)$ 不在可行域中，进一步理解"线性规划的近似解既要在可行域中，又要使目标函数取最值，两个条件缺一不可"。

接着提出新问题,近似运算在高中数学中有几种?(三种),然后让学生按照三种近似方法根据精确度 0.1 取点,最后引导学生归纳出线性规划中近似的求解方法。

四、问题中心式讲解

问题中心式讲解就是以解答问题为中心进行讲解,此类讲解可以培养学生思维能力和分析解决问题能力。问题中心式讲解的一般结构是:引出问题—明确标准—选择方法—解决问题—得出结果。引出问题可以从实际情况引出,也可以直接提出;明确标准就是明确解题的要求;选择方法就是提出各种思路、方法进行分析、比较,确定出理想的解题方法,这是问题讲解中最为关键的一步。在解决问题的过程中,要提供论据,进行论证,提出例证,并运用逻辑思维的方法,这是问题讲解的主要环节。最后得出结果并进行总结。问题中心式讲解的关键就是要紧紧扣住问题的实质进行讲解。

在数学教学中,根据不同的教学内容,可以采用课本让学生先读,题目让学生先做,规律让学生先找的"三先"教学方法,充分发挥学生的主体性,使学生走在老师的前面。例如在讲解典型问题的中有如下一例:

例证:$\sqrt{1 \cdot 2} + \sqrt{2 \cdot 3} + \cdots + \sqrt{n \cdot (n+1)} < \dfrac{(n+1)^2}{2}$ 对 $n \in \mathbf{N}^*$ 成立。

这是一道不等式与数列结合的综合题,观察对比之后,以下是教师对问题的分析讲解片段:

师:请问,这个问题你有了解决方法吗?

生:还没有,思路有点混乱。

师:那你先说一说对这个不等式有了哪些想法了?

生:我把它看做不等式证明题,希望从左边证到右边,但无法进行下去;我又把它的左边看做数列求和,但也没有找到入手点。

师:想法都很有道理,我建议你把左右两边综合起来思考一下,要得到右边的 $(n+1)^2$。以前有这方面的经验吗?

生:有,前 $n+1$ 个正奇数的和等于 $(n+1)^2$。

师:那你想一想,要证明这个不等式,左边可以转化为前 $n+1$ 个正奇数和吗?

生:嗯,我已经想到方法了。

由 $\sqrt{n(n+1)} < \dfrac{n+(n+1)}{2} = \dfrac{2n+1}{2}$

则左边 $< \dfrac{3}{2} + \dfrac{5}{2} + \cdots + \dfrac{2n+1}{2} < \dfrac{1+3+5+\cdots+(2n+1)}{2} = \dfrac{(n+1)^2}{2} =$ 右边。

这样,通过教师的讲解,学生主动探索、猜想,不仅为学生自主研究问题提供了条件,而且提高了他们解决问题的能力。

上述四种类型的讲解可以概括成更一般的结构模式,即:引入—主体讲解—总结。引入就是引入课题;主体讲解指议论、描述、展开等;总结就是揭示出结果。这三个部分的讲解必须要紧紧围绕讲解的主题展开。

第三节　数学课堂讲解技能的实施

一、数学课堂讲解技能的实施

本节通过讲解语言设计的要求、讲解的例证以及采用反馈信息和调控,阐述课堂讲解的实施运用。

(一)设计讲解语言

语言是思维的"外衣",数学的讲解技能是以语言为工具的。教师讲解时语言运用如何,关系到讲解的质量,讲解是否成功在很大程度上依赖于语言的设计和临场的发挥,那么设计讲解语言有哪些具体的要求呢?

首先,准确规范,条理清晰。设计讲解语言首先要做到准确和规范,数学学科有自己的概念和理论体系,准确和规范是学科的基本要求。它要求教学语言符合语言规范,做到用词准确、语句通顺、语音纯正、语法规范。数学教师要做到教学语言科学准确、规范简洁,就要做好教学前的准备,分析教学内容的层次,制定科学的教学目标,同时设计讲解的结构框架,拟定问题的讲解序列和必要的停顿,设计突出教学重点的教学方法和突破教学难点的教学策略,教学时言简意赅,切中问题的要害,只做必要的调整,不做无目的的重复。条理清晰也是一项基本要求,如果数学教师的语言缺乏逻辑,条理不清,重复累赘,或者在讲解时漫无边际地自由发挥,势必造成课堂拖沓冗长,或不能达到教学目的,或无法完成教学内容,学生亦谈不上新知的获取、思维的训练和美的感受。

其次,感情充沛,生动形象。课堂讲解,教师不能照本宣科。讲解要取得好的效果在很大程度上依赖于教师生动形象的语言和炽烈的感情。教师讲授要感情充沛,语言表达要清晰简洁、生动有趣,富有表现力和感染力,切忌干瘪呆板,没有节奏、没有感情。语言生动形象,集中表现在语言绘声绘色,幽默诙谐,语音手势恰到好处,常常伴随着形象贴切的比喻等。教师教学中的讲解语言越形象、生动,选用的例子越贴切,学生就越容易理解,这比起一大堆枯燥的纯专业语言,要实用得多。生动活泼的语言、具体形象的比喻常常能取得很好的教学效果,可以使枯燥的数学课堂变得出神入化,令学生神往陶醉,使学生产生学习的兴趣进而形成志趣。

最后,语言流畅,简约紧凑。语言的流畅包括两方面的内容:一是讲话连贯紧凑,没有吞吞吐吐和"嗯、啊"等游移拖沓的现象;二是讲解意义连贯紧凑,没有分散、跳跃的现象。如何才能使讲解语言流畅紧凑、富于美感呢?一般来讲,要准备充分和自信,同时辅以必要的训练。具体讲,要做到流畅性,就要充分做好课前准备,理出教材的逻辑性,使语言的表达有层次、有目的。语言的简洁流畅常常能体现说话者分析问题的快捷与深刻,能增添数学教学的魅力。要做到流畅性,讲解语言要准确明白,句子结构完整,发音正确,用词准确。对讨论问题中的关键词要事先"吃准",有所准备;将讲解中具体问题的结论与取得结论的依据或前提条件交代清楚,将依据与结论之间的关系交代清楚。语言的简约化,要求教师做到化繁琐为简约,化生僻为通俗,化抽象为具体,化模糊为生动,真正快速有效地帮助学生掌握数学的本质。对于那些枯燥乏味、难以理解的知识,教师可以结合学生生活中的一些形象生动的例子来对他们进行启发、引导。活泼的生活语言能将"深奥的、陌生的"的数学知识转化为学生熟知的,甚至是喜闻乐见的东西。这不仅符合建构主义的认知理论,也有利于培养学生的情感、态度、价值观。

(二)引入正反例证

引入正反例证是实施讲解的常用方法,是进行学习迁移的重要手段。例证能将熟悉的经验与新知识联系起来,是启发思维的有效手段。用通俗易懂的例证讲述数学问题,不仅直观,而且容易记忆,从而达到清晰化授课的目的。

为使讲解技能中的例证有效地发挥其教学功能,设计例证时应注意以下几点。

首先,内容切合教学要求。课堂上,可以利用学生学过的数学知识,借助图表、数据,通过故事以及生活实例,向学生传授新的数学知识,使学生加深对数学方法的认识,提高学习数学的兴趣。为了达到目的,引入的例证一定要切合教学要求,应是教学内容所涉及的一类事物中的典型事例。例如,在讲解增函数的含义时,欲解决"为什么函数 $f(x) = -\dfrac{1}{x}$ 在定义域上不是增函数"与"已知函数 $f(x) = \begin{cases} (3-a)x - 4a, & x < 1 \\ \log_a x, & x \geqslant 1 \end{cases}$ 是 $(-\infty, +\infty)$ 上的增函数,求实数 a 的取值范围"这两个问题,可应用生活例证:"两列从低到高排列的队伍连成一个长队,还是从低到高排列吗?要保证从低到高排列还需要什么条件?"这样解释,就容易理解局部的单调性对整体的影响,符合教学要求。

其次,层次适合认知水平。引入的例证应便于学生分析概括,要符合学生的经验和兴趣,所以引入的例证要能正确反映教学内容中的概念原理,符合学生的认知水平。例如,高中数学教学中,为了说明"用图像法表示的函数关系,不一定能用解析式表示",以气温随时间变化的曲线图为例就适合学生的认知水平;但若用函数 $f(x)=\begin{cases}1, x\in \mathbf{Q}\\0, x\notin \mathbf{Q}\end{cases}$ 为例,来说明"用解析式表示的函数关系不一定能用图像法表示",就超出了学生的认知水平。

最后,数量符合过程需要。举例的数量对于获得新知识是充分必要的,少了不足以说明问题,多了容易使人厌烦;例子不在于多,而应对例证与原理之间的关系分析透彻,这样才能让学生举一反三。

还要注意准确使用正面例证和反面例证。学生容易从正面例证中获得新概念、新规律,在没有形成正确理解之前,对反面例证的否定是比较困难的,所以在引入新知识时,正、反面例子交叉使用容易造成混乱。在初步理解了新知识后,再使用反面例证可使学生加深理解。

(三)采用反馈信息和调控

由于讲解主要是教师讲学生听,有些教师往往忽视学生的反应,讲解像在背书,这是讲解的发展进程与学生理解不能同步,以及讲解缺乏针对性、交互性的主要原因。运用数学讲解技能,必须充分了解讲解的不足之处。教师如果只注意自己讲,不注意学生学得如何、听得如何,是不会有好的教学效果的。教学是师生的双边活动,教师授课内容的信息流指向学生,学生接受信息后的情况反馈给教师,教师再根据学生接受信息的状况随时调节自己的教学行为,变换教学方式,有的放矢地引导和指导学生顺利地获得知识,发展智能。

首先,关注学生的反馈信息。学生听课时表情是喜悦、兴奋、认同,还是呆板、不解、疑虑或昏昏欲睡;学生的动作如打开书、举手等是迅速还是迟缓;学生的目光是集中还是分散;学生做练习、回答问题是否顺利正确;学生愿不愿意听讲,有无小声说话或做其他事情的情况。

其次,教师的调节措施。主要有:

①当大多数学生喜欢听讲,对讲解充满兴趣时,教学状态最佳。应按原计划讲课,注意讲课的系统性,语言精练生动,一气呵成。争取让学生的这种高昂的学习状态一直保持下去,直至讲解结束。

②当一部分学生感到疲劳,精神开始分散时,表明学生听讲时间过长或教师讲话音量过小,或知识已经掌握,没有新意。这时学生对教师讲课的兴趣已经减弱,此时,应尽快结束讲解,转入知识的应用阶段,安排学生做练习,或提问,根据学生的回答再进一步深入讲解。如果是音量问题,则可以调整音量。

③当学生注意听讲,但感觉听得吃力时,可能是讲解缺乏旧知识铺垫或缺乏实例,也可能是音量过小,语调平淡,教师应适时做出调整。

④教师讲解时可能会出现口误,学生发现教师讲课中的错误时可提醒老师,或根本听不懂的时候,也可向老师提出。教师应鼓励学生提出意见和看法,形成民主的教学氛围,及时发现并纠正每个错误,这样能够迅速疏通师生间的信息通道,避免出现大的失误。

⑤讲解中安排提问,教师可以从学生的回答中获得反馈信息,根据学生掌握知识的程度,把握并调节自己的语言、动作和教学的进度、深度,或变换教学的方式。

总之,讲解不是教师单独的行为,讲解以学生为对象,是师生共同的活动。教师讲解的优劣,是以学生能否听得懂、记得牢,兴趣如何为标准的。教学反馈可以沟通师生之间的联系,使师生之间形成畅通的信息循环。教学反馈的主动权在教师,教师在讲解时,要善于捕捉来自学生的反馈信息,迅速做出判断,并采取相应的措施调整自己的行为,教学就是在这样的师生互动中进行的。

二、讲解的基本原则

不同的讲解风格造就了讲解技能的艺术性和创造性,不同的讲解方法体现了讲解技能的灵活性和选择性。透过灵活多变的讲解形式,不难发现讲解技能需要遵循的原则有计划性原则、科学性原则、启发性原则、连贯性原则、灵活性原则、多样性原则等等。

三、讲解的注意事项

首先,课前充分准备。课前教师的充分准备,认真备课,是讲解技能实现的基础。讲解内容要精选提炼,讲解的结构和层次要设计好。明确讲解的顺序,力争做到循序渐进,承前启后,相互渗透。配合内容选择适宜的讲解方式,确定关键的词汇和术语,避免讲课时语言的随意性。课前的准备还包括对学生的了解,包括学生的知识与能力储备。忽视学生的认知起点,仅考虑数学问题的设计是否漂亮,教师的讲解是否精彩,将脱离学生学习的实际,影响学生自主思考的空间;错误定位学生的认知起点,将导致师生关系失调。

其次,不要照本宣科。有些数学教师很少考虑学生的内在需要,只是一味原原本本地照搬教材,照本宣科,有的还生怕脱离教材,甚至唯恐所教的内容与书本有差异。数学新课程提倡"用教材"而不是"教教材",一个好老师在讲授的过程中要能够开放式地处理教材,不但要把教材的内容讲清楚,更要挖掘教材中隐含的道理和与相关知识的联系,也就是要讲清楚教材的内涵和外延,学生才能真正理解教材的"弦外之音"。

例如,初一解方程的一段课堂记录:

师:解方程 $0.5x=1$ 时,先两边同除以 0.5,把左边变为 $1 \cdot x$,即 x,这时右边为 $1 \div 0.5=2$,所以 $x=2$。

学生:老师,我只要两边同时乘以 2,马上就得到 $x=2$,更简单。

(学生兴趣很浓,高兴地向老师宣布他的新"发现"。)

师:你的结果是对的。但以后要注意,刚学新知识时,记住一定要按课本上的格式和要求来解,这是解方程的通法。

(学生兴冲冲地等待表扬,但听了老师"语重心长"的话语后,灰溜溜地坐下,以后的 30 多分钟里一言不发,下课后仍是满不服气的样子。)

事实上,解方程 $0.5x=1$,两边是同乘以 2 还是同除以 0.5 只是手段不同而已,使 x 的系数变为 1 才是目的。如果教师在听完学生的解答,讲解改成"这两种解法,都将 x 的系数变为 1,无论用乘法还是除法,虽然手段不同,但目的是一样的,这是解一元一次方程的关键",效果将大不相同了。

然后,抓住关键,深入浅出。讲解要抓住关键,"关键问题"是对学生顺利进行学习起决定作用的环节。有时关键问题也是重点问题,但重点问题并不都是关键问题,围绕重点讲解不等于就完全抓住了关键。系统的知识是一环扣一环的,在教学的诸多环节中,总有最重要的一环,抓住了这一环,才抓住了关键。抓住了关键,其他问题则迎刃而解;抓住了关键,就能明确地指出学生学习、理解方面的问题所在,有时几句话就能使学生恍然大悟。抓不住关键,尽管费尽九牛二虎之力,也难以使学生明白领会。浅白通俗的语句,听起来清楚易懂,且有平易、朴素、亲切之感。要做到讲解浅白通俗,并不是件容易的事情,一要深入理解内容,深入才能浅出。许多东西,只有理解透了,融会贯通了,才能用浅显平白的话说出来。二要有丰富的词汇。有的人深入理解了,却"词不达意",究其原因,是由词汇贫乏造成的。

再次,与其他技能的配合。讲解技能并不能代替其他的教学技能,只有与其他教学技能合理地配合,才能很好地发挥它的作用。比如长时间的讲解使学生处于从属地位,学生在"单向接收"中容易疲倦,此时如果应用提问技能、教学变化技能与反馈、强化技能等,就可以改变不利的局面。同样,学生只听不练,没有亲身体验,不经历独立思考的数学思维过程,就不易建立正确的数学认知结构。只有与适时的操作训练相结合,才能很好地发挥讲解技能的作用。

最后,注意反馈,及时调控。教学是师生的双边活动,教师在讲解的同时,要随时注意学生的反应,观察学生对讲解内容的理解情况和练习时掌握的情况。优秀的教师要有敏锐的眼光、丰富的经验,随时从学生的神态、表情和动作中,发现学生是否注意、是否明白、是否理解、是否有疑问。根据存在的种种现象、问题和反馈的信息,及时调整讲解的内容,控制讲解速度,改变讲解的方式,从而达到理想的教学效果。

实践与思考

1.谈谈数学课堂讲解技能在课堂教学中的作用。

2.自选观看一段数学课堂讲解技能的录像,说出在这段教学过程中,教师是如何运用讲解技能的。

3.选择一个教学片段,对讲解技能进行实践,并说明:

(1)教学目的是什么?

(2)如何选用讲解类型方法?

(3)请结合讲解的原则和注意事项,对自己的讲解进行总结。

第七章　数学课堂对话(提问)技能

课堂教学是教材及相关资料、学生、教师之间的对话过程。教学对话是民主、平等的教学,是互动交往的教学,是创造的生成的教学,是向生活和生命开放的教学,是以育人为目的的教学。数学教师应充分发挥在课堂教学中的主导作用,娴熟地掌握教学对话的技巧。课堂提问是教学对话的主要手段,也符合课堂标准教学理念——合作学习与交流的要求。

第一节　数学课堂对话(提问)技能概述

教师在数学课堂教学情境中与学生交流是师生之间的教学信息传递与反馈的行为过程,良好的师生交流能建立并保持高度互动的课堂气氛,以师生之间、学生之间的教学对话为主要形式,对话的质量是决定数学课堂教学质量的主要因素。教学对话能有效地吸引学生的注意力,启迪学生的思维,提供学生参与教学、相互交流的机会,及时地得到教学反馈。有一些学生就因为一次出色的教学对话,体验到了从未有过的成功感受,从此爱上数学学习。

教学对话技能不仅是教师的提问与学生的回答(提问技能),它还包含语言交流对话技能和非语言交流对话技能。

在语言交流对话中除了传统课堂上常常采用的"教师提问,学生回答"的形式外,还包括学生的发问。教师怎样鼓励学生发问也很值得教师关注。为此,教师首先要经常地鼓励发问的学生,还要教给学生发现问题的方法。比如,认真观察式子、图形或数据,从中发现某些规律,产生出某些猜想,或者尝试将已有的问题、结论推广到另一种类似的情境,提出某些猜想。这些训练对学生创造性思维的培养是非常重要的。另外,师生板演也是数学课堂教学对话中书面语言常用的交流形式,教师的板演除了合理布局外,板演内容要高度概括精炼,不宜一段一段地抄写教案上的内容,使学生注意力分散,又抓不住要领。对学生的板演,不能只看答案的正确与否,培养学生的数学书面语言表达也是数学教学的重要方面。

非语言交流对话包括课堂倾听、面部语、体态语以及服饰语等等。课堂倾听由注意、理解和评价三个部分组成。第一是注意学生在对话中说出的信息是否适当、正确,包括强度及传递的时间和情境等;第二是对接收的信息进行心智加工的理解,包括理解说话人呈现的思想、说话人的动机等;第三就是对信息进行权衡评价,归纳说话人的主题思想、获知省略的内容、思考怎样完善信息等。面部语的目光对话交流很有技巧,有经验的教师常常通过与学生目光的直接接触来交流鼓励与期待、询问与理解、赞同与反对等信息。体态语与服饰语主要应注意符合教学的情境和自己的风格,比如数学教师上课不可能像钢琴教师上音乐欣赏课一样穿一条拖地长裙。

对话教学中,教师提问技能的几个关键词是:设计、含蓄、等待和开明。

首先,提问需要设计。在教学中加入设计好的问题,可以增加实现教学对话的可能性,可以将问题集中于教学的主要目标。如果完全依赖于自发产生的问题,很容易偏离目标。可以问不同水平的问题,提前预备一些问题,即使学生不会全部用到它们,也会使学生将注意力转向更高水平的思考,使学生能更清晰、简洁地表述问题。

其次,提问应当含蓄,不能太直白。由于简单的问题不具有多少思考性,因此,在课堂提问中所占的比例应很小,尤其是在程度较高的班级和学习内容有相当难度的课上。大部分的课堂提问对学生要有一定的挑战性,能够引导学生积极思考甚至热烈地讨论和争辩。还可以将学生的典型错误设计成辨析题,这些欲擒故纵的手法往往有利于加深学生对概念的理解。另外,停顿也是提问的一个重要技巧,所提的绝大多数问题应该面向全体学生,发问后教师要适当停顿以给学生思考时间,理想的待答时间介于3~5秒。

最后,对学生的回答要认真倾听,予以中肯而明确的评价,肯定合理的成分,指出还需改进的地方。如果学生不能或是不肯配合回答问题,教师必须尽快辩明原因,是问题的难度不合适,题意表达得不清楚,思考的时间不够,学生对问题没兴趣,师生之间的感情渠道不通畅,还是班级的学习风气问题,找出相应的对策。在评价学生的回答或回答学生的发问中,教师有时自己也会犯些错误,学生指出后,教师除了立即改正外,还应真诚地向学生们道歉,展示数学工作者严谨求实的美德和开明的学风,切忌对学生采取对抗态度,强词夺理。

第二节 数学课堂对话的类型

数学教学中,对话的方式很多,不同的对话方式的选用也直接反映教师的教学素养。教学对话可以是语言之间的交流、教态之间的交流、合作学习与反思等等。教师如何合理掌握对话的技能,如何掌控课堂的教学效率,这需要对对话的类型进行规划。把握对话的表征方式主要有以下几种类型:

一、言语型对话

言语型对话主要是人与人之间的交际性对话;是师生基于个人体验,与文本对话而进行的合作性、建设性的意义生成过程,包括师生对话和生生对话。

(一)师生对话

师生对话是指师生之间蕴含着教育性的相互倾听和言说。它消解了传统师生关系中的二元对立,"教师与学生的关系不再是以知识为中介的主体对客体的单向灌输关系,取而代之的是一种'我—你'的对话关系"。"教师的学生"及"学生的教师"等字眼不复存在,随之出现的是"教师学生"及"学生教师"。教师不再仅仅是授业者,学生在被教的同时反过来也在教育教师。

德国文化教育学家斯普朗格说:"教育绝非单纯的文化传递。教育之为教育,正在它是一个人格心灵的'唤醒',这是教育的核心所在。"教育的最终目的不是传授已有的东西,而是把人的创造力量诱导出来,将生命感、价值感"唤醒"。对话中,师生作为独立的精神主体在相互尊重和信任的前提下,相互沟通人类智慧等文化成果,相互理解和感受同一种精神体验,共同摄取双方创造的经验和智慧。在精神相遇的境域里,教学的意义悄然产生。真正的师生对话不仅表现为提问和回答,更是交流与探讨、演说与倾听、欣赏与评价。心灵或精神的沟通才是师生对话的根本。

(二)生生对话

生生对话是一种曾长期作为师生对话的补充形式而被边缘化的学生之间的讨论与交流,往往表现为生生之间的合作探究,是教学活动成功的不可或缺的因素。学习者之间在知识背景、经验和各种非智力因素等方面存在着差异,认知方式和精神方式也各有不同。通过对话,学习者对自己的思维过程及其结果进行再认识,对各种观念进行再改造,并能超越自己的认识,修正自己的观念,重构自己的知识系统。

生生对话以小组合作为主要互动形式,给每个人提供了发表自己观点和看法、倾听他人意见的机会。在相互间的交流和切磋中碰撞思维,智慧在不时迸发的灵感火花中得以提升。同时,又体验着愉快,学会欣赏与发现他人,与他人分享成果。生生对话的形式主要有讨论式、问答式、辩论式。在这个过程中,必须防止生生对话流于形式,它必须贯穿着对话的理念和精神,注重各种观点之间的交锋和共生。

二、理解型对话

理解型对话主要是人与文本之间的对话,是阅读者在积极地调动自己已有的知识和经验的基础上,体验、感悟、理解文本,并再造文本和创造文本的过程,是人已有的知识框架和文本知识的耦合、磨合与对接。理解型对话包括师本对话和生本对话。

(一)师本对话

师生对话指教师对文本的理解。教师的家庭环境、受教育经验、专业知识与技能、教育观念,对文本的大致意见、印象、假设等构成了他的成见。教师以其"成见"为前提与文本对话,就会出现两个不同的视界:教师的视界和文本的视界。教师无法摆脱成见,也不可能以自己的成见去任意曲解作为课程内容的文本。只有当这两个视界融合在一起产生意义时,才会出现真正的理解(视野的融合)。此时,文本的意义世界已不再是其原有的世界。教师与文本在各自视阈的基础上通过积极的对话不断形成新意、新思想。师本对话具有开放性和建设性的特点。

(二)生本对话

生本对话是指学生对文本的阅读与理解。学生在用自己已有的经验和情感去体验和建构文本意义世界的过程中,把握了知识和文本的意义,不断走向丰富和完善。文本与学生之间也不再是教训与被教训、灌输与被灌输的关系,而是一种对话,一种感受、理解、欣赏与体验。这种平等的、对话式的双向交流关系,马丁·布伯称之为"我—你"关系。学生与文本相互走进,视界融合,精神相遇。这是一种无声的交流、精神的对话,是心灵的碰撞和灵魂的回答。

(三)反思型对话

反思型是师生的自我对话,是对自我的反思性理解,是以自我存在为对象,对自己的知识、经验、行为以及由此产生的结果进行审视和分析。反思是自我对话的基础和途径。个体内心的矛盾或困惑往往能促使他去思考、感悟和探究,现在与过去的"我"、现实与理想的"我"对话,使个体以自己先前的知识吸收和改造着与他人、文本的对话,使自我不断获得充实和发展。

对话是一个动态的过程,其结果是师生思想与行为的转变,即对话交往观念与能力的形成,对差异的深层次认同和对世界理解的加强。通过反思,追问自身与他人言行的合理性,反省所听到、读到及看到的一切,斟酌自己的经验和问题的真实性,找到对话何以进行与失败的根源。它更加强调在彼此的交融中完成教学任务。师生的反思成为确定教学目的、手段、模式等合理性的重要途径之一。

教师的自我对话一般包括如下内容:我是否尊重了学生?我是否很好地阐释了课程内容?我的教法是否与学生的学法适应?学生的自我对话主要包括:我真正理解了课程内容吗?我的观点表达清楚了吗?我和别人的看法为什么不同?我的想法有哪些需要修正?等等。师生正是在不断的自我反思中不断走向完善的。

例如,在《抛物线的概念》一课中的导入对话教学片段:

师:前几节课我们学习了椭圆、双曲线的概念,同学们还记得这两种曲线的定义吗?(学生很快回答了这两种曲线的第一定义。)

师:能把这两种曲线的定义统一起来吗?

生:平面内与一个定点的距离和一条定直线的距离的比是常数 e,当 $0 < e < 1$ 时的点的轨迹为椭圆,当 $e > 1$ 时的轨迹是双曲线。

师:那么当 $e = 1$ 时又会是什么轨迹呢(学生议论纷纷)。今天我们就来学习当 $e = 1$ 时的轨迹——抛物线。

接下来,教师运用教具进行演示,得出轨迹图形后,运用以前学过的求轨迹的方法,学生认真阅读课本内容(抛物线方程的推导过程),得出抛物线的方程,引出抛物线定义。

点评:通过师生的互动对话,教师能较快地凝聚学生的注意力,让学生在主动参与的教学环境下学习,能很好地提高数学课堂教学效率,激发学生的学习兴趣。

又如,在《轨迹的探求》一课中的教学对话片段:

(教师按平时的教学方法,顺利地讲完了这节课的内容后,给出下面这个问题。)

已知 D 是定圆 A 上的点,C 是圆 A 所在平面上一定点,线段 CD 中点为 E,当 D 在圆 A 上运动时,求点 E 的轨迹。

老师认真地按照求轨迹的方法讲授,建立适当的坐标系,用坐标转移的方法得到所求的轨迹是一个圆,认为这个问题基本讲清楚了。但第二天的作业,却出现了共性问题,许多学生对如下题目仍不会做。

已知 D 是定圆 A 上的点,C 是圆 A 所在平面上一定点,线段 CD 的垂直平

分线与 DA 的交点为 F，与 CD 的交点为 E，当 D 在圆 A 上运动时，求点 F 的轨迹。

生 2：老师，这个题我不会做。

师：课堂上讲的那道题你理解了吗？

生 1：我们都会了，但这个题我们三个人得出的结论都不同，我得的是双曲线，他得的是椭圆，到底谁的对呢，应当怎么样考虑？

师：你们的结果为什么不同呢？什么原因产生的？

生 3：我得的是 C 点在圆内；他俩得的 C 点一个在圆外，一个在圆内。

师：这就说明，这个题要对 C 点位置进行讨论。

生 2：那还有没有别的情况呢？怎么样才能考虑全面呀？

生 3：那么今天上课的题目，当 C 点在不同位置时，又会怎么样呢？

师：也要进行讨论分析呀。

生丁：可我们如何才能知道什么情况下要讨论，什么情况下不讨论呀？

学生提出的问题，确实是他们感到最困惑的。这还是肯动脑子的学生，其他学生，通过这堂课的教学，又明白了多少呢？

对以上教学对话的反思如下：

①教材对抛物线定义虽没有强调点与直线的位置关系，但从实例的引入中，直观上还是指出了的，更何况，又作了强调，问题的出现，仅仅是学生的简单的失误吗？从教学片段中可发现：课题的引入仅仅是教师的一厢情愿，由于学生认知层次的差别，无法达成应有的学习效果。

②学生乙显然是班上基础较扎实的一位，牢记定义，并记住老师讲的要点，但他对知识的产生、发展过程并不"踏实"，还处于一种肤浅的认识，对难度大一点的题，不能较好地解决，究其原因，是由于教师给出定义过于唐突，缺少实验、探讨所至。由于教师在教学中只注意新概念强制性地注入学生脑中，置学生于被动地位，使思维呈依赖性，因而学生只能消极被动地接受这个定义而未能内化这个新知识，无法达到有意义的理解和灵活运用。

③从学生对定义理解的"不踏实"，可以看出，学生的学习是被动的，他们的知识是教师强加给他的，不是自己主动探索与建构的。

④从问题结论的不确定性可以看出，传统的教学方法，无法让学生直观发现动点变化的情况，更难以理解结论产生的原因，即使是教师在教学过程中反复强调，或引导学生思考，学生也仅仅只能记住教师所讲的结论，没有自己的探究和思考，知其然而不知其所以然。

以上这些现象说明我们的教学存在着它的缺陷。多年来，我国基础教育在培养学生基础知识、基本能力上做出了一定贡献，这是我国基础教育的优势所在。但也是这种优势使我国基础教育只强调书本知识的传授、理解和掌握,强调解题能力的形成和提高,忽视学生综合素质的提高和个性发展,特别是学生自主学习和自主发展的培养。

运用建构主义观点,下面是对改进后"轨迹的探求"一课中的教学对话片段:

(同上,教师按平时的教学方法,顺利地讲完了这节课的内容后,给出下面这个问题。)

已知 D 是定圆 A 上的点,C 是圆 A 所在平面上一定点,线段 CD 中点为 E,当 D 在圆 A 上运动时,求点 E 的轨迹。

教师用几何画板演示轨迹,当学生看清轨迹时,教师让学生回答为什么,并引导学生进行论证。

当学生完成论证后,教师提出新的问题(改进教学,引入深化):

在上面问题中,过 E 作 CD 的垂线,交 DA 于 F,则当 D 在圆 A 上运动时,问点 F 的轨迹是什么图形。

生:还是圆。

师:是圆吗,用几何画板试一试。(学生兴趣高涨)

生:是椭圆。

师:有不同意见吗?

生:是双曲线。

师:还有不同意见吗?

生:是一个点。

师:把几种意见总结一下。

生1:当 C 点在圆内不与 A 点重合时是椭圆。

生2:当 C 点在圆外时是双曲线。

生3:当 C 点在圆上时是 A 点。

生4:当 C 点与 A 重合时是圆。

师:能证明吗?

学生在教师的指导下,进行论证。教师要引导学生从不同的角度进行论证。

师:我们不仅要学会解决问题,积累解决问题的经验,总结解决问题的方法,并运用这些经验解决新的问题,更重要的是敢于提出问题,善于提出问题。从刚才的探求中可看出同学们掌握了基本的探求和论证的思维方法。

课后反馈:

生1:今天的课,用几何画板直观地演示,感觉很容易懂,很美妙!

生2：想不到，在一次次的探讨过程中，能得出这么多的结论，学到这么多东西，挺有成就感的！

生3：这样学起来，又轻松，又容易懂，自己发现的结论，就不易忘记了。

点评：我们知道，探求一个点的轨迹，思维的出发点主要是两个：一是找出约束动点变动的几何条件；二是找出影响动点变动的因素。而这一节课从一系列问题的探究中，使学生明确了探求点的轨迹的途径，初步理清了解决这类问题的思路，从整体上把握了这类问题的解决方法，看清了问题的本质。教师的地位应由主导者转变为引导者。以上教学对话给我们的启示：教师的教学思想不仅应该要关注教师的"教"，同时也要关注学生的"学"，使教学活动真正成为师生的活动。在时间和空间上保证学生在教师的指导下，学生自己独立自主的探究学习，在教学方法上，充分注意学生的差异性，加强课堂调控，使教学活动始终处于学生的"最近发展区"，使每一个学生通过自己的努力，在自己原有的基础上都有所获、都有提高，使教学活动充满师生交流互动的气氛。

第三节　数学课堂对话技能的实施

通过对数学课堂教学对话技能的概念和类型的分析理解，在数学课堂教学中，开展对话教学时，教师需要注意的是：

一、了解对话的心理机制

课堂教学中的对话，一般要经历激活、维持与实现三个阶段。

(一)对话意识的激活阶段

学生对话意识的产生与激活依赖三个方面：一是学生的"似本能"与动机，包括有否交往、理解和尊重的需要，以及更高层面如表达的欲望、交流的需求、疑难的求解和兴趣的关注等动机因素。二是言语符号刺激的有效呈现。教师呈现的言语符号要与学生的"似本能"或动机的某几项内容相契合，才有可能激活其对话意识，实现符号系统的再生与创造。三是非智力因素方面的人格特质。神经质的学生，有着忧郁、紧张、烦恼、情绪化、不安全、不准确等心理，很难产生对话意识，即使有稍微对话意识也难以激活。教师应给予更多的关注，设法引发其对话意识和参与对话的动机。

(二)对话情境的维持阶段

对话意识是种内隐的心理现象，一旦产生，或稍纵即逝，或伴随情境的维持而转化为外显的对话行为。教师的期望和学生的自我效能感是影响其存在的决定因素。教师若能以期待的眼神、亲切的表情或鼓励的言辞对学生在对话中求得成长和发展予以希望、期待与充分肯定,则能让学生增强自信动机参与对话。学生相信自己具有清晰地阐述观点和表达意愿的能力,通过对话能解决自己的疑惑,加深理解,则具有了自我效能感。二者共同作用,就能使学生积极主动地理解对话内容,实施对话。

(三)对话机制的实现阶段

对话主体(学生)接纳的新信息,与认知经验相匹配,重组后的新信息经由效应器传输出来,接受该信息的另一对话主体(师或生)以同样的方式将反馈信息和整合后的新信息传送给第一对话主体或其他主体。该机制反复运行,教学对话得以进行。借助对话主体认知和情感的参与,对话得以延续。随着对话主题与内容的渐趋明朗,学生对其理解越深刻,则加工信息的速度越快,对话流程也越通畅。教师的反馈信息若含有激励机制,学生的对话成功体验就越强烈,对话就可持久运作。

二、明确对话的要求

教学对话,应遵循如下要求:

(一)建立新型师生关系

这是教学对话的前提。真正的对话总是保持一种伙伴关系或合作关系,意味着对人真诚的倾听、尊重和宽容。以往的教育理论,或以教师为主体,或以学生为主体,或以教师为主导、学生为主体,都将师生放在一个不平等的地位,教师、学生、知识都是一个个独立、封闭的个体。教学对话主张任何参与者都非个体而为客体,要建立起教师和学生双适应、双发展,交互性与平等性的教学关系,使师生共同承担对话主体的职责。任何教育者绝不能简单地预设问题的结论,应尽量避免过多的权力和监督。参与者要能够自由地讨论任何主题而不被嘲笑或蔑视。对话的本质不是用一种观点反对另一种观点,也不是将真理从一位知识专家传播到一位被动的接收者身上,而是旨在改善师生对共享探究的理解。

(二)创设对话教学氛围

这是教学对话的环境条件。对话教学需要在支持、信任和肯定他人的氛围中进行。支持是教学中的一种彼此协调互动的氛围。参与者不需要通过竞争、反驳或扭曲意义进入对话,也无需讨论式的思想碰撞,只要感兴趣就可以参与对话。保证对话的交互性得以实现的关键是信任。信任使对话成为平等关系,能够避免将对话退化成为家长式的操纵。肯定他人是达成交互性对话关系的重要保证,其行动包括:个人真实地将自身呈现给他人;认可他人的潜能、愿望、思想或感受;能够区别他人的真实和非真实,并准备去抵抗在他人中存在的非真实的趋势。教师要意识到并珍视学生的独一无二性,对学生的价值与潜能要有深深的敬意,要有一种发现学生能成为什么并坚持使之潜能得以完成的意志力,以避免用任何其他的假设使对话落入"我—他"关系。

(三)凸显对话问题的焦点

这是教学对话的核心。以问题为起点,以问题表征和问题探讨为指向,以对话形式解决问题是教学对话的核心特征。师生围绕问题对话,使问题衍生为知识表征或新的问题,问题成为师生关系的中介和对话的桥梁。对话的话题应是关键性的、有探讨价值的,或者是能够引发全局的。能凸显对话问题的焦点,问题才能够真正融会到教学中并产生导向作用。应重视两个条件:一是问题本身能激活学生的内在动机,即问题略高于学生接受阈限,使之产生认知冲突或疑惑,能达到激趣引思的效果。二是能够弥补问题的初始状态与目标状态间的缺失,且弥补的内容是发散的,弥补的结果是使学生认知结构出现量变或质变。教学对话运作的轴心是"问题"。要避免大而虚,单调平淡,缺乏启发性的问题。

(四)把握教学对话策略

这是教学对话的关键。要引导学生树立对话的意识。不要过多地探讨教师首先提问的策略和艺术,而应更多地思考怎样激发学生的问题意识。学生首先提问优于教师首先提问,可摆脱教师提问带来的束缚,更能产生学习的积极性并取得成功。要让学生明白,对话不仅是发言,也包括倾听;对话既是两个主体间的应答,也是多个主体间的交锋;既是人与人之间的言说、心灵的回应,也是人和世界万物的相互应答;既是听觉的,也是视觉和所有其他感觉的;既是知识的,也是精神的。要把握基本的对话规则。对话者之间要能够相互尊重、共同致力于主题的探讨。遵守自我约束的规则就使对话的有效性与深度有了可能。对话口语水平的高低能够显现出参与者思维的连贯性、深刻性等。离开了语言文字知识为基础,读写听说知识作指导,学生对语言运用规律的感悟就会浪费许多时日,思维力的发展就会受到制约。因此,教学对话需要加强相关知识的学习。个体的现实生活经验总不免单调,而文本及对话参与者能够呈现丰富而复杂的人性,通过对话,分享彼此的观念,实现着对现实人生有限经验的突破和超越。对话所提供的替代性满足,经验共享,让对话者诗意地栖居了自己的心灵。经验的唤醒与更新、交流与共享,实际上是教学对话中个体生命介入的重要标志。

(五)力避教学中的对话误区

这是教学对话有效性的保证。对话着意于在不同意见和见解之间建立一种互生关系,使师生在对话中精神相遇、心灵沟通,在思维同步、认知共振、情感共鸣中实现思想的升华。而教学中的假对话却可以削弱教学对话应有的作用。教师应力避以下教学对话误区:

①貌似启发的独白式对话。教师早有预定答案,学生对内容的理解和问题的解答异化为对教师和教参的理解。表面上看是教师循循善诱,以"点拨"的形式与学生问答,实质上是教师掌控着话语权,最终要求学生接受教师心中的唯一正确的"标准"答案。

②游离或偏离主题的对话。是指对话的主题与教学目标相背离或有一定距离,或在对话过程中不知不觉地偏离了主题。

③不具实质内容的对话。即无效对话,在一些粗浅的常识上绕来绕去,徒具问答的对话形式,实质上根本不用对话,学生自己也能很容易地弄懂问题。

④掩盖真实意图的对话。有时学生或在教师权威压力下,不敢、不愿表达自己的真实意图,或为讨好教师或为使自己获益而掩盖真实意图。教师为了树威信而掩盖真实意图,或为了鼓励学生而掩盖自己的真实意图。如教师本来回答不上学生的问题却鼓励学生间对话。

⑤思维互不转向的对话。表面上对话双方有来有往,争论激烈,实际上双方坚持各自立场,只想说服对方,而不去试图理解对方,对话在两条逻辑线上展开,根本没有思维的相互转向,心灵上的相互回应。辩论最后变成了双方交替进行的自言自语,对自家观点的坚守与捍卫。

第四节　数学课堂提问技能教学案例

伴随中学数学课程改革的不断深化,数学课堂中教师主导的教学方式有所改观,教师和学生的角色也发生了变化,教师从单纯的知识传授者转变为学生学习的促进者、课程的开发者和研究者。学生也从学习上的接受者转化为教学活动的参与者、问题的研究者和学习者。任何一种角色都要求师生具备较高的问题素养,但在课堂教学中我们发现,教师最缺乏的是生成问题能力,许多教师没有经过认真仔细的思考就随意提问不是问题的问题,而造成这些假性问题泛滥的原因就是教师问题意识的缺失。

反思型对话(教学反思)是教师以自己的教学活动过程为思考对象,来对自己所做出的行为、决策以及由此所产生的结果进行审视和分析的过程,是一种通过提高参与者自我觉察水平来促进能力发展的途径。但有些教师没能准确把握反思教学的本质,不顾及知识点本身的落实或者不考虑学生的现有水平和情感体验,造成"教师所思考的,即为学生所思考的"误区,使得课堂教学远离教学目标,反而降低了课堂教学效率。

面对课堂教学问题反思的不断推进,教学反思的过程是怎样的呢?以经验学习理论为基础,将反思型对话分为以下四个环节:具体经验→观察分析→抽象的重新概括→积极的验证。在此过程中,我们应如何来提高教师的反思能力,使反思后的教学能更好地服务教学目标,达到提高课堂教学效果的目的?

一、提问技能之一:生成问题链,反思"经验教学"

反思具体经验的目的是使教师意识到问题的存在,并明确问题情境。在此过程中,接触到新的信息是很重要的,他人的教学经验、自己的经验、各种理论原理,以及意想不到的经验等都会起作用。一旦教师意识到问题,就会感到一种不适,并试图改变这种状况,于是进入反思环节。这里关键是使问题与教师个人密切相关。使人意识到自己的活动中的不足,这往往是对个人能力自信心的一种威胁,所以,让教师明确意识到自己教学中的问题往往并不容易。

案例1:部分教师在教学中非常注重教学结论的传授,很少追求思维过程的挖掘。

在双曲线的渐近线的教学活动中,教师在按照课本上的说明论述了双曲线的渐近线后,为了学生能顺利求双曲线的渐近线方程,引导学生观察渐近线方程 $y=\pm\dfrac{b}{a}x$(即 $\dfrac{x^2}{a^2}-\dfrac{y^2}{b^2}=0$)与双曲线方程 $\dfrac{x^2}{a^2}-\dfrac{y^2}{b^2}=1$ 的关系,把求渐近线方程概括为:把双曲线方程中常数项变为零,分解因式得 $\left(\dfrac{x}{a}+\dfrac{y}{b}\right)\left(\dfrac{x}{a}-\dfrac{y}{b}\right)=0$,从而获得的两个二元一次方程 $\dfrac{x}{a}+\dfrac{y}{b}=0,\dfrac{x}{a}-\dfrac{y}{b}=0$,即为所求渐近线。

教学反思:从效果上看,由于把双曲线渐近线固定在两方程的特征联系上,学生不易把两种不同位置的渐近线斜率弄混,比记忆课本上给出渐近线公式要好。但是这样的经验传承过程没有弄清两者内在的联系,致使学生的数学思维更多的是停留在记忆层面,没有深层次的参与,如果课下不通过一定强度的反复强化,一段时间后很容易忘记。

生成问题链教学:

如果教师引导学生思考如下问题,就可有效促进学生思维的深度参与。

问题1 回忆椭圆性质的研究,我们从椭圆方程 $\dfrac{x^2}{a^2}+\dfrac{y^2}{b^2}=1$ 获得了两组不等式 $|x|\leqslant a,|y|\leqslant b$,从而确定了椭圆在由四条直线 $x=\pm a,y=\pm b$ 构成的矩形区域内,类比椭圆,你能确定双曲线所在区域吗?

问题2 区域边界线 $ay=\pm bx$ 和双曲线有何关系？

问题3 你能由双曲线方程的结构特征来揭示它们既无限接近又永不相交的原因吗？

如果学生思维无法进行下去,还可以用一些次问题继续启发引导:方程刻画了两个量 $\frac{x^2}{a^2}$, $\frac{y^2}{b^2}$ 相差1,仅用差值描述两个量的关系显然不能全面反映两个量的关系,比如1.1比0.1多1,10 000比9 999也多1,两组量的大小悬殊程度却大不相同。(这样学生自然会想到还可以用比值来衡量两个量的关系: $\frac{y^2}{b^2} : \frac{x^2}{a^2}$ $=\left(\frac{x^2}{a^2}-1\right) : \frac{x^2}{a^2}=1-\frac{a^2}{x^2}$。在 $x^2\rightarrow+\infty$ 时, $\frac{y^2}{b^2} : \frac{x^2}{a^2}=1$,即 $y^2=\frac{b^2}{a^2}x^2$。这比课本上的处理要容易理解得多!)

上述的问题设计会把学生的思维不断引向深层次的思考,揭示了渐近线方程和双曲线方程的内在联系,而且紧紧地把渐近线这一知识点固定在学生已有的多个认知点上。

二、提问技能之二:构建问题链,反思"教学分析"

观察与分析阶段,教师开始广泛收集并分析有关的经验,特别是关于自己活动的信息,以批判的眼光反观自身,包括自己的思想、行为,也包括自己的信念、价值观、目的、态度和情感。获得观察数据的方式可以有多种,如自述与回忆、观察模拟、角色扮演,也可以借助于录音、录像、档案等。在获得一定的信息之后,教师要对它们进行分析,看驱动自己的教学活动的各种思想观点到底是什么,它与自己所倡导的理论是否一致,自己的行为与预期结果是否一致等,从而明确问题的根源所在。这个任务可以由教师单独完成,但合作的方式往往会更有效。经过这种分析,教师会对问题情境形成更为明确的认识。

案例2:以《用二分法求方程的近似解》为例加以说明。这节课有两个问题需要学生去分析探究。

在引入新课教学中,教师通过游戏的引入,类似"幸运52"猜测教师西装价格,学生在猜测价格的过程中,报价高低是存在很大随意性的,学生的参与度很高。探究发现"逼近"这个重要思想,是让学生自己去发现,而不是教师告诉,学生接受。那么"逼近思想"能不能探索,怎样探索?

教学反思:在教学中发现,上述采用的方式对引导学生探索发现课本中的重要思想——"逼近思想"没有什么作用,只不过是表面热闹而已,而对本章的知识前后的连接是脱钩的。自我分析后,调整教学策略引用上节课的内容构成思考本节课问题的基础,成为这节课要学习的知识的生长点,效果会更好。

构建问题链教学：

问题1：你会求哪些类型方程的解？教师直接以解方程的形式切入主题，多媒体展示数学史资料(中外历史上的方程求解)从而激发学生兴趣。

问题2：复习上节课内容：函数零点的概念，函数零点附近两侧的函数值异号的特性，为本节课求方程的近似解提供依据，是本节课的生长点。

问题3：如何求方程的近似解？学生举例，师生探究：求方程解的问题就转化为求函数的零点问题；如何求函数的零点？由前面的复习知函数的零点一定在函数值异号的两个自变量之间，它也就是方程的解，再根据精确度的要求，逐步缩小区间。

问题4：探究怎样"缩小区间"。这是充分发挥学生想象力的最佳时机，让学生充分讨论实际上可以用"二分法"、"三分法"、"四分法"、"0.6分法"……比较后得到结论是二分法比较简捷一点：思想方法简单，所需的数学知识较少，算法流程比较简洁，收敛速度比较快，误差比较小，但也有它的局限性：无法用其求出方程偶次方根的近似解.

三、提问技能之三：设计问题链，反思"教学互动"

教师通过观察分析反思后，并积极寻找新思想与新策略来解决所面临的问题。由于针对教学中的特定问题，而且对问题有较清楚的理解，这时寻找知识的活动是有方向的、聚焦式的，是自我定向的，因而不同于传统教师培训中的知识传授。新课程强调：力求通过各种不同形式的自主学习、探究活动，让学生体验数学发现和创造的历程，发展他们的创新意识。教学设计时教师要立足于学生的原有知识，循序渐进，立足于能激发学生进行积极有益的思考。课堂上，要提供适当的思考时间与空间，让学生能真正参与到课堂教学中来，使他们的学习过程成为在教师引导下的"再发现"和"再创造"过程，切忌将过程流于形式，降低学生思维层次的参与。

案例3：高中数学必修五第三章"二元一次不等式(组)与平面区域"以问题为教学手段探究一元二次不等式表示的平面区域。

设计问题链教学：

目标弱化：二元一次不等式表示什么图形呢？我们先从二元一次不等式 $x-y<6$ 的解集开始研究。

问题1：二元一次方程 $x-y=6$ 的解集是什么图形？

问题2：在平面直角坐标系中，所有的点被直线 $x-y=6$ 分成几类？

问题3：如何判断点在直线上？

问题4：以不等式 $x-y<6$ 的解为坐标的点与直线 $x-y=6$ 有怎样的位置

关系?(提出问题后,紧接着教师用多媒体,结合图形,提出了如下新问题)

问题5:如果(x,y_1)是直线$x-y=6$上的点,则$x-y_1=6$。当$y_1>1$时,点(x,y)是否满足$x-y>6$?(学生回答:满足)

问题6:那么请大家在图像上看一下(教师多媒体演示),此时点在直线$x-y=6$的左下方,还是在它的右上方?(学生回答:在直线的左下方。教师分析:只要$y_1>y$,点(x,y)都满足$x-y>6$,此时点(x,y)都在直线的左下方。因此,我们可以得到一个结论,满足$x-y>6$的点应该在直线$x-y=6$的左下方。同样,我们可以发现满足$x-y<6$的点应该在直线$x-y=6$的右上方。)

问题7:从特殊到一般地,在平面直角坐标中,直线$Ax+By+C=0$的两侧分别为$Ax+By+C>0$和$Ax+By+C<0$?(多媒体演示).

问题8:怎样判断一元二次不等式$Ax+By+C>0$表示的平面区域在直线$Ax+By+C=0$的哪一侧呢?(学生领悟:既然在直线$Ax+By+C=0$的同一侧的$Ax+By+C$符号都一样,只要验证一个点就行了。)

教学反思:问题1到问题4设计于学生的现有发展区,问题5中教师借助多媒体演示的整个内容应该是学生探究的本质内容。课堂上,教师紧紧地牵引着学生的思维,学生没有积极思考的时间,更谈不上思维程度上参与,这样的讲授与传统教学中把结果直接教给学生没有二样。如果教师能"倾听"学生的"声音","领会"学生认知需求,然后进行有针对性的指导和引领,这样效果就会大不一样,例如进行到问题4后,教师不急于给出问题5,追问"以不等式$x-y>6$的解为坐标的点在哪儿",而是通过学生思考后,组织他们讨论后获得猜想,进而引导学生证明,最后引申到一般形式,就能让学生真正地进行探究活动。重视过程,必须从学生的实际出发,问题的设计要有利于学生的积极参与,能让他们达到真正思维程度上的参与。

四、提问技能之四:创新问题链,反思"习题教学"

积极的验证阶段,这时要检验上阶段所形成的概括的行动和假设,它可能是实际尝试,也可能是角色扮演。在检验的过程中,教师会遇到新的具体经验,从而又进入具体经验第一阶段,开始新的循环。

教学行为的本质在于使学生受益,教得好是为了促进学得好。在讲习题时,当我们向学生介绍一些精巧奇妙的解法时,特别是一些奇思妙解时,学生表面上听懂了,但当他自己解题时却茫然失措。数学问题的产生都有其内在的数学情境。

案例4:如在不等式的复习课中典型的教学习题:

已知$a,b\in\mathbf{R}^*$,且$a+b=1$,求证:$\left(a+\dfrac{1}{a}\right)^2+\left(b+\dfrac{1}{b}\right)^2\geqslant\dfrac{25}{2}$。

课堂中学生提供了几种不同的证明方法,而后教师让同学观察这个不等式的特征。学生进行有目的的主动探究:有学生说它具有对称轮换性;有学生说右边的数值是左边的式子的最小值;有的说这个最小值可以利用均值不等式"一正、二定、三相等"的原理求得,只要 $a=b=\frac{1}{2}$,就可以得到左边的最小值 $\frac{25}{2}$。

创新问题链:

受了以上三位学生的启发,有学生提出了一个个大胆的设想,他说根据以上特征可以编制一些新的不等式。如 $a,b,c\in\mathbf{R}^*$ 且 $a+b+c=1$,则有

(1) $\left(a+\frac{1}{a}\right)^2+\left(b+\frac{1}{b}\right)^2+\left(c+\frac{1}{c}\right)^2\geqslant\frac{100}{3}$;

(2) $\left(a+\frac{1}{a}\right)\left(b+\frac{1}{b}\right)\left(c+\frac{1}{c}\right)\geqslant\frac{1000}{27}$;

(3) $a^2+b^2+c^2\geqslant\frac{1}{3}$……。

不等式右边的数是将 $a=b=c=\frac{1}{3}$ 代入得到的,当然将变量再增加还能得出一些新的不等式。对所编的不等式是否能成立,这样的想法是否具有普遍意义呢?学生的问题意识顿时调动起来了,纷纷编题验证,至于题目的证明可留给学生课后完成。

教学反思:一个教学例题的结束,恰恰是新的联结的开始,否则探究、创新就失去意义。在课堂教学中,创设的情境要符合学生的"最近发展区",创设问题的深度要稍高于学习者原有的知识经验水平,具有一定的思维容量和思维强度,使学生需要经过努力思考,"同化"和"顺应"才能解决问题。也就是我们常说的摘果子时,需"跳一跳,够得着"。事实表明,创设的问题越是新颖和接近,越具有强烈的对比度,越容易诱发学生的认知冲突,学生的注意力就越容易被吸引,同时激发他们的好奇心,从而产生强烈的探索欲望。至于学生最后得出的结论是否正确,这并不重要,重要的是学生参与了这样富有创造意义的主动探索,使自己的创新思维能力得到了锻炼和提高,在自求通达的过程中可以体验学习的艰辛和快乐。

通过分析反思型对话过程,我们发现,教师在开展课堂教学时应注意:教学经验传授的合理性、教学分析探究情境创设的合理性、互动教学设置的合理性、习题教学挖掘的合理性等。教学反思后生成问题意识,有利于提高教师的教学素养,有利于提高课堂教学效率,有利于教与学的有机结合,有利于开展师生的主导主体协作学习,有利于探究教学的合理化、规范化。

实践与思考

1.谈谈数学课堂对话技能在课堂教学中的作用。

2.自选观看一段数学课堂教学对话技能的录像,说出在这段教学过程中,教师是如何运用对话技能的。

3.选择一个教学片段,对对话技能进行实践,并说明:

(1)教学目的是什么?

(2)为什么选用这种类型的对话?

(3)请结合对话的原则和注意事项,对自己的对话进行总结。

第八章 数学课堂变化技能

　　要把教学信息准确生动地传递给学生,激发学生学习的积极性,首先是要吸引学生的注意,这就要求教师运用各种变化。有经验的教师在课堂上得心应手地运用变化技能来组织教学活动,阐述教材内容。因此,变化技能是每一位教师都应该很好掌握的基本教学技能。我国教育工作者常用"文似观山不喜平"来形容教学中的变化,国外教育工作者也有"变化是兴趣之母"的说法。合理地使用变化技能可以使教学充满生气,有效地提高课堂教学效果。

第一节　数学课堂变化技能概述

一、变化技能的定义

　　变化技能是指教师在进行教学的过程中,变化教态、教学媒体、师生相互作用的方式,变化对学生的刺激方式,引起学生有意注意和兴趣,减轻学生的疲劳,引导学生愉快、主动地从不同角度去建构数学认知结构及维持良好的学习秩序的一类教学行为能力。

　　课堂教学中的变化多表现为刺激的变化,但这种刺激的变化并不仅仅是刺激等级的变化及增强学生的惊觉反应。有充分的生理证据表明,刺激的变化对学生所产生的作用是通过影响大脑中枢的网状结构系统来完成的,它可以获得并抓住学生的注意。在教学中获得学生的注意是进行教学的基本条件。因此,变化技能的运用对课堂教学有着重要的意义。

二、变化技能的特点与功能

(一)变化技能的特点

变化技能的特点主要有：

1. 刺激性

学生较长时间在同一教学方式、同一种教学氛围和同一种教学媒体中活动,则他们的思维、灵感和注意程度都会陷入低迷状态。这时,变化技能的运用,可以刺激学生的思维,使学生注意力重新回到教学内容上。因此,这时的变化呈现出刺激性的特点。

2. 强化性

无论是从理论上,还是在教学实践中,任何单一的感官很难完成一节课信息的全面接收。变化技能的运用,也就是利用学生的多种感觉器官来传递教学信息。通过不断变换,不但可以使学生减轻疲劳程度,而且可以更有效地强化信息的接收,从而呈现出强化性的特点。

3. 激发性

学生在课堂上情绪的变化受教师行为的制约,教师的表情、眼神、身姿、手势,无不影响着学生内心的好恶、心境和态度,进而对学生的情绪产生极大的暗示性和感染力。因此,教师通过一连串变化技能的运用,就能营造轻松愉快的学习氛围,激发学生的参与热情,并保持学习兴趣,从而呈现出激发性的特点。上面提到的刺激性强调变化的短暂性,即改变一时的情绪状态,使学生的注意力重新回到教学活动中;而这里的激发性,强调变化的持续性,激发一种情感,即学生的学习热情或兴趣,从而使学生长时间自觉地维持对教学活动的注意力。

(二)变化技能的功能

变化技能的功能有：

1. 激发并保持学生对教学活动的注意力

教学过程是学生有意注意与无意注意交替运用、共同发挥作用的认知过程。单靠有意注意支撑学习会使学生感到疲劳,难以持久。教师运用相应的变化技能,对于集中学生注意力,往往比单纯用语言提示更有效。如讲课过程中富于变化的表情,抑扬顿挫的语调,松紧适中的节奏,配以指引性、加强性手势,自觉地变换位置、身体朝向、视线及与学生的空间距离等,都会使学生的注意力被激发,从而长时间保持在教学活动上。但在课堂上,学生只靠无意注意学习,也是难以完成学习任务的,这就需要教师采取策略使学生的上述两种注意有机地交替转换,而这常常需要运用变化技能。

2. 调动学生建构新的知识结构

对于同一特定的数学知识，每个人的观察点会有所不同，使用的方法当然也会不同。不仅师生之间对同一数学知识存在不同的看法，就是学生之间也存在不同的看法。"横看成岭侧成峰，远近高低各不同。"没有任何两个人的原有数学知识结构是相同的。而通过变化技能的运用，教师可调动学生从不同角度、用不同的方法认识数学知识，便于学生建构起新的数学知识结构。而且通过这种方式建构起来的数学知识结构无疑是牢固的，因为它是建立在学生原有知识结构上的，且与原有知识结构紧密结合。

3. 激发学生的兴趣，营造良好的学习气氛

课堂教学中，教师的言行举止深刻地影响着学生对数学内容的参与和喜爱程度，同时，学生是否积极参与教学活动也直接影响着教师的言传身教。教师进行各种教态的变化、教学媒体的变化、师生相互作用的变化以及教学内容表现形式的变化等，可以刺激学生的思维而引起其大脑兴奋中心的转移，引发无意注意，并使之转向有意注意，激活和促进其智力活动，唤起学生的学习热情，以形成轻松愉快的课堂学习气氛和良好的思维环境。

4. 提供学生参与教学活动的机会

由于学生的数学知识基础及认知水平有所不同，教师必须对教学内容精心安排，并根据学生在课堂中的实际需要，适时对教学内容做出调整，才能真正做到因人而异、因材施教。针对学生的不同认知层次进行相应的教学调整，可以尽可能地照顾到每一个学生，调动起学生参与教学活动的积极性和主动性，增强学生对数学学习的兴趣和信心，更好地发挥学生的主体作用。教师在向学生呈现教学内容、传递信息时，运用变化技能有针对性地对不同水平的学生采取不同的表述方式，就能使学生比较顺利地接受信息，进行思考并作出反应。例如，让学生分析"一元二次不等式 $ax^2+bx+c>0(a\neq0)$ 的解集为空集或者全体实数"的条件时，对学习较好的学生可以只用语言提问，对学习差一些的学生可以用二次函数 $y=ax^2+bx+c$ 的图像启发思考。采用灵活变化的方式进行教学，可以调动更多的学生积极主动地参与课堂教学活动。

第二节　数学课堂变化的类型

实际课堂教学中的变化是丰富多彩的，任何分类方法似乎都不能令人满意。我们将变化技能大致分为三类：教态的变化、信息传输通道及教学媒体的变化和师生相互作用的变化。

(一)教态的变化

教态的变化是指教师讲话的声音、教学中使用的手势和身体的运动等变化。这些变化是教师教学热情及感染力的具体体现。教态变化的使用不需要借助其他工具就可以实现,因此是最基本、最常用的变化技能。

1.声音的变化

声音的变化是指教师讲话的语调、音量、节奏和讲话的速度。这些变化在吸引学生注意力方面具有显著效果,可使教师的讲解、叙述富有戏剧性或使重点突出。声音的变化还可用来暗示不听讲或影响其他学生听讲的学生,使他们安静下来。一位有经验的教师在吸引学生某事之后,开始把声音变弱以平稳低沉的语调接着讲解,学生会更加专心地去听。而一位经验不足、缺乏训练的教师往往不会运用声音的变化。当课堂气氛热烈,学生在议论某事时,为了使学生安静下来,他可能会加大音量说:"别讲话了!""请安静!"这种方法一般不易奏效,而且会影响学生的学习热情和教师威信。讲话速度的变化也是引起注意的一个因素。当教师从一种讲话速度变到另一种速度时,已分散的注意会重新集中起来。在讲解或叙述中适当使用加大音量、放慢速度可以起到突出重点的作用,如果再加上手势的变化,效果会更好。

2.语言节奏的变化——停顿

停顿在特定的条件和环境下传递着一定的信息,也是引起注意的一种有效方式。在讲述一个事实或概念之前作一个短暂的停顿,能够有效地引起学生的注意。在讲解中间插入停顿,也可起到同样的作用。停顿的时间一般为三秒左右,这样的停顿足以引起学生的注意。时间过长则令人难以忍受。对新教师来说,他们往往害怕停顿和沉默。当出现沉默时,他们常常用重复陈述来填补。而有经验的教师则善于运用停顿的时机,为学生思考或集中注意留出时间。恰当地使用停顿和沉默并与声音变化结合起来,会使人感到讲解的节奏而不觉枯燥。

例如,"直线与圆的位置关系"一课中的导入片段:

师:同学们,今天的太阳是从东边出来吗?(然后就停顿,引起同学们的注意,展开这节课的学习。)

生:是。(他在回答时又同时在思考:"今天数学老师为什么问这样的一个问题?")

师:我们将地平面看做一条直线,太阳的最外一周是个圆,那么太阳升起的过程就是直线与圆的位置关系。(引出主题)

3.目光接触的变化

眼睛是心灵之窗,它是人际感情交流的重要方式。有实验研究表明人在兴奋或对事物感兴趣时,瞳孔变大,反之变小。教学中教师应利用目光接触与学生增加感情上的交流。

在日常生活中,人在谈话中是相互对视的。讲话者要与倾听者建立良好的交流关系,他应该在70％左右的时间内注视着对方并使对方感觉到这种注视。这样,谈话才能继续。倾听者在谈话中若对所谈内容感兴趣会注视讲话者,若一半时间不注视讲话者则说明他对对方所讲的内容不感兴趣,他的表现是对讲话者的一种暗示或挑战。作为教师,讲话时要面对全体学生,使用从注视全班到部分学生的变化方法。与每个学生都有目光接触会使学生对教师增加信任感,喜欢听讲。从走进教室的一刻起,老师就要有意识地用自己和蔼、信任的目光,尽可能平均地投向全体学生,这不仅会大大缩短师生间的心理距离,还会让每一位学生,有一种被重视感、被关注感,有利于师生间的情感交流。从与学生的目光接触中教师还可以获得信息反馈,了解学生对讲解的内容是否感兴趣,是否在注意听讲。在教学中,特别是在教学内容的讲解和提问中,教师切忌目光游离不定,注视天花板或窗户。这对师生之间的信息交流是十分不利的。

教师还要学会在不同的情境下给学生送去不同的眼神:当发现有学生注意力分散时,用目光去暗示、提醒;当学生回答问题胆怯、畏缩时,用目光去鼓励、支持;当学生犯错误时,目光应严厉而诚恳;当学生有所进步时,应换成赞许、信任的目光。特别是对一些后进生切忌用鄙视、厌恶、轻蔑的目光对待他们,那会损伤他们的自尊,使他们产生逆反心理,而用一种期待、信任的目光,会让他们看到希望,增添力量。

教师要善于用自己的目光与学生的目光进行畅快的"对话",将学生的活动"尽收眼底",用目光施加影响。教师与学生目光接触的变化运用得好,会给学生留下深刻的,甚至终生难忘的印象。

4.面部表情的变化

情感是打开学生智力渠道闸门的钥匙,这一点已被现代心理学的研究所证明。课堂上师生之间情感的交流是形成和谐的教学气氛的重要因素。在师生情感的交流中,教师的表情对激发学生的情感具有重要作用。许多教师都懂得微笑的意义,他们即使在十分疲倦或身体不适的情况下,只要一走进教室也总是面带微笑。学生会从老师的微笑中感受到老师对他们的关心、爱护、理解和友谊。在师生之间情感的交流中,学生会从爱教师、爱上教师的课到欣然接受教师对他们的要求和教育。

5.头部动作和手势的变化

教师的头部动作和手势也可以传达丰富的信息,是与学生交流情感的又一种方式。在与学生交流过程中,学生可以从教师的点头、摇头等动作获得回答问题或调整回答的鼓励。教师这样做既鼓励了学生,又可不中断学生的回答,使学生感到良好的民主气氛。这使得学生愿意谈自己的意见和感受,激励他们回答问题,主动地参与教学活动。

教师不满意学生的回答或行为时,可以运用摇头、耸肩和皱眉等方式来委婉地表达自己的感情。这比用语言直接表达更易于被学生接受,更富于表现力。

教师运用手势可以帮助学生理解与方位、数量、事物层次等有关的概念和要点。恰当地运用手势配合口头语言表达可以加重语气、突出重点,使学生加深印象。

6.身体位置的变化

身体的移动是指教师在教室内身体位置的变化。身体的移动有助于师生情感的交流和信息传递,使课堂变得有生气。如果教师总站在课堂的一个位置,课堂会显得单调而沉闷。恰当地运用身体移动能激发学生的兴趣,引起注意,调动学生学习的积极性。

教师在课堂上的移动大体有两种:一种是在讲课时由于板书和讲解的需要在黑板前走动;另一种是在学生回答问题、做练习、讨论、做实验时,教师在学生中间的走动。从讲台上下来,走到学生中间可以密切师生关系,利于师生间感情的交流。在走动中教师还可以对学生进行个别辅导,解答疑难,检查和督促学生完成学习任务。

(二)信息传递和教学媒体的变化

人对客观事物的感知是通过五种感官来完成的。有关外部世界的信息经过这五种感官传递给大脑。为了获得对客观事物的全面了解,这五种感官必须协同活动才能完成,任何单一感官不可能完成对客观事物的全面认识。从信息传输理论来看,每一种信息传输通道(与人类感官相对应)传递信息的效率不同,容易疲劳的程度也不同。所以,在教学中只有适当地变换信息传输通道,尽可能地使用学生的不同感官,才能有效地、全面地向学生传递教学信息。

1.视觉通道和媒体

视觉教学媒体是指投影片、幻灯、图表、照片、录像、实物等。视觉通道是各感官中效率最高的,能引起学生的兴趣,但学生容易疲劳。使用时要注意变换。

2.听觉通道和媒体

听觉通道传递教学信息效率虽不如视觉通道高,但学生不易疲劳。且能为学生展开想象留有充分的余地,在教学中的使用率最高。通常中学课堂教学听觉通道的使用占70%,小学占50%。在教学中录音和录像资料等视听觉媒体与教师的讲解、提问交替使用是完成教学任务的主要方式。

3.触觉、嗅觉通道和学生的操作

触觉和嗅觉感官能获得其他感官不能获得的信息。在许多自然学科的教学中注意使用这两种感官可为学生认识事物、促进学习提供全面的信息。在教学中教师还要为学生提供动手操作的时间和机会,培养学生的动手能力。

(三)师生相互作用的变化

在课堂上教师、学生和教学内容三者之间存在着相互作用。学生在教师指导下学习教学内容,完成学习任务。由于教学观念的改变,当前人们对教师与学生相互作用的方式的认识也随着改变了。过去人们认为,教师讲学生听是天经地义的事情,对提问的认识也仅停留在教学内容的需要上。现代的师生相互作用观念认为,课堂上师生之间的相互作用是十分复杂的。为了降低这种复杂性,便于对课堂教学分析,为提高教学质量寻找规律,我们需要一种能概括师生相互作用的方式。

1.师生交流方式的变化

在课堂教学中教师应采用多种方式与学生交流,了解学生的想法、学习中的问题,以便获得全面的教学信息反馈。这些交流方式有:教师与全体学生,教师与个别学生,学生与教师,学生与学生,学生与教学内容。这看起来似乎很简单,但从我国目前的课堂教学实践来看,师生交流主要还是以教师与学生的方式进行的。这方面的技能,尚需要加强训练。

2.学生活动安排的变化

在课堂教学中,应根据需要安排一定的时间用于学生的个别学习、小组讨论和学生实验等,以激励学生对参与教学的兴趣,让他们练习如何听取别人的意见,培养他们的独立思考能力。

第三节 数学课堂变化技能的实施

数学课堂变化技能是一项展现教师个性和教学风格的教学技能。教学的理论与实践研究为变化技能提出了一些一般性的规律法则,这在实际的教学中是非常实用的,应引起充分的重视。

一、变化方法的实施

(一)教态的应用

一般来说,教态的选择,一要考虑学生是否可以接受。不要做了一个动作后,学生没几个人明白,或者这个动作学生并不喜欢。二要考虑是否符合教学的需要。不同的教学内容在教态上的选择也是不同的,不能任何内容都选择同样的教态,要善于根据不同的情境选择不同的教态。三是考虑是否适度。频繁地更换教态,会让学生眼花缭乱,反而对教学内容的学习产生不好的影响。

例如,《棱柱、棱锥、棱台结构特征》一课中的教学片段:

师:"不识庐山真面目,只缘身在此山中。"此刻,我们初坐在宽敞、明亮的教室里,对于陪伴我们学习,呵护我们成长的教室,大家是否注意过它?

生:(笑)没有。

师:(还之以笑)这我是知道的,大家上课是向来不分心的。不过,今天我们还真得"分分心",看一看教室,给我们什么样的形象?

生:棱柱,四棱柱,长方体(学生众口不一,从不同角度回答)。

师:是啊,我们认识周围的物体,往往先从"形"的角度把握它们,描述它们的几何结构特征。今天,我们一起跨进立体几何的大门,来领略空间中的数学美。

点评:教师恰当地运用了视觉媒体的变化,将学生的视线由教师引向了教室,此时教室就成为视觉媒体的一种,也是与教学内容相关的实物模型。在这种变化中,学生不仅缓解了视觉疲劳,而且为棱柱的学习增加了感性认识。虽然说多媒体作为视觉媒体的一种,近年来受到教师们的欢迎,但仅从缓解视觉疲劳和简便实用两方面来说,作用不如实物模型。因此,当教学内容可以通过实物模型来展示时,选择实物模型是不二之选。

(二)信息传递和教学媒体的应用

在教学媒体的设计中,依据教学内容的特点和学生的认知特点,首先设计教学中认知内容的发展过程,即根据教学目标,将教学内容分解为相互联系的几个部分,各部分都有一个明确的阶段性认知目标,然后将各个部分按照知识内容本身的逻辑意义和学生认知的规律,安排成一个有机的序列。在此基础上,再考虑各个部分应分别采用何种形式的信息通道与听觉、视觉、触觉通道,或视听结合的通道。例如,在视觉通道中,是选择板书、板画,还是实物、模型、电影电视等,通常只有感性认知特点的内容选用比较直观的媒体,如实物、模型、实验演示等;具有理性认知特点的内容选用比较抽象的媒体,如板书、板画、语言分析等。

问题情境要有一定的数学内涵,要有足够的数学信息,要有利于学生的思考。问题情境不要只是求一时热闹、好玩,只考虑到观赏性,而失去应有的"数学味"。要能够使学生通过教师的讲解分析发现其中所蕴含的数学信息,进而解决相关的数学问题。例如在典型例题的教学中有如下一例。

例:设函数 $f(x)$ 是定义在 $(-\infty,+\infty)$ 上的增函数。如果不等式 $f(1-kx$

$-x^2)<f(2-k)$ 对任意 $x\in[0,1]$ 都成立，求实数 k 的范围。

大部分学生列出 $1-kx-x^2<2-k$ 式子后，设 $g(x)=x^2+kx-k+1>0$ 后，就用 $\Delta=k^2-4(-k+1)<0$ 来求 k 的范围，犯了将函数局部的性质作为整体性质来解题的错误。当然教师可以直接通过讲解的方式来纠错，但最好的做法应该是让学生自己发现错误、纠正错误。因为建立的不等式 $\Delta<0$ 是对任意 $x\in(-\infty,+\infty)$ 成立，而题设仅是任意 $x\in[0,1]$ 都成立，误把必要条件当做充分条件来处理。为了让学生对此有一个感性认识，如果用多媒体课件展示 k 的取不同值时函数的图像，这样学生就很容易找出错误的原因并求出正确的结果。

又如讲解"函数 $y=A\sin(\omega x+\phi)$ 的图像"时，先用五点作图法作出函数 $y=\sin x$ 和 $y=\sin\left(x+\dfrac{\pi}{3}\right)$ 的图像。学生发现后者的图像可由前者的图像向左平移 $\dfrac{\pi}{3}$ 个单位得到。接着问：如何由函数 $y=\sin 2x$ 的图像得到 $y=\sin\left(2x+\dfrac{\pi}{3}\right)$ 的图像？很多学生立即回答：向左平移 $\dfrac{\pi}{3}$。这时反问："对吗？请用五点作图法对其结果进行验证。"验证的过程使学生发现了问题，反思思维展开，对平移规律的探究也就成为必然。

(三)师生相互作用方式的应用

在师生相互作用的设计中，要依据教学内容及学生情况设计相应的活动方式。一般对于感性认识阶段的教学内容，采取教师与全体学生、学生与教学媒体的形式，某些需要学生充分感知的内容也可采用学生小组实验和小组讨论的形式。对于抽象理性认识阶段的教学内容，通常采用教师与个别学生、教师与全体学生及学生与学生的形式。而对于突发的情况，教师应及时作出变化的选择，不能固守预设方案，以便化被动为主动，既不损伤学生学习的积极性，又不慌慌张张去弥补耽误的时间。

变化案例之一：探索互动教学模式的构建

美国心理学家布鲁纳认为："探索是数学的生命线。"在数学课堂教学中，教师创设情境，为学生构建一种开放的学习环境，教师通过提问引思，师生探索互动，建立模型，并加以应用与拓展，从而引起学生探索的兴趣，达到课堂教学的目标效能。笔者利用下述问题，构思了一堂习题课，将以问题变化，进行引申推广，一方面培养学生发现知识的兴趣和探索问题的能力，使学生在互动探索中发现变化的事物中存在的规律；另一方面使学生获得学习情趣的感悟和体验，并学会与他人的合作学习。

1. 问题提出

在某次数学考试中，学号为 $i(i=1,2,3,4)$ 的同学的考试成绩为 $f(i)\in\{85,87,88,90,93\}$，且满足 $f(1)\leqslant f(2)<f(3)<f(4)$，则这四位同学的考试成绩的所有可能情况有_____种。

（教师让学生自己求解，并要求先完成的同学举手示意。大约过了三分钟，大部分同学还在埋头运算时，有同学表示已经完成，教师及时请他起来讲解思路。

生：分两种情况进行讨论：若 $f(1)<f(2)<f(3)<f(4)$，则需从集合中的 5 个元素中取 4 个元素，由于顺序一定，所以有 C_5^4 种；若 $f(1)=f(2)<f(3)<f(4)$，则只需从集合中的 5 个元素中取 3 个元素，所以有 C_5^3 种；所以共有 $C_5^4+C_5^3=15$ 种可能情况。

师：很好！同学在解较复杂问题时比较困难，无从下手。解此例的关键，是将问题转化为上述两种情形，然后用组合方法解之。

2. 问题引申情境

通过本题的解答，启示学生这样设想：元素中间的连接号"$<$"、"$=$"中，考虑"$=$"的个数不同又有什么区别？

（引导学生发现问题当中"共性"的规律，激发学生更大的学习情趣。）

生：设想：元素中间的连接号"$<$"、"$=$"中，考虑"$=$"的个数为两个，即若将题设条件改为 $f(1)\leqslant f(2)<f(3)\leqslant f(4)$，其他条件不变，问题会有什么变化呢？

（经过片刻思考，学生举手发言。）

生：这时需要考虑下列四种情形：

(1) $f(1)<f(2)<f(3)<f(4)$，有 C_5^4 种；

(2) $f(1)=f(2)<f(3)<f(4)$，有 C_5^3 种；

(3) $f(1)<f(2)<f(3)=f(4)$，有 C_5^3 种；

(4) $f(1)=f(2)<f(3)=f(4)$，有 C_5^2 种。

故可能情况共有 $C_5^4+2C_5^3+C_5^2=35$ 种。

生：若将题设条件改为 $f(1)\leqslant f(2)\leqslant f(3)\leqslant f(4)$，其他条件不变，问题又会有什么变化呢？

师：这个问题提得很好！出现多个等号时，问题就变得更复杂，我们又如何解答呢？比刚才多讨论几种情况呢？

（在课堂中展开分小组讨论，后有小组总结后指定一代表分析讲解。）

生：我觉得此时除了刚才上述四种情形外，还需考虑：

(5) $f(1)<f(2)=f(3)<f(4)$，有 C_5^3 种；

(6)$f(1)=f(2)=f(3)<f(4)$，有 C_5^2 种；

(7)$f(1)<f(2)=f(3)=f(4)$，有 C_5^2 种；

(8)$f(1)=f(2)=f(3)=f(4)$，有 C_5^1 种。

故可能情况共有 $C_5^4+3C_5^3+3C_5^2+C_5^1=70$ 种。

（结论得到各小组的同意认可。这时一小组成员提出了新的发现并试问?)

生:"1,3,3,1";"4,3,2,1",老师这里好像有什么规律？

（教师脸上露出十分奇异的表情。运用他多年的课堂教学技巧,抓住学生智慧的闪光点,进行分析深入探索。）

师:这位同学观察得很仔细、很及时,给我们新的启示:在上述设想中,由于条件的变换,能探索其规律吗？

教师和学生一起讨论,发现可以从另一个角度思考上述问题:在连接 $f(1)$, $f(2)$,$f(3)$,$f(4)$ 的"<""="中,考虑"="的个数的各种情形:

(1)三个连接符号中含 0 个等号,有 $C_3^0C_5^4$ 种可能;

(2)三个连接符号中含 1 个等号,有 $C_3^1C_5^3$ 种可能;

(3)三个连接符号中含 2 个等号,有 $C_3^2C_5^2$ 种可能;

(4)三个连接符号中含 3 个等号,有 $C_3^3C_5^1$ 种可能。

故可能情况共有 $C_3^0C_5^4+C_3^1C_5^3+C_3^2C_5^2+C_3^3C_5^1=70$ 种。

3.问题推广情境

为了使学生对排列组合的技能应用更加完善,教师不失时机地提出一个开放性问题供学生再思考。

在某次考试中,学号为 $i(i=1,2,3,4,\cdots,m)$ 的同学的考试成绩 $f(i)\in\{a_1, a_2,a_3,\cdots,a_n\}$,$a_1<a_2<a_3<\cdots<a_n$,且满足 $f(1)\leqslant f(2)\leqslant f(3)\leqslant\cdots\leqslant f(m)$,这 m 位同学的考试成绩的所有可能情况有多少种？

（学生分组进行讨论,然后由各小组选一名成员进行交互作答,或加以补充。）

生:用类比的方法。在连接 $f(1)$,$f(2)$,$f(3)$、$f(4)$,$\cdots$,$f(m)$ 的"<"、"="中,考虑"="的个数的各种情形:

(1)$m-1$ 个连接符号中含 0 个等号,有 $C_{m-1}^0C_n^m$ 种可能;

(2)$m-1$ 个连接符号中含 1 个等号,有 $C_{m-1}^1C_n^{m-1}$ 种可能;

(3)$m-1$ 个连接符号中含 2 个等号,有 $C_{m-1}^2C_n^{m-2}$ 种可能;

……

(m)$m-1$ 个连接符号中含 $m-1$ 个等号,$C_{m-1}^{m-1}C_n^1$ 种可能。

故可能情况共有 $C_{m-1}^0C_n^m+C_{m-1}^1C_n^{m-1}+C_{m-1}^2C_n^{m-2}+\cdots+C_{m-1}^{m-1}C_n^1$ 种。

（在一系列类比问题中发掘出相同的规律,学生增强了学习数学的自信心,感到了数学的奇妙和数学中的美,情绪更加高涨。)

生:如何计算 $C_{m-1}^0 C_n^m + C_{m-1}^1 C_n^{m-1} + C_{m-1}^2 C_n^{m-2} + \cdots + C_{m-1}^{m-1} C_n^1$ 呢?

师:慧眼!这位同学提出的问题,是解题过程中的思维的"凝滞点",我们应如何突破?(一石激起千层浪,学生的主体性更强,积极参与思考和讨论。)

生:从结构上看,联想到二项式定理,由 $C_{m-1}^0 + C_{m-1}^1 + C_{m-1}^2 + \cdots + C_{m-1}^{m-1}$,考虑 $(1+x)^{m-1}$;由 $C_n^m + C_n^{m-1} + C_n^{m-2} + \cdots + C_n^1$,考虑 $(1+x)^n$,因此考虑 $(1+x)^{m-1}(1+x)^n = (1+x)^{n+m-1}$,展开式中 x^m 项的系数,左边为 $C_{m-1}^0 C_n^m + C_{m-1}^1 C_n^{m-1} + C_{m-1}^2 C_n^{m-2} + \cdots + C_{m-1}^{m-1} C_n^1$,右边为 C_{n+m-1}^m。

故 $C_{m-1}^0 C_n^m + C_{m-1}^1 C_n^{m-1} + C_{m-1}^2 C_n^{m-2} + \cdots + C_{m-1}^{m-1} C_n^1 = C_{n+m-1}^m$。

生:这个式子和组合数定理很相似,它们之间又有什么关系呢?

……

师:同学们对上述问题的探讨很精彩,展现了知识的交汇,又很好地运用了已掌握的数学知识加以解释,这体现了数学知识与实践的融合,以及在课堂教学中的探索合作学习能力的培养。刚才的问题请同学们课后再进行研究学习,结果请公布在班内的学习窗内。

……

4.创设情境的效果

课后,有的学生通过查找相关资料,在有关组合数学的资料中给出了问题的数学模型:已知的问题实际上是一个重复组合问题,"从 n 个不同元素中任取 m 个允许元素重复出现的组合称为 n 个不同元素的 m 可重组合"。

定理:n 个不同元素的 m 可重组合的个数为 C_{n+m-1}^m。

证明:设 $(a_1, a_2, a_3, \cdots, a_m)$ 是取自 $\{1, 2, \cdots, n\}$ 中的任一 m 可重复组合,并设 $a_1 \leqslant a_2 \leqslant a_3 \leqslant \cdots \leqslant a_m$,令 $b_i = a_i + i - 1 (1 \leqslant i \leqslant m)$,从而 $b_1 = a_1, b_2 = a_2 + 1, b_3 = a_3 + 2, \cdots, b_m = a_m + i - 1$,显然下面两组数是一一的:

$a_1 \leqslant a_2 \leqslant a_3 \leqslant \cdots \leqslant a_m$

$1 \leqslant a_1 < a_2 + 1 < a_3 + 2 < \cdots < a_m + m - 1 \leqslant n + m - 1$

设 $A = \{(a_1, a_2, a_3, \cdots, a_m) \mid a_i \in \{1, 2, \cdots, n\}, a_1 \leqslant a_2 \leqslant \cdots \leqslant a_m\}$

$B = \{(b_1, b_2, b_3, \cdots, b_m) \mid b_i \in \{1, 2, \cdots, n+m-1\}, b_1 < b_2 < \cdots < b_m\}$

则由 A, B 之间存在一一对应,故 A 中元素个数与 B 中元素个数相等,又 B 中元素个数为 C_{n+m-1}^m,故证。

(一个完美的结果。体现了师生互动学习的情趣化的能动性。)

点评:数学教育建构观认为,学习数学是主体对数学知识的认识过程,学生的数学活动不应只限于接受、记忆、模仿、练习等被动的吸收过程,而是在教师指导下的主动建构学习的过程。数学学习是一种探索互动的学习过程。本案例的教学过程注重师生互动,尤其在数学解题的过程中,学生通过自身的体验与主动探索,深入探究问题的实质与规律,这一过程可以将课堂内基础知识的学习加以延伸与拓展,与课堂外的思考、资料查询紧密结合起来,使探究学习落在实处,学生在此过程中体验科学探究的方法与规律。本案例是对数学问题解决寻找"突破口"的设计。主要表现在:注重数学解题中从特殊到一般的思维过程;培养师生间的合作学习和团队精神;创设良好的课堂情境,增进学习情趣,激发学生求知欲,培养学生分析问题、解决问题的能力。这也告诉我们一个道理:一个实际问题的解决并不等于问题的结束,恰恰是新的问题的开始,数学模型的构建油然而生。主要采用化归与转化、类比和探索的方法论。

变化案例之二:诱发学生对典型问题的探究

在课堂教学中,教师课堂教学变化要符合心理学家维果茨基的"最近发展区"。问题变化的深度要稍高于学习者原有的知识经验水平,具有一定的思维容量和思维强度,使学生需要经过努力思考,"同化"和"顺应"才能解决问题。也就是我们常说的摘果子时,需"跳一跳,够得着"。例如在不等式的复习课中典型例题的分析片段。

例证:已知 $a,b \in \mathbf{R}^*$,且 $a+b=1$,求证:$\left(a+\dfrac{1}{a}\right)^2+\left(b+\dfrac{1}{b}\right)^2 \geqslant \dfrac{25}{2}$。

课堂中学生提供了几种不同的证明方法。而后教师让同学观察这个不等式的特征。有学生说它具有对称轮换性;有学生说右边的数值是左边的式子的最小值;有的说这个最小值可以利用均值不等式"一正、二定、三相等"的原理求得,只要 $a=b=\dfrac{1}{2}$,就可以得到左边的最小值 $\dfrac{25}{2}$。受到了以上三位学生的启发,有学生提出了一个大胆的设想,他说根据以上特征可以编制一些新的不等式。如 $a,b,c \in \mathbf{R}^*$ 且 $a+b+c=1$,则有

(1) $\left(a+\dfrac{1}{a}\right)^2+\left(b+\dfrac{1}{b}\right)^2+\left(c+\dfrac{1}{c}\right)^2 \geqslant \dfrac{100}{3}$;

(2) $\left(a+\dfrac{1}{a}\right)\left(b+\dfrac{1}{b}\right)\left(c+\dfrac{1}{c}\right) \geqslant \dfrac{1000}{27}$;

(3) $a^2+b^2+c^2 \geqslant \dfrac{1}{3}$。

不等式右边的数是将 $a=b=c=\dfrac{1}{3}$ 代入得到的,当然将变量再增加还能得出一些新的不等式。对所编的不等式是否能成立,这样的想法是否具有普遍意义呢?学生的问题意识顿时调动起来了,纷纷编题验证,至于题目的证明可留给学生课后完成。

事实表明,教师创设的问题越是新颖和接近,越具有强烈的对比度,越容易诱发学生的认知冲突,学生的注意力就越容易被吸引,同时激发他们的好奇心,从而产生强烈的探索欲望。至于学生最后得出的结论是否正确,这并不重要,重要的是学生参与了这样的富有创造意义的主动探索,使自己的创新思维能力得到了锻炼和提高,在自求通达的过程中可以体验学习的艰辛和快乐。

二、数学课堂教学变化技能的基本原则

在数学课堂教学中实施变化技能时,需要遵循如下几个原则:

(一)针对性原则

首先是针对教学内容。在教学设计时要考虑到为完成教学任务而分几个层次,其中哪些是重点和难点,采用何种变化的方式。其次是针对学生情况。考虑到学生的认知水平、兴趣特点及学习过程中的思维活动方式和特点。

(二)有效性原则

选择变化技能时要针对学生的能力、兴趣及教学内容和学习任务的特点。教师在进行每一种教学技能的变化之前,必须充分考虑学生的能力、兴趣,教学内容和学习任务的特点,以及各种变化技能能否对真实的课堂实践教学活动产生有效作用,能否使学生积极主动地参与教学活动,从而有的放矢地选择和应用各种变化技能。

(三)适度性原则

引起学生的无意注意或有意注意之后,就进入教学过程。此时变化技能如身体的移动等要慎重使用,否则会分散学生的注意。变化技能的应用要有分寸,不宜夸张。教师在课堂上的表现不同于戏剧表演。如果变化技能使用过多,幅度过大就会喧宾夺主,影响教学效果。

(四)流畅性原则

各种变化技能之间及变化技能与其他技能之间的连接要流畅,有连续性。变化技能的种类较多,在进行各种变化技能的操作过程中,必须做到自然、灵活,潜移默化地引起学生的无意注意向有意注意转变,积极引导学生参与到教学活动中来,在和谐的教学氛围中将各项教学内容有机联系起来。

三、数学课堂教学变化技能的注意事项

其一,在设计课堂教学时要针对不同的教学目标确立具体的变化。要充分认识教师的教态对学生的教育作用及情感上的激发作用,每一次教学上的变化都应该有着明确的目的,不能是为变化而变化,将变化当成了终极的目标,显然

这是一种本末倒置。

其二，选择变化技能时要针对学生的能力、兴趣，教学内容和学习任务的特点。变化是引发学生动机、兴趣的武器，所以必须要围绕学生的特点设计各种必要的变化。针对不同学生运用不同的变化，语言或非语言行为变化的运用必须明白、准确，只有使学生能理解才能发挥最大的效用。

其三，变化技能之间，变化技能与其他技能之间的连接要流畅，有连续性。在教学设计中，各种变化的设计需要其他技能的共同作用，需要考虑技能之间的平滑连接，防止生硬的过渡，给人以突兀之感。

其四，变化技能的应用要有分寸，不宜夸张。变化技能是引起学生注意的方式，在引起学生的无意注意和有意注意之后，立即进入教学过程中，此时变化技能如身体的移动等要慎重使用，否则会分散学生的注意力。

非语言行为的运用要繁简适度，过繁会弄得学生眼花缭乱，过简会显得呆板，都会影响课堂教学效果。教师在课堂上的表现不同于戏剧表演。如果变化技能使用得过多、幅度太大就会喧宾夺主，影响教学效果。

实践与思考

1.变化技能的作用主要有哪些？包括哪几种类型？

2.教态的变化主要表现在哪些方面？运用时要注意哪些问题？

3.观察一节优秀教师的课，找出其变化技能的使用情况，并分析每个变化技能的使用对教学的作用如何。

4.设计一节至少有三次使用变化技能的数学教学课，并扮演教师角色，之后请三四位同学及指导教师帮助分析之。列出所有的变化技能，在每项后面做上不同的记号，看看自己在变化技能方面有哪些长处和不足，并在角色扮演中注意发挥长处，改进不足。

第九章　数学课堂结束技能

第一节　数学课堂结束技能概述

一、结束技能的定义

教师完成一项教学任务时,通过重复、强调、概括、总结、学生实践等活动方式,对所教授的知识进行及时的系统化,进行巩固,使新知识稳定地纳入学生认知结构之中,这就是课堂教学中的结束技能。结束技能不仅应用于一节课的结尾,课上任何相对独立的教学阶段,都需要应用结束技能。数学课堂教学中的一个概念、一个定理、一个公式、一个例题讲完之后,都应使用结束技能。

学生认识一个新的数学事实,是在原有的认知结构基础上,反复经过再认、重组、强化,才能在头脑中建构起对新的数学事实的正确认知结构。基于此,对任何一个学生主动建构起的新的认知结构,一节课的教学中,进行最后一次固化,最后一次重复建构活动,就是一节课的结束技能。

教学结束技能,利于学生把握学习重点,及时消化、简化所学知识,促使学习内容的系统化,可理清学习思路,强化记忆,增强教学整体效果。它不仅是结束课程,也是整个教学内容的归纳和整理,教学重点的进一步突出。据研究,教师在课堂上及时帮助学生总结课程内容,及时的回忆、巩固,要比下课 6 小时以后的记忆效率高出 4 倍。一堂课的结尾如何,也能衡量出一个教师教学艺术细胞的多少,掂量出教师教学基本功的强弱,且能直接影响学生的学习兴趣、思维习惯和学习效果。

二、结束技能的特点与功能

(一)结束技能的特点

结束技能的特点主要有：

1. 灵活性

从广义角度看，结束技能不仅应用于一节课的结尾，课上任何相对独立的教学阶段，都需要应用结束技能。教师可根据不同的教学内容、教学对象和教学条件采取灵活的结束方法。

2. 启发性

一堂课艺术地收场可鼓起学生思维之翼，使他们对教学内容遐想连篇、深思求解，或有所启迪而渐悟其理，促进学生思维的进一步发展。

3. 简洁性

结束技能是教师结束教学任务的行为方式，主要用于课堂教学的结尾阶段。教师用精练和准确的语言概括所讲的主要内容，以明确学习要求，总结解题思路、方法和规律，以及要注意的问题。

(二)结束技能的功能

结束技能的功能主要有：

从信息及其加工的角度看，结束技能是帮助学生对新知识学习中获得的信息进行提炼、筛选、简化，有重点地记忆、储存，并通过与原有知识信息的联系，促进知识的结构化和迁移运用，使新知识有效地纳入学生的认识结构中的过程。完善、精要的结尾，可以使课堂教学锦上添花，余味无穷。把"结束"上升至艺术的高度去重视去研究，首先应明确它的重要功能。其主要表现有：

①系统整理，形成结构。通过小结使学生将所学的数学概念、定理、公式和法则等进行系统的整理、归纳，沟通各种知识间的相互联系，使之条理化、结构化和系统化。

②突出重点，强化记忆。在一堂课的结束阶段，将本节课的中心内容加以总结归纳，提纲挈领地加以强调、梳理或浓缩，使学生对所学到的新知识、新技能了然于胸，理解得更加清晰、准确，抓住重点难点，变瞬时记忆为长时记忆，记忆得更加牢固。

③深化知识，提高素养。在小结数学知识和解题方法的基础上，使学生对数学思想方法的认识得到升华，养成主动分析的习惯，进一步提高数学素养，培养良好的个性品质。

④及时反馈，承前启后。通过对教学内容的课堂问答或作业练习、课外思考等，进行小结讲评，及时得到教学的反馈信息，肯定正确，纠正错误，为下一节

课或下一部分的教学内容进行改进或调整做好准备。

⑤启发思考，引导探索。在小结时可提出一些有深度的问题，让学生进一步思考，课后进行探索，开阔视野，激活思维，启迪智慧，促进学生思维活动深入开展。

另外，新颖的结束技能会使课堂气氛活跃，沟通师生情感交流，有助于师生活动的顺利进行。

第二节　数学课堂教学结束的类型与方法

一、课堂教学结束的类型

课堂教学结束的类型有很多，主要有以下几种：

(一)封闭型结束

封闭型结束即及时引导学生回忆、归纳所学内容，呈现教学要点，使教学内容条理化和简明化的方式。可让学生再看板书内容，或为擦去部分关键词的板书填空，或重写教学要点。师生共同回忆总结为佳。具体方法是：

①系统归纳。即让学生动脑动手，归纳、整理所学知识，使教学内容系统化。如总结所学知识的规律，指出结构联系和主线，及时强化重点，明确关键，分析辨别，总结要领等。教师应能用精练的语言找到知识间的内在联系，概括出要点。

②比较异同。即用列表等方式，将新学概念跟对立、近似或易混淆的概念进行分析、比较，找出各自的本质特征和不同点、概念间的内在联系和相同点，使学生的理解更准确、深刻。

③复述启智。通过复述等方式对不同内容的教学进行小结，以全方位地培养学生数学能力的方法。如复述、想象、联想等，可培养学生的观察力、记忆力、想象能力。

(二)开放型结束

开放型结束即通过实践练习、领悟主题并设置悬念，鼓励学生求异思维的方式。留下问题供学生思考能激发学习兴趣，为后继知识的学习做好准备。

①升华式。在教学内容完成时教师应让学生主动观察某种现象以增强课堂知识，主动查阅资料深化拓展教学内容，主动创作以深入体验和理解教学内容。

②强化式。讲一点与教学内容有关的、能给人以启迪或愉悦的逸闻趣事，

强化学生学习的兴趣。或对教学内容再作一番情感的渲染,令生回味。

③转承式。即根据本节教学内容,引申下一节课的线索,要求学生复习相关知识。

二、课堂结束的方法

课堂结束的方法很多,可以根据教学的具体情况灵活选用。

(一)画龙点睛法

画龙点睛法即在学生认真研读了课文内容、对某些问题作了深入思考之后,于结尾处加以点化之法。它能引导学生进入高一层的思想境界,体悟深刻的哲理,产生耳目一新、茅塞顿开的美感;能突出教学的重点,开掘教学的深度。例如,在学习了均值不等式定理 $\frac{a+b}{2} \geqslant \sqrt{ab}$(当且仅当 $a=b$ 时取等号)之后,教师强调定理运用的三个原则。"一正":两个数必须为正数;"二定":两正数的和为定值或积为定值;"三相等":必须注明等号成立的条件。以上三个条件缺一不可。

(二)尾首回应法

尾首回应法即在课尾用一段与开讲内容或形式相呼应的方式结束。它能使教学结构严密,目的落实情况清晰;利于学生思维的一贯性和完整性。在数列这一章的前言中,教材用国际象棋的故事引入,提出了如何求数列 $1,2,4,8,\cdots$ 前 64 项的和,给学生设置疑问,留下悬念;在学生学完等比数列前 n 项和公式后,前言所提到的问题就迎刃而解了。

(三)比较拓展法

比较拓展法即渐近课尾时,联系学过的知识,从内容和形式上求同存异。以比较结束,能接通新旧知识间的信息联系,加大课堂信息量;能增强某方面认识的强度,拓展思维的空间;利于学生比较、判断能力的发展。例如在圆锥曲线的教学内容中,对于"双曲线的标准方程与性质"一课的小结,为了把教学内容引向深入,利用双曲线与椭圆的定义加以比较,发现离心率的变化范围分别是 $e>1$ 和 $0<e<1$,学生在比较分析范围的同时,自然而然地联想到 $e=1$ 时曲线轨迹又是怎样的呢? 这也引出了下一堂课抛物线的教学内容,帮助学生主动的探究学习。

(四)归纳总结法

归纳总结法即将前面的具体分析作高度抽象概括,把感性认识上升到理性认识的最常用结束方法。该法符合学生认知心理,利于培养思维的条理性,增强对课文认识的系统化、深刻化,助其理清学习思路,把握学习重点,能让学生及时查漏补缺,补写课堂笔记。运用要点:不能认为归纳总结是教师的特权,应将教师的归纳与学生的归纳总结有机结合。让学生在发现中归纳,在归纳中发现,才能获得真实的感受,认识水平才能不断提高。

如"双曲线定义和标准方程"一节课的三种小结方式:

方式一:教师:"这节课我们主要讲了双曲线的定义和四种标准方程,请同学们在草稿纸上逐一写出。"之后教师再加以概括。(通常学生需要 4～5 分钟完成。)

方式二:教师:"这节课由同学们自己总结,请归纳描述双曲线定义的文字语言和图像语言及四种标准方程。"由学生概括,教师板书。

方式三:学生分组讨论,总结双曲线的定义和标准方程,之后请各组代表发言,如有必要小组成员可以补充。

点评:这三种方式各有特点。第一种方式给每个学生充分思考的空间,但教师很难掌握学生个体掌握的情况;第二种方式实现了师生间的互动,教师易于了解学生掌握的情况,但未必能使每个学生都独立思考;第三种方式属于小组合作学习,每组成员间各抒己见,便于取长补短派代表发言板书,充分调动全班学生的积极性,但比较耗时。

在讲解"双曲线定义和标准方程"这节课时,我们做过教学总结的对比试验:一个班由老师总结,当然很有条理、很全面,用时间约 3 分钟。另一个班由学生每四人组成一小组进行总结,自然条理差些,每个小组总结也不全面,小组代表发言,用时 6 分钟,下课之后还有学生在讨论。但是,当日下午的自习课,从学生做练习的情况反馈,老师总结的班正确率为 71%,学生自己总结的班则为 86%。

(五)借题发挥法

借题发挥法即利用某些知识的特点,在结束阶段对学生不失时机地进行道德价值观教育的方法。数学知识中,不乏思想品德、人生观、价值观、生活态度、理想追求等方面教育的好教材。运用得法,能教书又育人,能触动学生心灵,使其将数学知识与做人自觉结合起来。例如在数列求和的应用教学中,有这样一个背景问题,某地区为了发展经济,引进了许多化工纺织企业,经济得到了很快的发展,但同时本地区的环境污染逐年加重,严重影响了人民的日常生活,政府为了整治本地区的环境,开始对企业的污染源加以治理,根据现有的污染区域进行规划,要求企业逐年递减排放污水,修建污水处理站并投入使用,费用逐年递增投入(提供相应的数据),试问几年后才能净化本地区的污水环境。问题通常转化为数列求和模型,比较容易解答。此时,教师可以借题发挥,对生活态度和价值观发表一点看法,引导学生思考和探究。

(六)悬念探究法

悬念探究法即借助学生尚存的疑虑、激发出的学习热情、深入探讨的兴趣等,将课内学习巧妙牵引到课外和社会的结束方法。此法能最大限度地调动学生的学习积极性,扩展数学学习的范围和深度。例如在"抛物线"一课教学中,由于学生之前已经学习了椭圆、双曲线等知识,并不感到困难,课堂临近结束时,教师向学生抛出一个"悬念问题":同学们此前已经学习了双曲线,请问抛物线的图像与双曲线图像的一支有何区别?此言一出,学生显得兴趣盎然,陷入了深深地思考之中。下课了,学生还思绪不断,真是一石激起千层浪!学生欲解答这个问题,需要对抛物线、双曲线更加深入地了解分析,这一悬疑为学生的自主探究创设了良好条件。

(七)自然结束法

这是最简单的结束方法,当时间紧迫或教学内容其义自明无须多言时,一句话:"这节课就到这里。"立即下课,毫不拖泥带水,十分干脆利落。当然这种方法不能经常使用。因为这种方法没有充分利用课堂结尾来深化课堂教学内容,使学生形成新的认知结构和能力结构,反而使学生产生失落的情绪。久而久之,会淡化课堂气氛,学生对教师的信任会降低,不利于学生的思维能力的培养。

(八)复述记忆法

复述记忆法就是教师把本节课的主要内容梳理复述一遍,让学生再一次明确本节课的重点、难点。这种方法能迅速指明要点,节省时间,易于控制教学进程。一般适用概念较多的教学内容。例如在任意角的概念教学中,包含有正角、负角、零角、象限角终边相同角等概念,这些概念既有联系,又有区别,易于混淆。在举例讲解和练习后,若能加以梳理,复述一遍,则能达到澄清概念、醒人耳目的效果。

第三节　数学课堂结束技能的实施

课堂结束的方法很多,只要能够巧妙地运用结束技能,针对不同的课堂教学类型,根据不同的教学内容和要求,紧扣教材,大胆创新,因势利导,随机应变,精心设计出具有特色、富有实效的课堂结束方式,一定能够收到事半功倍的效果。

一、结束技能的选择

一个恰到好处的结束能够起到画龙点睛、承上启下、提炼升华乃至发人深省的作用,给学生留下难忘的记忆,激起对下一次课堂教学的强烈渴望,同时给学生以启发引导,让他们的思维进入积极状态,主动地求索知识的真谛。结束课堂方式要根据该节课具体的教学目标和学生的实际情况等多方面、多角度灵活把握。以下根据数学课的不同类型来谈谈课堂结束方式。

(一)新课的结束

新课是指主要传授新知识和新技能的课。很多数学知识和技能都是在学生已有认知结构的基础上得到的,因此,常常将新旧知识和技能的关系进行比较,即采用分析比较法结课。有些新课的学习需要安排若干个课时,往往前一节课的学习为后一节埋下伏笔,故还可采用悬念探究法。

(二)练习课的结束

练习课是指通过练习,学生将所学数学知识转化成数学技能、技巧,培养实际操作能力的课。教师通过学生练习,及时进行讲评,指出存在的问题,分析其原因,并指出改进措施,故常采用练习评估法。另外,练习课的小结要注重培养学生的创新意识和探索能力,教师可在小结中向学生提出与本节课练习相关的,具有灵活性、思考性和创造性的问题,而学生一时难以解决,需要课后继续思考。这种情况可采用悬念探究法结课。

(三)复习课的结束

复习课是指对某一章、某一节,或某一段数学知识进行梳理和归纳的课。通过复习,使离散的知识系统化、条理化,从中提炼出一定的数学思想和方法,提高学生综合运用知识解决问题的能力,故常采用总结归纳法。同时,复习可帮助学生巩固认知结构,教师可通过适当引导,使学生的认知螺旋上升,向纵深发展,这种情况可采用拓展延伸法。

二、实施结束技能的原则

一堂课好的结束能给人以美感和艺术上的享受,但这并不是教师凭灵机一动就能达到的效果,而应在平时的教学中增强对课堂小结的设计意识。从结束这一环节的重要意义来分析,课堂教学中小结应遵循以下几个基本原则。

(一)概括性原则

课堂小结时,应概括本单元或本节知识的要点和规律。经过精心加工而得出的系统化、简约化和有效化的知识网络,能帮助学生把零散孤立的知识"串联"和"并联"起来,理清概念、规律的来龙去脉,将所学知识融会贯通。总结不是对原有问题一丝不差的再重复,也不是面面俱到的简化。总结中讲述的数学事实要精练具体,使学生印象深刻;数学方法的总结要语言简练,科学实用。总之,概括性的总结,语言要少而精,只有如此才能使学生领悟所学知识的精髓,使数学认知结构系统化、网络化。

(二)及时性原则

心理学研究表明,记忆是一个不断巩固的过程,由瞬时记忆到短期记忆再到长期记忆,有一个转化过程,实现这个转化过程最基本的手段是及时小结,周期性地复习。因此讲授新知识接近尾声时要及时小结和复习巩固,尤其在讲授逻辑性很强的知识时更应如此。对数学问题的及时总结,能促使学生对该问题自觉地进行概括、抽象和简化。及时地建构重复、强化记忆,就会减少遗忘,提高教学效果。数学课堂教学中,一个相对独立的问题结束时,也应及时小结、巩固。特别是对例题解题思路的总结,不但能充分发挥例题的作用,而且能引导学生养成及时总结的习惯,这种习惯对积累学习经验,提高解题技能是很有帮助的。如在高一学习完任意角的诱导公式后,学生面对如此多的公式便会感到很茫然。此时,教师要及时引导学生进行理解记忆:把公式中的角都看成锐角,根据"奇变偶不变,符号看象限"的原则来转化。

(三)强化性原则

学生对所学知识的理解、掌握需要一个内化、同化的过程,教师通过对本节课重难点内容的强调,对知识的理解、掌握起着强化的作用,有利于学生正确掌握和运用所学知识。

(四)呼应性原则

课堂导入就如为一个故事设置悬念,课堂小结就似故事的尾声叙述。课堂小结时,应阐明解决悬念问题的可行方法,揭开学生心中的疑团,使导入与小结前后呼应,整堂课浑然一体,完整而圆满;使学生学有所得,体验成功,从而较为理想地实现教学目标。

(五)紧凑性原则

结束课程,要突出重点,内容和时间的安排要紧凑严密。有的教师规定自己每节课的总结不能超过5分钟,这固然不能成为所有数学教师结束课的教学信条,况且如要通过练习方式进行总结,5分钟自然不够。但如果教师总结用时过多,内容面面俱到,既不能突出重点、突显关键,又妨碍学生的记忆和理解。

(六)多样性原则

同样一节课,小结的内容和方式可以多种多样,但是有三方面应该引起注意:一是小结的内容既要全面,又要突出重点;二是既要进行内容小结,又要从数学思想方法的高度进行小结;三是小结既要发挥教师的引导作用,又要充分调动学生的积极性,达到师生间良性互动。

三、结束技能的注意事项

许多数学教师在导入方面十分下工夫,掌握了很多技巧,而对课堂内容小结却不够重视,往往留下"美妙引入,草草收场"的遗憾。所以,在教学过程中,要充分重视结束环节,特别要注意以下事项:

①紧扣重点,不蔓不枝。应在课程结束之前,再次"篇末点题",明确本课学习的重点,帮助学生理清学习思路,把教学内容系统化、条理化。

②强调能力,尤重素质。要从数学学科特点出发,运用结束技能体现和完成培养数学能力的教学目标,尤应加强对学生智力、审美、价值观等整体素质的培养。

③语言精练,干净利落。结束语言应是整堂课教学内容的高度提纯,不应对主要内容作简单重复,切忌多次重复相同语句以提醒学生注意的做法。

④方式简便,方法灵活。简便而灵活的结束为上,故弄玄虚、繁琐花哨的结束为下。应使课尾既给人以深刻印象,又实实在在,简短有力。

⑤按时下课,保证时间。要有时间观念,既不过早结束课程,也不拖堂。那种没完没了的总结归纳是令人厌弃的。

第四节　数学课堂结束技能应用案例

案例一:《圆的周长》实践活动

新课标指出,学生数学学习的过程就是数学活动的过程,学生们的数学学习内容应该是现实的、有意义的、具有挑战性的,内容的呈现应该采用不同的表达方式,用来满足多样化的学习要求。在学习了《圆的周长》后,设计如下活动:

师:用所学的知识,请同学们设计一个方案,来得到操场上的大柳树的半径,你有办法吗?

生1:用尺子量。

教师:怎么量,把树砍断量,这样可行吗?

生2:不可以,这样不是破坏生态了吗?

师:提醒一句,我们今天学习了什么?

生:圆的周长!

师:如何算的呢?

生：……

师：如果知道了周长，你能得到半径吗？老师就提醒大家这些，接下来请同学们在 5 分钟内制订出方案，然后以小组为单位去操场上实施！

学生们在提示下想到先测出周长后，用圆的周长公式算出半径。

案例二：《两位数乘两位数》教学中合作交流，优化学习方法

在数学学习中，诸多的知识不可能全部由教师来传授，很大的一部分是需要学生理解和领悟的默会知识。建构主义同样认为，学习不是由教师来向学生传递知识的过程，而是学生自己来建构的过程，学习者并不是被动的信息吸收者，相反，要主动地建构信息的意义，这种建构不可能由其他人来代替。在教学"两位数乘两位数"时，要学生计算 24×31 的积，学生根据自己的知识经验，建构了 10 种以上的方法：

(1) $24 + 24 + \cdots + 24$（31 个 24 相加）

(2) $31 + 31 + \cdots + 31$（24 个 31 相加）

(3) $24 \times 30 + 24$

(4) $31 \times 3 \times 8$

(5) $24 \times 10 + 24 \times 10 + 24 \times 10 + 24$

(6) $31 \times 4 \times 6$

(7) $24 \times 5 \times 6 + 24$

(8) $31 \times 30 - 31 \times 6$

(9) $31 \times 20 + 31 \times 4$

……

面对众多的计算方法，教师并不马上引导学生学习竖式计算的方法，也没有根据自己的经验评价这些方法的优劣，而是创造环节让学生继续活动，自主体验，自我小结。

师：每位同学都非常不错，创造了自己的计算方法。现在，请小组同学互相交流一下，说说每种算法所花的时间、精力和计算的难易程度等，并比较各种方法的优劣。然后，对照两位数乘两位数的竖式计算方法。讨论一下，尝试归纳出两位数乘两位数的计算法则。

计算方法的多样化、如何优化计算方法是小学数学计算教学中经常要面对的问题。老师引导学生的合作交流、自主体验，不仅能使他们体会到同一个数学问题可以从不同的角度去分析，以获得不同的解决方法，还能及时地纠正自己在思维活动中的偏差，在信息的交流中体会优劣，并找出最优与最适合自己的方法，真的是"无声胜有声"。

案例三:《分数的意义》教学中留下悬念、后继孕辅

数学知识前后紧密联系,教师在课堂小结的时候,要有意识地联系下堂课的知识内容,将学习的内容进行适当的拓展,以唤起学生的好奇心从而营造一种期待的心理,激发学生去探索新问题的欲望,为下堂课的学习内容孕育伏笔。

在讲完"分数的意义"后,设计这样的小结:让学生先用橡皮条在长方形钉子板上框出 24 等份,找出其中的 18 份用分数表示为:$\frac{18}{24}$(见图 9-1)。接着,拿出竖向的两条橡皮筋,这时,原来的 18 份变成占整个长方形的 $\frac{6}{8}$(见图 9-2)。再拿去横向的 4 条,变成长正方形的 $\frac{3}{4}$(见图 9-3)。教师适时提出:这里的分数 $\frac{18}{24}$,$\frac{6}{8}$,$\frac{3}{4}$ 表示的大小为什么一样? 这就是我们下节课要研究的"分数的基本性质"。这种小结方式,引而不发,以旧引新,造成了一种悬念,为后继的教学作了孕育。

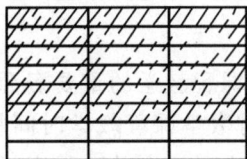 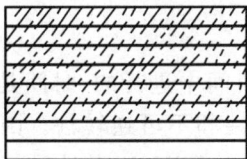 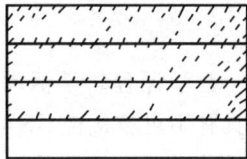

图 9-2 $\frac{18}{24}$　　　　　图 9-2 $\frac{6}{8}$　　　　　图 9-3 $\frac{3}{4}$

综上案例分析可知,课堂结束虽只是一整节课堂教学的冰山一角,却可是不可缺少的重要环节。只要教师能深刻体会到课堂小结的重要性,用心来做,就能够使学生将课堂上所学的知识得以深化和概括,甚至升华,从而创造出百尺竿头、更进一步的境界。高质量的课堂小结能激发学生学习的兴趣,提高学生的思维,总之,课堂结束应该是新颖、灵活、多变的,设计一个具有特色和富有实效的课堂小结,可以成为精彩的课堂教学上的点睛之笔,为课堂教学画上完美句号。

实践与思考

1.谈谈数学课堂结束技能在课堂教学中的作用。

2.结束技能与建构学生的数学认知结构的关系是什么?

3.选择一个教学片段,对结束技能进行实践,并说明:

(1)教学目的是什么?

(2)为什么选用这种类型的结束?

(3)请结合结束的原则和注意事项,对自己的结束进行总结。

第十章　数学课堂管理技能

第一节　数学课堂时间管理技能

数学课程教学活动是在时间中进行的,时间是数学课程教学的重要资源,它具有不可替代性、不可贮存性和不可逆转性。因此,对数学课程教学时间特别是数学课堂教学时间能否有效管理,以及这种管理所达到的水平和程度,便成为数学课堂教学质量和效率的决定性因素。

数学课堂教学时间管理的任务,就是最大限度地保证和提高数学课堂教学时间的效益和效率,即充分发挥数学课堂教学时间在全面提高学生数学素养、促进学生整体发展方面的价值和作用。具体来讲,主要包括以下几个方面:

一、优化课堂时间

优化课堂时间就是根据数学课堂教学的目标和重点,恰当安排教学的任务、程序和方法,科学分配课堂时段和时间长度,实现时间与任务的最佳匹配。

(一)程序安排与课堂时间运行规律相一致

一般说来,按照学生学习的心理状况,一个学时可以划分为四个时段:上课开始2～5分钟为第一时段,是学生由上节课内容和课间休息向本节课学习过渡的时间。此后20～25分钟为第二时段,这是一节课的黄金时段,学生的注意力、心态、思维都进入最佳状态。随后8～10分钟是本节课的第三时段,是智力高强度劳动之后的疲惫、松弛和平静时期。最后3～5分钟是本节课的第四时段,由于临近下课的期望作用,学生的注意力将会相对集中和适当强化。要根据上述规律,科学安排一节课的教学程序,如:

1. 第一时段，启动教学

这一时段的主要任务应是组织教学、检查作业、复习上节课内容、提示本课学习任务和目标、创设学习情境等，以引导学生集中注意力、调整心态、进入课题，为本节课的良性运行奠定基础。

2. 黄金时段，突出重点

这一时段是决定本节课教学效果的关键，一定要抓紧用好，完成本节课的主要任务，突出重点，化解难点，切不可拖泥带水、久战不决，也不能喧宾夺主、以非重点内容挤掉重点内容，更不能把应该这一时段解决的任务推至下一时段。

3. 第三时段，及时转换

在这一时段，不宜再将上一时段活动方式加以维持和强化，而应通过活动方式的转换，或使新获得的知识得到巩固、运用和内化，或用新的活动方式开启教学新境界。

4. 最后时段，巧妙利用

一节课的最后几分钟，是学生注意力反弹的宝贵时机。要充分利用这一时段，或归纳总结，或点睛强化，或设置悬念，或开拓新领域，使本节课给学生留下深刻的印象和体会。

(二)切实保证教学重点

在数学教学实践中，有些教师未能很好地分析理解教材和确定主次，结果偏离教学目标，20 分钟过去了还没有进入或搞清重点内容；或一开始长时间复习或大量讲问题情境背景，使非教学重点落到了课堂教学的黄金阶段，在学生思维抑制疲倦时才进入重点。这就极大地影响了教学效果，降低了教学效率。所以，要使数学课堂教学效率得到有效提高，就应该把教学重点放在黄金时段，争取在最佳时段内完成主要任务、解决关键问题。

(三)最大限度增加学生活动时间

从活动主体的角度来看，一节课可分为教师为主的活动时间、师生交往时间、学生交往时间和学生独立活动时间。目前学时结构的一个发展趋势，是以教师为主的活动所占时间越来越少(一般不应超过 25 分钟)，而以学生为主的活动时间则越来越多。数学课堂教学时间配置也应遵循这个规律，努力减少教师为主的活动时间，最大限度地增加学生活动时间。

(四)留有余地并保持适当弹性

要考虑事先计划教学时间与允许占用时间不一致时怎样处理，教学内容少教学时间过短时怎样处理，教学内容多教学时间不够时怎样处理，应对课堂偶发事件或强调某一内容拖延了时间怎样处理,等等,并有相应的备用方案。

二、减少课堂时间浪费

我国有学者曾在一节小学数学课上进行过观察统计,发现教师无用的讲述浪费掉 4 分钟,多余过慢的板书浪费掉 4 分钟,提问不当、学生无从答起与不讲实效的讨论浪费掉 5 分钟,批评学生用掉 2 分钟,迟到和中间找东西浪费掉 3 分钟,共计 18 分钟,时间的利用率仅是 60%。

教师减少教学时间浪费的方法主要有:

①严格遵守教学纪律,准时上课,不迟到,不早退,不在上课过程中接打电话、会客、处理私事,不中间离开课堂,不占用教学时间批评学生。

②认真做好课前准备。包括精心设计教案,备好所用教具设施,避免忘拿教案、课本、学生作业、粉笔和其他教学用具的事情发生,经常提醒学生做好常规和特定的上课准备,并在课前准备出现遗漏时及时采取替代办法和补救措施。

③教学环节过渡指示语清晰、明确,活动转换平稳、有序,努力减少环节过渡、活动转换的时间耗费。

④及时而妥善地处理课堂发生的意外事件,迅速将学生的注意力吸引到教学上来。

通过以上方法,将教师、学生可能造成时间浪费的人为因素减少到最低,保障规定的有限时间落到实处,提高时间的利用率。

三、提高课堂时间效能

(一)增加内容"含金量"

具体措施包括:

①教师要根据教学目标和重点,根据学生的知识基础和接受能力,保证单位时间内适度的信息量。

②扩大课程的广度和深度,适当充实课堂教学的容量,避免课程的平淡干瘪对学生的思维积极性和认识能力发展产生不良的影响。

③发挥知识点、能力点、探究点、鉴赏点在知识教学、能力培养、智力开发、情感熏陶和人格养成等方面的多重功能。

(二)提高教学"有效度"

具体措施包括:

①锤炼教学内容,增加有效知识含量,防止教师教学内容中的无效知识引起学生的无效劳动、浪费教学时间。

②更新教学观念，打破陈规陋习，根据数学学科和具体教学内容的特点，从学生的真实问题和实际需求出发，精选教学任务，简洁教学程序，坚决删去可有可无的教学环节，使每一个环节都有鲜明的针对性和不可或缺的存在价值。

③精心设计和组织课堂学生活动，实现学生课堂活动的真实性、主体性、参与性和实效性，做到实而不死、活而不乱，避免课堂活动的"浅"、"虚"、"假"、"乱"。

(三)提升学生"专注率"

具体措施包括：

①使学生意识到每节课的目的和目标，提高学生专注学习的意识和自控能力。

②根据每个环节、每个时段、每种教学方式可能影响学生积极学习的因素，进行有针对性的事先预防、事中调控和事后总结。

③对指定的学习任务作出明确指示，对学生如何利用自己的课堂自由时间给予针对性的指导，对学生课堂学习进行阶段性督察，对学生的应答作出及时反馈。

④让学生在学习活动中体现出较高的成功率，一般掌握率应在90%以上，对掌握率低于70%的活动要采取有效措施化难为易。

⑤建立科学的课堂常规和完善的教学秩序，为学生专注学习创造条件，最大限度地减少课堂问题行为发生的可能性。

(四)创造精彩教学"瞬间"

捕捉和创造最佳教育时机，使教育"瞬间"发挥最大效能。课堂上常见的教育时机主要有：

①课堂上学生因未知与已知的矛盾激起强烈的求知欲时，是引导学生由已知探索未知的最佳时机。

②课堂上学生思维活动中的"愤悱"状态，是进行启发式教育的最佳时机。

③课堂上的意外情境、偶发事件和问题行为，也是值得珍惜的教育时机。

四、加强时间调控

(一)适度紧张

教学内容要充实，教学环节要紧凑，教学时间要抓紧，布置任务之后不允许学生犹豫观望，要求马上行动、马上兑现，环环相扣，一步一个脚印地实现教学目标。

(二)有快有慢

在强调课堂教学总体上应当有一个恰当的快节奏的同时，还应当注意在某些环节上保持慢节奏,或者说,甚至教学的某些环节必须以慢节奏进行。如:非重点和学生容易理解的内容要"快",重点和学生不易理解的内容要"慢"。

(三)追求整体效益

正确处理教学时间上的局部与整体、局部与局部、这一环节与那一环节、这一方面与那一方面、眼前与长远之间的关系,以及节约与耗费、快与慢关系,等等。关键是统筹考虑,整体安排,算大账而不只算小账,获得教育时间的整体最大效益。

五、优化时段管理

具体措施包括:

①在第一时段,不管课前发生了什么情况,上课铃声一响,教师都要采取有效而灵活的方法,将全体学生的注意力集中到课堂学习上来。

②在黄金时段,教师的主要任务是要调动学生的好奇心、求知欲和对知识的直接兴趣,使他们大脑皮层的兴奋逐渐变强;同时,还要抓住最佳教学时机,讲授重点和难点内容。对于课堂上出现的偶发事件和违纪行为,如果不是干扰严重,就不要去管;干扰严重时,也只是平息下来课后处理,尽量不中断讲课和少占用教学时间。

③课堂教学活动结束后让学生自己看书时,可让学生稍作喘息。对学生之间说笑、走动和转身活动等情况,不要去管,但时间不能过长。

④在课堂巩固、练习阶段,教师要加强巡回答疑和个别辅导,课堂活动可以百花齐放,不要强求一律;但归纳总结、强化重点一定要面向全体学生,不能放任自流。

⑤千万不要拖堂。拖堂占用学生的课间时间,也会影响下一节课的进行,只会带来负面效应,引起学生的逆反心理,效果也很差。

六、时间管理案例

案例之一:

某数学老师正津津有味地讲授知识,这时一位学生迟到了,他急匆匆地跑到教室门口,打了声报告,此时老师已上课多时了。该老师表情很淡然,只是轻轻地指着黑板上的板书,用目光向他示意:"赶快到座位上去听课,已经讲的内容都写在黑板上了。"学生轻手轻脚地跑到座位上拿出课本开始听课,而其他学生也仍旧认真听课。课后老师私下询问该位学生迟到的原因……

假如说这位老师由于学生的迟到打断了他的上课而厉声批评学生:"你为什么迟到?"而这位学生则要支支吾吾讲理由,课堂时间显然会浪费,而其他同学的注意力则被吸引到了这位迟到的学生身上,进入学习的状态因此而被中断,当然这位老师的教学计划也将不能按时完成,即使勉强上完一定也没有达到预期的效果。这位迟到的学生会因为老师的训斥而心里难受,根本不能静下心来听课,这样课堂就失去了秩序。而很多老师却恰恰运用了该种方法。

案例之二:

铃声刚响不久,我和往常一样走进教室,谁知刚踏进教室就听到学生在议论:"我爸爸才买了4元钱就中了几千元。""我姨父中了……"学生看见我站在门口马上把想说的话咽下去,连忙坐端正。我正想批评他们影响了课堂纪律,后瞧见那两个谈论学生的表情,心想:现在批评可能会影响他们的情绪,使其不能认真听课。于是,我灵机一动,把数学书后"统计与可能性"一节课提到前面来上。我用刚才两位学生提出买彩票中奖的事向学生说明学习的内容,和学生一起探究彩票中奖的可能性。一节课下来,学生会用"可能、一定、不可能"来表述事物的不确定性,教学内容也顺利完成。

案例之三:

师:每年的春节联欢晚会都给人留下深刻的印象,给我印象最深刻的是前几年哑人表演的一个节目,叫什么?

生(齐):千手观音。

师:老师今天特意带来了这段视频,我们一起欣赏一下吧!

(欣赏)

师:面对这些魅力的情境,你有何感想?

生1:这些聋哑人真厉害,舞蹈太美了!

生2:她们舞蹈跳得好整齐啊,好美啊!

师:这个舞蹈美在哪里?

生1:整齐,很流畅。

生2:很对称。

师:对,这是一种轴对称的美,让我们一起走进今天的课堂,共同探索轴对称的奥妙吧(屏幕显示课堂)!

点评:通过观看视频,有效吸引学生的注意,很好地做到了启动教学。

第二节　数学课堂节奏管理技能

数学课堂教学节奏管理,就是通过课堂教学中交替出现而合乎一定规律的变化,不断形成或抓住学生大脑皮层的优势兴奋中心,使其集中注意力、消除疲乏感、产生愉快感,从而获得良好的教学效果。在数学课程教学改革的时代背景下,数学课堂教学的节奏管理,不仅是美学原则和教学本身规律的一般要求,更是全面提高学生数学素养,促进学生整体发展的必然要求。

一、数学课堂教学节奏概述

(一)数学课堂教学节奏的类型

不同的学者依据不同的标准,对教学节奏进行了不同的划分。综合各家意见,我们将数学课堂教学节奏区分为以下五种:

①教学内容的节奏,是指内容剪裁有主有次、有详有略、有深有浅、有难有易,内容呈现有层次、有疏密、有过渡、有照应、有抽象、有具体,内容处理有重有轻、有正有侧、有实有虚,放得开,收得拢,在对立统一、多样变化中形成节奏美感。

②教学进程的节奏,是指课堂结构有起承转合,整体推进有峰谷陡平,环节安排有重头戏有过场戏,教学运行有快镜头有慢镜头,上下衔接或水到渠成或异峰突起,教学风格或细针密线或大开大合。

③教师行为的节奏,即教师的语言、板书、眼神、表情、姿态、手势、走动、演示等,根据教学内容、教学过程、学生思维和师生情感交流的需要而不断变化,形成和谐的韵律和节拍。

④学生心理的节奏,指有意注意与无意注意,感性认识与理性认识,形象思维与抽象思维,直觉与顿悟,接受与发现,求同与求异,不断变化,交替出现。

⑤课堂情感的节奏,指同一感情的强弱浓淡,不同感情的转换更替,理智情感、道德情感和审美情感的此伏彼起,教师情感、学生情感、内容情感的共鸣共振。

(二)数学课堂教学节奏管理的依据

具体包括:

①依据数学课堂教学的目标和重点。在教学目的的统帅下,围绕教学重点,有节奏地把一堂课上成和谐的整体。如果只是为节奏而节奏,为波澜而波澜,节奏管理也就失去了存在的价值和意义。

②依据学生的生理和心理活动规律。只有合乎学生生理心理运动规律的节奏才具有美感,才有意义。

③依据课堂教学的即时反馈。课堂教学节奏应该跟着学生走,而不是学生跟着教师走。教师必须注意学生的信息反馈,依据课堂动向进行节奏调控。

④依据教师教学的个性和风格。或急促紧凑、环环相扣,或舒缓平和、稳重

自然;或高屋建瓴、大开大阖,或精雕细刻、精致优雅,形成教学节奏管理的最高境界。

二、设计与规划教学节奏

(一)剪裁教学内容

深入研究教材和学生,把握教学的宗旨、目标、重点和难点。值得注意的是,教学难点不一定就是教学重点,如根据教学目的要求衡量不作为教学重点时,对有关内容同样有删繁就简的问题。否则,就容易拖长时间,走失教学节拍,影响教学效率。

(二)精选教学方法

教数学如画画,根据题意布局,各种画法穿插运用,主题突出,陪衬得当,浑然一体。上课也如此,要善于运用多种多样方法提高课堂教学质量。如:

①轻点。对牵动全局而学生却不经意的知识,可顺手轻点,使他们有豁然开朗的快意。

②重敲。对于由于年龄和生活经验所限,学生认识往往浮在表面,深入不下去的知识,须在细细敲打上下工夫。

③连线成体。对于非重点的内容,要善于概括、穿针引线,否则课就会脱钩脱节,零碎散落,不成形体。

(三)设置教学高潮

突出重点如高峰,分散难点似波澜。教学过程有起有伏,并在高潮前后有几个小浪头作为铺垫和呼应。掀起课堂教学小高潮的方法有:

①巧妙的开头,精彩的结尾,巧设的悬念。

②教学游戏、角色表演、合作学习、专题探究,实验教学、实践操作。

③创设情境,运用幽默,教学机智,鼓励发散性思维,鼓励创造性思维,运用成功教育。

④教师生动的语言、巧妙的提问、精美的板书、直观的手段、恰当的体态语言等等。

(四)完善教学结构

一节课要富有节奏,须对教学过程中的各个阶段和具体的细节进行精心设计、妥善安排。

一般来说,概念课的起始阶段,或明确学习目的,或让学生提出预习时发现的问题,激发学生学习的兴趣,引起他们的求知欲望,调动他们的注意力和积极性。理解分析概念例题阶段要根据教学重点与非重点、根据学生质疑情况有紧有慢地结合进行。到了巩固练习阶段,则注意引导学生从"学"到"用",加深其理解,训练其能力。还可以设计个"尾声",让学生带着问题走出课堂,欲罢不能。

此外,要精心安排教学的开始、发展、高潮和结局。开端要精彩,发展宜舒缓,高潮应迅速,结尾要利落。这四部分里都展开何种内容、进行何种活动、采取何种方法?一节课怎样开始,是开门见山,还是曲径通幽?如何展开,是层层剥笋,还是单刀直入?怎样结束,是峰回路转,还是水到渠成?各环节之间如何衔接,前后如何联系照应,起承转合的每一细节如何处理?在这些方面的精心推敲、优化选择,就形成了各具特色、异彩纷呈的教学节奏。

三、生成和调控教学节奏

教师要学会从学生的眼神、表情中看出自己讲课的效果,随时调整自己的教学活动,使课堂教学节奏更符合学生的实际。主要方法有:

(一)重复与变化

根据学生反馈的信息,或重复讲解,或增删内容,或加快和放慢速度。也可通过教学方法或师生相互作用方式的转换来调整课堂教学节奏。

不同的数学教学方法有着不同的教学节奏,教师切不可将一种方法一用到底,应从教学内容和课堂情境出发,灵活运用、互相调节。

恰当选择和变换师生相互作用的方式,是课堂教学节奏调控的重要手段。这些手段主要有:师生交流方式的变化,如教师与全体学生、教师与部分学生或个别学生、学生与教师、学生与学生等;课堂活动方式的变化,如个别学习、小组讨论、班级集体活动等;信息传输方式的变化等。

(二)连贯与停顿

通过概括归纳,保证学生思维的连续和一贯,促进课堂教学节奏的疏通和流畅。同时,在一节课中,特别是一个环节、一个高潮之后安排一个适当的停顿,也是课堂教学节奏调控的重要内容。

①发现有个别学生注意力不集中时,教师可用停顿提醒学生遵守纪律、调整注意力。

②建立知识网络时要有停顿,让学生自己去寻找所学知识与旧知识的连接点,进行知识建构。

③提出问题后要有停顿,给学生回忆、思考和梳理的时间。

④在知识出现模糊时要有停顿,让学生自己去比较、去讨论、去澄清,这样学生所掌握的知识要比教师讲解的牢固。

⑤多媒体演示后要有停顿,使学生回味演示内容,展开思考和想象。

⑥出现错误之后要有停顿,使学生在反思中发现、纠正错误,找到正确方法。

⑦出现独特思路时要有停顿,将会使独特的思路更完善,并为大家所接受。

(三)发挥教师行为节奏的积极影响

教师处于课堂注意的中心,教师的行为在很大程度上影响着课堂教学节奏的形成,同时也成为节奏调控的重要途径和手段。

1.教师语言

教师要根据教学内容和学生生理心理运动节律,通过停顿、重音、语速和语调的变化,使课堂生动活泼,教学节奏跌宕生姿。在阐述定义、概念时,音调高亢,语速缓慢均匀,把字读清咬准;涉及重点时,则采用缓慢而清晰的语言来细细剖析,使学生的思路与教师的语言同步;结论性的话语音量要大,以引起重视。重点要反复地讲,难点要缓慢地讲,一般内容要简明地讲。新课引入宜快不宜慢,需要学生做笔记的地方要适当放慢速度。

2.教师体态语

教师可通过眼神、表情、手势、姿势、位移等传递信息,表达情感,调控课堂节奏。时而以平静安详的手势作一般性讲述,时而以柔和舒展的手势表达诗情画意,时而以急速的挥拳表现满腔义愤。优秀的教师用体态语时可以像一个高明的乐队指挥,指挥课堂奏出优美和谐的乐章。

3.板书、教具、挂图、多媒体教学手段

教师可以通过板书内容、字体、位置和时机的把握,视听效果的节奏和韵律,各种教具和教学手段的运用、配合和转换,对课堂教学节奏的形成与调控产生重要影响。

四、数学课堂教学节奏管理的原则

(一)变化原则

数学课堂教学节奏是数学课堂教学活动的周期性变化,没有变化就没有节奏,所以,在数学课堂教学中,快与慢要有变换,动与静要有交替,张与弛要有错落,疏与密要有间隔,起与伏要有波澜,追求一种抑扬顿挫、参差错落的变化之美,便成为数学课堂教学节奏管理的题中之意。

(二)适度原则

"度"就是"分寸","过"与"不及"之变化都不能称之为"美"的节奏。这有两层含义:一是从变化的频率来说,变化不能太频繁,要有一定的稳定性,具有一定稳定性的变化才能使学生建立稳定的心理动力定型,才能适应学生学习、成长和发展的需要;二是从变化的幅度来说,"快"时学生的思路要能跟得上,"慢"时要能保持学生学习活动的适度紧张;密度太小会浪费时间,密度过大学生则接受不了,变化要有一个适当的区间。

(三)和谐原则

在教学目标的统帅之下,围绕着教学重点,同一课堂教学活动中,教学内容、教学过程、教师行为、学生思维、课堂情感等诸种节奏之间应横向整体和谐,教学的发生、发展、高潮、结局等各阶段节奏之间应纵向整体和谐。而这就要求教师对教学节奏的规划、调控要心有全局、成竹在胸,不能为了局部"出彩"牺牲整体和谐。

五、节奏管理案例

案例之一:

在课堂教学中,教师要善于运用一起一伏的教学节奏把握时机,创设活动情景,掀起"小高潮"。如:在教学"圆的面积"时,教师可借助课件或投影仪进行演示,把圆沿其半径剪开分成若干等分,拼成一个近似的长方形,然后引导学生观察近似长方形的长和宽与圆的周长和半径之间的关系,推导出圆的面积计算公式。接着,再让学生利用圆纸片进行剪、拼、想,把圆转化成近似的长方形后。分组讨论:"什么变了? 什么没变?"以此让学生加深对圆面积推导过程的印象与理解。然后利用圆面积公式解决实际问题。这样通过师生双边的共同活动,伴随一起一伏的教学节奏,使学生的认识活动形象直观,印象深刻,应用自如。

课堂节奏的控制既是一门教学艺术,又是一门复杂的学问。课堂教学节奏的把握,直接影响教学效果,所以老师在教学中要根据课堂和学生的实际情况,不断地调整自己的教学节奏,让学生在和谐优美的节奏中快乐主动地学习,身心得到全面的健康发展。

案例之二:

数学课上,一位教师教学"试商"的内容,教师问:"500 除以 63,商等于几?"

有学生脱口而出:"商等于 7。"

看到这个平时一贯优秀的学生一下子就得到了答案,教师显得有些懊恼。课后教师谈了自己的看法,既然是试商,就应该体现出"试"的过程,不能一下子就说出正确的答案。另一次数学课上,教师在黑板上展示了几排花,有红花、蓝花、黄花、粉红花,然后问学生:"哪种颜色的花比较多?"

一个学生立刻站起来说:"我知道!"教师随即示意该生坐下。

笔者认同两位数学教师的处理方式。学习是需要过程的,任何学习都会有一个思考的过程,同时这个过程会因人们思维特性的不同而产生思维速度以及深度上的差异。在数学学习上,教师要给学生留有足够的思考空间,此时的课堂更有可能是沉默甚至是沉闷的。在学生的学习过程中,教师要学会等待,等待的时间不是浪费,而是学生锻炼思维的过程,在平静的背后是学生复杂的思维活动。

第三节　数学课堂情境管理技能

数学课堂教学情境管理的目标,就是通过创设良好的课堂情境,保证课堂活动的顺利进行,提高课堂教学的效果、效益和效率,促进学生的有效学习和主动发展。主要包括课堂教学的秩序建构、情境创设和人际关系协调三个方面。

一、建构良好的课堂秩序

秩序是指通过班级成员长期的社会互动过程中所形成的比较稳定的、模式化的行为方式。良好的课堂秩序,是课堂教学正常进行、提高效率、落实计划、达成目标的先决条件。

(一)制定课堂规则

教师在开学初应将课堂基本规则以示范加说明的方式向学生作介绍,并组织学生对期望行为和非期望行为进行讨论,共同拟定需要大家共同遵守的标准。

在制定课堂规则时,教师要澄清学生和自己的基本情况与需求,估计和确定满足学生和教师需求的行为限度,并从"预防性"、"支持性"与"纠正性"三大原则出发,在与学生的互动和磋商中建立与学校纪律相容并能为学生接受的课堂规则。

同时应考虑这样几个问题:所确立的行为要求是否有利于学生的身心发展? 所确立的行为要求是否影响学生的正常学习? 所确立的行为要求是否体现了对课堂成员的尊重? 所确立的行为要求是否既能有助于学生自我控制又能允许个性发挥的正向的课堂气氛? 所确立的行为要求是否切实可行? 所确立的行为要求能否建立包括校长、其他教师和家长在内的良好的支持系统?

课堂规则应正面陈述并且简明扼要。课堂规则确定之后,要公正、一贯地执行,必要时可在学生共同参与的情况下进行修正。

(二)促成课堂秩序

通过指导、监督、规定、限制、奖励、惩罚维护课堂规则,又对学生同情、理解、协助、支持,征求和采纳他们的意见。

注重课堂中的文化建设,建构公认的信念与价值系统,促进学生个人目标与组织目标的合理统一,使课堂生活达成更多的一致和默契。

以积极的态度对待学生正式组织、非正式组织的活动,并给予必要的重视和相应的辅导,在学生自我管理的基础上,形成和发展课堂秩序的自我组织功能。

合理安排课堂活动的内容、方式和节奏,增加每一次课堂教学任务的吸引力和成功率,避免学生注意涣散和过度疲劳。

保持课堂的清新、整洁与优雅,合理安排或调整学生的座次和座位排列形式,增强课堂环境的秩序感和责任感。

(三)更新秩序观念

课堂矛盾冲突是自然的和不可避免的,它既有其破坏性与危害性,也有其生成性和建设性,教师应通过交流与沟通去达成课堂的有序与平衡。

课堂确实需要纪律,但课堂气氛更加重要。教师的课堂管理不是为了把学生管死,而是为了提高学生学习和活动的效率。但僵死的管理模式不仅破坏了课堂气氛,而且使学生失去了学习的兴趣与动力,从而使学习的效率递减。

教师过多强调对学生的管束和学生的顺从,而较少给学生留出自由的空间,学生不但没有认同感,反而变得谨小慎微,其心理也必然处于一种压抑状态。

学生的非期望行为并非都是不合理的,也并不一定是对老师的不尊重,但老师因其自身的误会而对学生进行批评,则让学生形成消极和对抗情绪。

不同背景的学生,其兴趣和需要是多样的。如果老师企图把学生的一切活动、一切事情都管得严严实实,不仅会扼杀学生的个性,而且会让学生产生反感和厌恶。

(四)秩序管理小技巧

秩序管理小技巧具体包括站在教室引人注目的地点;姿势、表情、声音都应自然、大方;泰然自若地进入学生活动的范围;注意收集学生信息反馈,并作出回答;控制好自己的反应,对学生干扰课堂教学的行为要认真作出适当处理;考勤。

二、创设适宜的情境氛围

课堂教学的情境、氛围,对学生的心态和教学的效果、效率具有重要的影响。作为一门以严谨枯燥见长的学科,数学课堂教学应特别重视情感氛围的创设和营造。

(一)创设最佳课堂情境

现代课堂情境的特点是：

①具有活动性,能为学生开展多种多样的课堂活动创造条件。其基本要求是情境的真实性、活动的开放性、学生的主体参与性和教师的引导性。

②具有生活性,能加强科学世界与生活世界的联系。其基本要求是:在学生的日常生活和环境中发现学习情境的资源,充分利用学生的认知经验和生活经验,通过角色扮演、游戏、语言描绘、图画表现等为学生营造一个生活的情境,激发学生运用所学知识解决日常生活中的问题的能力,并在其中体验和理解知识的意义。

③具有问题性,能有效地引发学生的思考。问题要围绕一定的教学目标,其难易程度要能保证使大多数学生都处于积极的思维状态,问题的设计和表述要新颖,具有真正吸引学生的力量。

(二)创设民主教学情境

相信学生,尊重学生,以平等的态度对待学生。认真倾听他们的意见,鼓励每一个学生所作出的努力和哪怕一点点的进步。

鼓励积极讨论质疑,帮助学生确立正确的权威观。

通过一种平等对话协商的形式,引导学生在与教师、同学的充分对话中获得独特的体验与见解,完成教育的价值引导和自主建构的辩证统一。

(三)创设现代学习情境

自主学习情境。充分尊重学生的自主性,精心设计引导学生自主学习的方式方法,满足学生在学习内容、时间、地点和形式上的自由选择,实现学生在学习和发展上的"自我导向、自我激励、自我监控"。

合作学习情境。围绕共同的学习任务,学习小组分工合作,在积极的相互依赖和面对面的交往中,让学生学会承担个体责任,学会表达自己、倾听别人、服从集体、说服别人,培养学生的合作意识和团队精神。

探究学习情境。引导学生发现问题和提出问题,提出假说并验证假说,交流、修正、内化所探究的结论,在此过程中培养学生的创新精神和实践能力。

愉快学习情境。组织游戏性教学活动,让学生表达自己的所思所感,教学态度轻松民主,幽默风趣,给学生以足够的心理安全感,在轻松愉悦、生动活泼的课堂氛围中完成教学任务。

成功学习情境。将课堂活动规划在既不太容易也不太难的适度范围,特别关注遭受挫折而又心理脆弱的学生,为其在课堂学习中获得成功体验创造条件,"使每一个同学都抬起头来走路"。

(四)营造适宜的心理氛围

筛选有价值的知识,运用启发式教学,使学生产生强烈的求知欲望,创造数学教学的认知情境和氛围。

利用课本章首语中的信息源,开发教师自身丰富的情感、情趣、情理蓄积,辅之以图表、音像等情境教学手段,创造数学教学的情感情境与氛围。

启发学生生疑、质疑,引导学生析疑解疑,组织学生讨论争辩,创造数学课堂教学的思辨情境和氛围。

三、形成和谐的人际关系

数学课堂教学中的人际关系,主要包括教师与学生之间的关系和学生与学生之间的关系,而师生关系又是其中的主导方面。

(一)把握协调人际关系的目标

在当代社会背景下,数学课堂教学人际关系管理的目标,是形成以教育民主、尊师爱生、教学相长为基本特征的亲密合作型人际关系。这种人际关系的核心就是把师生看成是真正意义上的人,每一个人的人格和权益(包括每个学生)都受到其他人(包括教师)的尊重,每一个人(尤其是教师)都要学会倾听、学会沟通,在一种平等、理解、尊重、信任、合作的双向关系之中,全面发展自己,获得成就感与生命的价值体验,并感受到人格的自主和尊严。

(二)树立教师在学生心目中的良好形象

牢记教师的身份、责任、权力、义务,不断加强职业道德修养和业务修养,耐心、温和、可信赖、理解别人、公正、热心负责、学识广、教法好、领导民主、人格高尚、兴趣广泛、仪表端庄。

消除权威心理,以良好的思想品德、杰出的教学能力和认真的教学态度使学生内心钦佩、真正信服。

善于从学生的表情、反应、评价、建议中省察自己,及时吸收学生对教师的合理期望,不断反思、改进方式方法,增强自我批评精神。

正确认识自己与学生之间所存在的代沟,增加与学生在思想、感情、行为、爱好等方面的共鸣点和契合点。

(三)正确开展与学生的课堂交往

与学生坦诚相待,鼓励学生尽情地表露瞬间的感情和态度,无条件地喜欢或珍视学生表露出来的真情实意(包括正面的和负面的感受),并从学生的角度来理解他们。

尊重、保护每一个学生的意愿和情感,相信学生有发展自己潜能的意愿和力量,把自由表达的空间留给学生,允许学生犯错误和改正错误,努力创设一种使学生心理安全的课堂情境。

了解学生的动机、需要、兴趣、态度、情感,了解自己的举措在学生身上产生的反响,反对专断,力行民主,鼓励学生参与,培养学生的主体意识,发展学生的主体能力。

对学生一视同仁,公平对待每一个学生,警惕和避免知觉失真和知觉偏见对自己的影响;要多表扬学生,表扬时应面向全班学生,而批评时却要讲究方式方法,在合适的场合向合适的学生讲合适的事。

热爱学生是师生关系的基本准则,要使学生感受到真正的教师之爱,但不能对学生偏爱、私爱和溺爱。

(四)协调师生交往中的冲突

克服冷漠、易怒、偏爱、偏恶等异化情绪,遇事冷静,客观、文明、妥善地处理课堂问题;尊重学生个体的需要、动机、态度、才能和性格特点,不滥用权威;激发学生的学习兴趣和热情,不一味从外部施压强制学生学习;遵守教育法令法规和学校的规章制度,不另搞一套,增加学生负担;加强沟通和协商,努力形成教师、学生、学校、家庭之间的价值共识;师生在心理上互换位置进行思考,相互尊重、相互理解;教育学生明白他们的责任、权利和义务,活动有规范,行为有分寸,克制与学生角色不相符的需求。

(五)师生交往小技巧

全力上好最初几节课,给学生以良好的第一印象;发挥特长,表现特色,创造良好的晕轮效应;加强课上课下与学生的交往,在人格、学业、情感、爱好、兴趣等方面与学生产生相似、互补和共鸣,缩短与学生之间的心理距离;给师生提供相互评价、互相画像的机会。

充分发挥言语的交际功能。如:在每节课的起始,说几句与当时情景有关,或与讲课内容有关的、轻松活泼、风趣幽默的开场白;适时适当地针对全班具体情况和特点说一些表扬性、夸赞性的泛泛语言;在对回答问题的学生作出切实中肯评价的同时,针对其特点,说一句半句鼓励性话语;采用谈话性教学的课堂,用重复学生的话语,肯定答案或适时赞叹鼓励等,推动师生谈话良性进行;讲究课堂组织管理用语、体现民主意识和对学生发自内心的尊重。

四、情景管理案例

数列的极限概念及无穷等比数列各项和的概念既抽象,又是难点。为了更好地讲解本课内容,一位教师在教学时插入了一段"关于分牛传说析疑"的故事。传说古代印度有一位老人,临终前留下遗嘱,要把 19 头牛分给三个儿子。

老大分总数的 1/2,老二分总数的 1/4,老三分总数的 1/5。按印度的规定,牛被视为神灵,不能宰杀,只能整头分,先人的遗嘱更必须无条件遵从老人死后,三兄弟为分牛一事绞尽脑汁,却无计可施,最后决定诉诸官府,官府一筹莫展,便以"清官难断家务事"为由一推了之。邻村智叟知道了,说:"这好办,我有一头牛借给你们。这样总共有 20 头牛,老大分 1/2 可得 10 头,老二分 1/4 可得 5 头,老三分 1/5 可得 4 头,你等三人共分去 19 头,剩下一头再还我。"妙极了!不过,后来人们在钦佩之余总带有一丝疑问。老大似乎只该分 9.5 头,最后他怎竟分 10 头呢? 这样,不仅提高了学生的探究热情,也给教师的导入新课创造了良好的时机,无形之中将学生带入自己设计的教学情境。

第四节 数学课堂动态管理技能

数学课堂教学活动具有动态生成性。数学课堂教学动态管理,就是教师依靠经验积累和教育智慧,对课堂运行过程中瞬间发生的种种情况作出即时的有效的反应,以保证课堂活动的良性推进和教学目标的顺利达成。它主要包括认知活动的优化、问题行为的处理和偶发事件的应对三个方面。

一、优化认知活动

教师课前准备再认真,教学方案再完美,也很难与课堂上即时发生的认知活动完全一致,学生的学习思路与教师的教学思路之间也可能发生种种不同。这就需要通过教师的教学调控,促进课堂认知活动的合理与优化展开。

(一)恰当调整课堂提问

教师提问后,课堂可能出现冷场。这时,教师就要分析原因,对学生进行再启发。包括明确题意或概念,将问题具体化,将问题缩小、分解、变通,进行必要的提示和补充。

(二)正确引导学生的思维活动

调节温度。要保持课堂教学最佳心理状态,教师就应该对教学热点进行冷处理,使学生的思维活动能够引向深处;对冷点进行热处理,使学生能进入积极的学习状态。要在情感冷漠处、教学冷场处、思维冷却处、兴趣冷淡处、思路冷僻处、质疑冷门处、知识冷落处,通过加强师生互动,开展多种活动和幽默,穿插、激将、迂回等行之有效的方式加温或聚热。

顺水推舟。挖掘学生思维活动的可利用因素,把课堂教学中出现的偏差巧妙地引导到教学正道上来。

点拨疏导。学生思维在课堂上往往出现或停滞、或凌乱、或呆直、或散乱无序、或循环往复、不甚流畅、不会变通等情况，发展下去眼看就会形成僵局。这时，教师要迅速摸清学生的思维流向，或调整程序，或寻找突破口……帮助学生越过思维阻碍。

(三)巧妙处理学生的提问

处理方式之一是变化。上课时，有时由于各种原因不能按原计划进行，这时，教师应及时调整教学进度，以适应变化了的情况。如果讲到某个问题，班上绝大多数学生都不理解，教师就应该放慢速度，或补充一些有关的知识。如果该下课了，原先设计的内容仍未讲完，那么教师就应该说："因时间关系，这个问题我们在课堂上不讲了，请同学们课下去思考、去探讨。"或者干脆说："要弄清这个问题，且听下回分解。"所有这些，都不失为调整应变的好方法。

处理方式之二是融入。一般说来，课堂上学生突然提出的问题，特别是那些个人的不同见解，往往会或多或少地影响教学计划的完成。但如果教师能够巧妙地把学生的问题和自己教学计划中即将要讲到的某个问题联系起来的话，就可变被动为主动，变费时为省时，取得极佳的教学效果。

处理方式之三是悬挂。在课堂教学中，学生可能会提出一些无关紧要但又比较难回答、难解释的问题，也可能学生围绕着几种观点争执不下。这时教师可以答应学生课下解释，或鼓励学生课后自己去寻找答案。这样既不挫伤学生提问题的积极性，又能鼓励他们分析问题，还能保证课堂教学的正常进行。

处理方式之四是回抛。有时，学生会提出教师猝不及防、一时难以回答的问题。遇到这种情况，教师可以采取的一个有效办法就是将皮球(问题)回抛给学生。在学生争论的过程中，摸清学生的底细，理清自己的思路。然后巧妙引导，予以解决。

(四)科学对待学生的思维成果

如何科学对待学生的思维成果？首先是吸收。由于学生勤于读书，精心思考，课堂上常常可以发表颇有见地的看法，教师就应当把学生的看法吸收过来，作为自己教学内容的补充，使自己的讲授更科学、更严密、更丰富、更充实。其次是共存。既承认学生在课堂上提出的对教材内容或教师讲解内容的不同看法，又维护教材的说法或教师的讲解，使两种不同的见解同时成立。最后是分析。有时学生在课堂上发表的见解，既有正确的成分，又存在着这样或那样的不足甚至谬误。教师可先把学生见解中的正确之处肯定下来，而后再指出其中的不足之处。实事求是的做法，既有很强的科学性，又有利于保护学生的积极性。

(五)优化课堂认知活动的原则

课堂认知活动的调控,应有四个基础:一是广博的知识,二是丰富的经验,三是精通教材,四是娴熟教法。同时,还要实现以下几个方面的优化:引导学生在原有学习起点和思维水平的基础上,一步一步、扎扎实实地实现教学目标,实现数学教学目标达成的优化;引导学生学习思路与教师教学思路和谐统一,实现数学思维训练流向的优化;以教法促进学法,将学法指导寓于认知活动调控,实现数学学习方法指导的优化;不断诱发学生的学习动机和需要,努力创设和谐的学习环境和气氛,坦诚进行思想感情的沟通和交流,严格培养勤勉好学的习惯和态度,促进学生人格的健康发展,实现学生数学学习心理的优化;促使学生学习内驱力、主观能动性的充分调动和发挥,不断获得成就感和成功体验,实现学生参与教学过程的优化;引导学生不断转化自己的思想,调节自己的行为,进行自我教育、自我评价和自我调节,实现学习主体自我转化的优化。

二、处理问题行为

数学课程教学问题行为,这里主要指的是学生在数学课堂教学过程中发生的,违反课堂规则和道德标准,妨碍正常交往和参与学习,干扰课堂活动的正常进行或影响教学效率的行为。

(一)问题行为的类型

总的来说,学生课堂问题行为主要包括指向别人和指向自身的两大类。

指向别人的问题行为有:打骂、推撞等侵犯他人的行为;课堂上交头接耳、窃窃私语、擅换座位、传递纸条等过度亲昵行为;高声谈笑、口出怪音、敲打作响、做滑稽表情、怪异动作等故意惹人注意的行为;故意不遵守纪律、不服从指挥、反对班干部和老师等盲目反抗权威的行为;恶意指责、互相攻击、彼此争吵、打架斗殴等的冲突纷争行为;针对教师和学生的恶作剧行为等等。

指向自身的问题行为有:上课时凝神发呆、胡思乱想、心不在焉、做白日梦等注意涣散行为;胡写乱涂、抄袭作业等草率行为;迟到、早退、逃学等抗拒行为等。指向自身的问题行为虽不影响他人,但同样会影响课堂效果。

(二)课堂问题行为的处理

课堂问题行为一旦发生,教师就要予以及时、妥善、有效的处置。其基本策略有:

1. 鼓励和强化良好行为,以良好行为控制问题行为

给学生提供某种具体的行为范例,当学生表现出具体的期望行为时予以鼓励,让学生自觉不自觉地进行模仿,并朝着这个方向努力。

2. 采取有效措施,终止课堂问题行为

一是模糊终止。包括暗示法、有意忽视法和暂时搁置法等。暗示法如走近学生,摇头示意、叹息或假意咳嗽一声,讲课语气突然变化或停止讲课,凝视学生,轻拍其肩等,也可以运用比喻、声东击西加以暗示。二是艺术终止。包括幽默带过法、以褒代贬法、因势利导法等等。三是正面制止。包括提问法、提醒法、批评法、劝离现场法和适度惩罚法等等。正面制止时,一定要巧妙地给学生以台阶,见好就收,不要扩大问题和激化矛盾。

3. 矫正课堂问题行为

课堂问题行为矫正,具体包括"觉察—诊断—目标—改正—检评—追踪"六个环节。主要方法有:

①合同法。对于经常违反课堂纪律的学生,教师可以与其签订书面合同,合同上写明必须纠正的违纪行为及其地点、时间和方式,规定学生如果遵守了合同就给予何种鼓励,如果违反合同要受到何种惩罚。合同条件应该公平、肯定并经过充分协商,奖惩措施都要及时执行,不宜拖延。

②渐进法。循序渐进地对学生提出一步步的力所能及的要求,最终达到目标。

③激励法。热情鼓励学生在课堂上朝目标渐进的每一步,确保学生有不断取得进步而获得成功的体验。

④标本兼治法。把行为矫正与心理辅导结合起来,帮助学生正确认识与评价自己,调整学生的自我意识,排除自我潜能发挥的心理障碍,从而真正转变问题行为。

(三)处理课堂问题行为的基本原则

具体包括以下方面:

1. 息事宁人,尽量不中断上课

万不得已停下课来,也只能处理到使事件平息为止,不能火上浇油使事态扩大,也不能没完没了地追究根底,有些问题可待下课之后再具体处理。

2. 区别对待

对那些因学生品德不良引起的问题行为教师必须极为重视,严肃地进行批评教育。但对那些因学生调皮、捣乱、无知等引起的问题行为则不必上纲上线,扩大事端。

3. 找准时机

一种是趁热打铁、马上处理;一种是暂时冻结、等到下课或其他时间再来处理这一事件。两者各有其适用的情境,教师要根据情况,恰当运用。

4. 冷静、客观、公正、适当

课堂上如果出现问题行为,教师不能慌张,也不能乱发脾气,要善于控制自己的情感,约束自己的行为,冷静、客观、公正地处理问题,始终保持教育者应有的形象。当学生问题行为未证实之前,教师不能妄加推断;对学生的问题行为进行处理时,应服从公正性原则,允许学生对自己的行为作出说明,处理的时机、方式、场合要适当,不应造成学生身体或心理上不应有的伤害。

5. 出于爱心

处理问题行为,千万不能忘了"爱心"二字。发生问题行为的学生,也应该得到教师的爱、信任和尊重。教师应坚信每个学生都是可以教育好的,把严肃、善意的批评和积极的鼓励结合起来,"关怀备至地、深思熟虑地、小心翼翼地触及年轻的心灵"(苏霍姆林斯基语),去获得教育的成功。

(四)处理问题行为应注意的事项

教师的下列行为对制止学生问题行为不利,应予避免:把纪律不良当做教学以外的因素,不闻不问;处处设防,时时训导,态度冷峻;对问题行为不调查真相,不考虑其他因素和相关情景,结论不符合事实,处理问题不看场合、不讲究方式;占用上课时间讲纪律,处理问题行为翻旧账,婆婆妈妈等。

三、应对课堂偶发事件

课堂教学中的偶发事件,一是指波及课堂的自然、社会事件,二是指师生讲解、操作、行为等方面的失误,其基本特征是无意性,即事先不可预知、不可预防,教师有意的"错误"和学生故意的问题行为不在此列。

(一)应对外界干扰

方法之一是因势利导。偶发事件的出现已经引起了学生的好奇,教师要让学生重新集中注意于原定的教学内容已十分困难。这时,教师可以转而发掘偶发事件中的可利用因素,因势利导地开展教育教学活动。方法之二是以变应变。当课堂教学突然出现意料不到的情况,且影响正常的教学时,教师应该以变应变。如某农村学校上课突然飞进"不速之客"麻雀时,有位教师是这样处理的:他首先让学生把麻雀赶走,然后说:"我们的课上得太生动了,连麻雀也来助兴,现在麻雀飞走了,我们书归正传。"接着继续讲课,效果很好。

(二)应对自己失误

方法之一是实事求是。对自己讲课中的失误,教师不能文过饰非,或者反过头来训斥学生,而应当实事求是,心胸坦诚,从错误中引出教训,使大家认识更加深刻。方法之二是妙语补失。教师有时在课堂上说错了话,可用妙语来补失;说漏了的,也可以伺机补上。一位老师到外地上课,一不留神错把一位听课的教师当学生叫起来回答问题。一个学生说:"他是老师。"这位老师说:"你们的老师长得真年轻,跟青年学生差不多。"大家笑了,他继续上课。方法之三是将错就错。有的教师在课堂上发现自己的错误,不生硬地改正,而是来个"将错就错"。

(三)应对学生失误

数学课上,学生会情不自禁地出现一些意想不到的事情,教师应该付之一笑,不必当真,也可用幽默风趣的语言化解一下。一位老师到外地上公开课,一位学生回答问题时由于过分紧张,手中的话筒掉到地上。顿时,全场像绷紧了的弦,听课的师生屏息看着他如何处理这样的场面。这位老师先是微笑一下,随后说:"看来,地球的吸引力还真大。"这位老师的话刚一说完,全场响起一片掌声,这位老师在大家鼓掌的时候帮那位学生拾起话筒,并示意他坐下,然后继续上课。

(四)面对尴尬处境

一位身材矮小的教师到新班上课,刚进教室有的学生就掩口而笑,还有的在下边窃窃私语。教师见状不急不躁,微笑着说:"同学们,我曾因为自己身体矮小摔碎过几面镜子。今天我能够博得大家开心的一笑,这证明我们之间的感情交流已迈出了可喜的第一步。在今后教学中,我一定取同学们之'长'来补自己之'短',努力提高自己。"一席幽默调侃之言,道出了教师宽阔的胸怀,课堂上充满了和谐友好的气氛。

四、动态管理案例

案例之一:

数学老师正在讲关于质数和合数的基本概念,突然,教室外面建筑工地传来了"嘭、嘭、嘭……"的拖拉机发动声,而且这声音还一直响下去,使教学无法进行,学生也烦躁不安,张望窗外。这时,教师灵机一动,大声地讲道:"现在大家来数数,听听拖拉机的响声有几下,然后我请同学来回答你数的是质数还是合数。"……

这个案例中,学生注意力已经游离于教学目标,如果这时命令或是强制学生听讲,不仅教学效果不好,而且会影响师生之间的融洽关系。这位教师因势利导,巧妙地把环境中的噪声变成了有利于教学的情境,顺应了学生的心理,使他们的注意力很快地集中到学习中,加深了学生对数学概念的理解。

案例之二:

在一节数学"统计图"练习课上,忽然下起了雪,同学们都很兴奋,此情此景,课堂上情况可想而知。这时,老师对同学们说:"好大的雪啊!我们就看一分钟的雪景吧。"老师看着表,"哗"一下,同学们都离开了座位……老师在看表的时候有意大概估计了一下,10秒钟有7、8个同学坐好了,20秒的时候,约有15个人坐下,30秒时约有33人坐好了,40秒时约有55人坐好了,50秒的时候全班62人都坐好了,只有一个学生在座位上还往外看,这时他同桌用胳膊轻轻碰了她一下,他马上坐好了。老师没有马上讲课,因为还不到一分钟,有意让学生静一静心。此时此刻,教室里静得真是一根针掉下来都听得到,老师对同学们说:"同学们行动可真迅速,50秒钟都坐好了,出乎我的意料!我把刚才你们的回座位速度的信息用数字记了下来,我把数据信息写在黑板上:

四一班学生一分钟内看雪景行动变化情况统计表

时间/秒	10	20	30	40	50	60
8	15	30	55	61	62	0

同学们,请根据上面的数据信息制出合适的相应的统计图,在制图前先回忆一下我们制作统计图的步骤,要求学生写步骤,同学们制图完成后,回答以下问题:

你绘制了哪种统计图,为什么选择这种统计图?从统计图中你知道了哪些信息?你能提出哪些数学问题?……"

这节复习课,同学们踊跃参与,课堂气氛十分活跃,上得很成功。

综观上述四节内容,我们不难发现,数学课堂教学管理技能是课堂教学的支点,是课堂教学得以顺利展开的重要保证。它不仅影响整个数学课堂教学效果,而且与学生思想、情感、智力的发展有密切的关系。数学课堂教学管理不是简单地维持课堂秩序,也不是纯粹的知识陈述,而是要通过教师有效的课堂教学组织与管理设计启迪学生智慧,促进学生全面的发展。因此,数学课堂教学管理技能是教师必须掌握的一项专业技能。

实践与思考

1. 课堂教学管理技能有哪些?

2. 试着制定十条班级课堂教学规则,用于课堂教学管理。

3. 结合教学实践,书写一篇课堂管理的教学案例。

第十一章　数学说课技能

说课是师范生必备的专业技能。说课作为一种特殊的教研活动,是 20 世纪 80 年代教学改革中涌现的新生事物,因其本身固有的特点和它在教学研究中显示的实际功能而广为教育界所承认和接受。尤其是近年来,随着我国基础教育课程改革的推进、教学研究活动的不断深入,说课这种形式的教研活动受到广大教师的日益重视,在各级教研活动中,特别是在各级招聘教师的活动中,被广泛地应用。

第一节　说课技能概述

说课是课堂教学理论的延伸,在一定意义上,它找到了教学理论和教学实践的有机结合点,找到了与课堂教学中几个关键要素(备课、上课)的有机结合点。与其他微格教学技能相比,说课技能具有独特的价值和意义。

一、什么是说课技能

说课是教师以教育教学理论为指导,在精心备课的基础上,面对同行、领导或教学研究人员,利用口头语言和有关的辅助手段,阐述某一学科课程或某一具体课题的教学设计或教学得失,并就课程目标的达成、教学流程的安排、重点难点的把握及教学效果与质量的评价等方面与听课人员相互交流,共同研讨,以进一步改进和优化教学设计的教学研究过程。

说课技能是教师将教材理解、教法、学法和教学程序设计转化为具体教学活动的一种课前预演或课后总结的行为能力。说课是促进教师业务学习和进行课堂教学研究、提高业务水平的重要途径,也是评估教师教学水平的有效手段。

二、说课技能的特点

说课活动的形式可以不拘一格,但不论是何种类型的说课,与其他教研活动相比,具有以下几个突出特点。

(一)理论与实践相结合

教师说课不仅要说"怎样教",而且还要说明"为什么这样教"的理论依据和实践需求。要把课说清、说透,就需要教师积极主动地学习教育教学理论,认真反思教学实践活动,确立运用理论指导教学实践的意识,将教学理论和教学实践有机结合。通过教师在说课中对教学的全面阐述,教师和教育专家就有可能从教学理论的高度来审视和评价教学。因此,说课活动体现了较强的理论与实践相结合的特点。

(二)智慧互补

说课是一种集体参与、集思广益的教学研究活动方式,通过相互交流,每一位参与者都容易迸发出思想的火花。无论是教师同行还是教研人员,他们的每一种想法、每一个观点乃至一个小小的补充或提示,都是一种教学智慧。教师们在相互评议与切磋中分享经验,在合作中共同提高,达到智慧互补。

(三)简便易操作

与课堂教学不同的是,参加说课活动的对象是教师或教学研究人员,因而,说课活动可以不受时间、空间和人数的限制,简便易行。从活动所需的媒体或手段来看,既可以是教师单单的口头表述,也可以利用实物、实验、投影、音像等教学媒体辅助说课,因而具有较强的可操作性。

(四)短时高效

单纯的说课一般时间较短,10~20分钟即可完成,但内容却十分丰富:既包括教师对教材的理解掌握和分析处理,又包括教法、学法设计;既要说清怎么教,又要讲出为什么这样教。因此,整个说课过程呈现出短时高效的特点。

(五)可修改完善

教师课堂教学设计是否科学合理和有效,可以通过说课来进行修改和完善,去粗取精,精益求精。有什么不足之处,可以在课前修改;有什么好的做法,可以在课后提炼和提升。说课能够在课堂之外解决课堂教学中的低效、无效和负效问题,不让学生在课堂学习中成为设计失误的试验品和牺牲品。

(六)运用广泛

说课运用广泛。检查教师备课情况、进行集备组间教学研究、评价教师的教学水平、开展教学技能竞赛、招聘教师等均可采用说课的方法,从中可以综合反映出教师的教学思想、理论修养、知识水平、教学能力、应变能力和教学基本功等各个方面的素质。

三、说课技能的作用

(一)促进教师队伍的建设

教师参与说课活动后,既要当说课者,又要当听课者,还可以当评课者。一方面,为了说好课,教师势必会对自己提出更高的要求,会积极主动地去学习,既要学习更多的数学知识,又要学习现代教育理论,这样才能保证一堂课上得合理,说得明白。可以说,说好课的要求使凭经验上课的状况难以为继。另一方面,教师作为听课者和评课者,必然会认真寻找别人的不足与长处,从别人的说课中汲取到许多营养,使自己的教学得到丰富和改进,从而使整个教师队伍的素质得到提高。

(二)促进教研活动的开展

说课的开展,使得教学研究活动更为活跃。实际上,说课的迅速推广正是教研活动深入发展的结果,而它反过来又对教研活动产生强大的推动力。在组织教研活动时,如果过多地运用观摩课的形式,时间上不易保证,组织工作难度较大;但如果离开具体的课进行教学研究,则难以解决教学中遇到的实际问题,不易深入,对教师的吸引力不大,因而适当采用说课的形式,既避免了一般性讨论的偏于空泛,又比观摩课显得更为灵便,节省时间,较好地体现了理论研究和教学实践的具体结合。

(三)促进创新意识的培养

创新是说课的生命线,在说课活动中,说课者一方面要立足自己的教学特长、教学风格,另一方面更要利用同行、专家参与评说和众人共同研究的良好机会,树立创新的意识和勇气,大胆假设,小心求证,探索出新的教学思路和方法,从而不断提高自己的业务水平和教学质量。只有在说课中利用创新思维不断发现新问题、解决新问题,才能使说课活动充满生机和活力。

(四)促进教学质量的提高

说课的开展,营造了一个较好的教学研究的氛围。说课的目的在于更好地研究教学,评价教学过程和教师的水平、能力,促进教学质量和教师水平的提高,提高教学研究人员的水平,促进教学、教研的紧密结合。因此,说课能促使教师学习教育理论,钻研教学大纲,增强课堂驾驭能力,提升教师核心竞争力,也能有效解决教与研脱节的问题。所有这些均为教学质量的提高创造了条件。

第二节　说课的类型

一、说课的类型

说课，作为教学研究活动的一个有机组成部分，因其活动的目的、要求不同，常有不同的分类方法。宏观来分，可以是说学科课程、课程标准、学科教材和课程资源利用等。具体来分，主要是说课堂教学实施过程的设计策略和流程。为了更好地开展数学课堂教学，提高课堂教学效率，说课通常可分为单元说课和课时说课。

（一）单元说课

单元说课的内容一般可分为四个方面：一是教学单元的划分及单元课题。二是教材分析。主要应说出大纲要求、编者意图、单元内容、单元在整册教材中的位置、重难点的确定、前置知识、新知识、新环节等，这是对教材的静态分析。三是前提分析。前提分析包括学生的认知前提、情感前提、技能前提分析。一个单元能否教好和学好，很大程度上取决于学生的基础、技能、兴趣、动机等。对此，教师必须了解学生，也就是平常所讲的备学生，这是对单元学习的动态分析。静态分析是基础，动态分析是调控。如只注重了静态分析而忽略了动态分析，往往不能有的放矢，达不到最佳教学效果。四是单元教学设计。其中包括：单元学习目标的确立、课型课时的分配、前置补偿、教材处理的基本思路与做法、特殊情况的处理及特殊手段的应用、单元知识网络图的编制、单元训练和形成性测试题的编选、重难点突破化解的主要措施。

（二）课时说课

课时说课，就是说课者在认真研读教材、领会编写意图、分析教学资源、初步完成教学设计基础上的一种说课形式，是说课者个体深层次备课后的一种教学预演活动。从其对课堂教学的影响来看，通过课时说课活动，可以借助集体的智慧来预测和反思课堂教学的实际效果，最终达到改进和优化教学设计的目的。因而，课时说课也是一次预测性和反思性的说课活动。

课时说课要说的内容一般包括五个方面：

1.说大纲（课标）、说教材

说大纲、说教材包括三个方面内容：

①说明大纲（课标）的要求，说明教材的特点、结构及功能，要深刻理解教材的编写意图，找出知识间的内在联系、明确新旧知识的接合点及接合方式，并注

意挖掘出其潜在的智力因素。

②说明教学目标。教学目标是整个教学活动的导向和终结,要求教学目标的确定必须具体明了。教学目标一忌空泛笼统,落不到实处;二忌琐碎繁杂,重点不突出;三忌脱离实际,收不到效果。

③说明教材重点、难点、疑点及其取定的依据,抓住重点,解决难点,关注疑点,以便在课堂教学中驾驭教材。

2.说教法

"教学有法,教无定法",教学方法的选择主要依据教学内容、学情和教师来确定。

①说出本节课选择何种教法,采用怎样的教学手段,在选择教法和教学手段时,要考虑是否能取得最佳效果,取得最高效率,力求效果和效率达到完善的统一。

②说出用这样的方法和手段的理论依据是什么。

3.说学法

"以教师为主导,以学生为主体"的教学原则早已为广大教育工作者共同认可。在教学过程中落实学生的主体地位,必须教给学生学习的方法。凡有识之士无不深谙"授之以鱼,不如授之以渔"的道理。说学法包括三方面内容:

①说出学法指导的具体内容。即通过教学指导学生学会什么样的学习方法,培养哪种能力。这将直接关系到这节课的学习效果。

②帮助学生构建学习动力系统,主要包括确定学习目标、激发学习兴趣、提高学生自信心、培养克服困难的顽强意志、建立良好的学习习惯等。

③说出学法指导的依据,即学情分析,也就是学生情况、学习现状等。

这三部分内容,可以单个进行说明,也可渗透到教材分析,重点、难点的突破措施及巩固训练各环节中去。

4.说教学过程

说教学过程主要包括以下内容:

①说学前诊断。在学习新课前,通过对学生知识基础、兴趣、动机、意志、态度、习惯等的诊断,获取认知前提、情感前提的反馈信息,查明学生已经知道些什么,已经掌握了哪些,并根据存在问题有针对性地查漏补缺,为学生掌握新知识铺平道路。

②说认定目标。在教学实践中,教学目标起着指向、导航作用。适时展现教学目标,让学生明确掌握各层次教学目标,做到预习、听课、复习时心中有数,使教师为达成目标而教,使学生为掌握目标而学。教学目标的认定,一要选择恰当时机,二要贯穿整个教学过程,做到课前粗知、课中细知、课后深知。

③说落实目标。把教学目标分成若干个部分（分条、分块）围绕目标进行学习，即为落实目标。特别值得说明的是，落实目标要从实际出发选择不同的课型，选用不同的方法学习不同的内容；另外要将反馈矫正贯穿始终，最大限度地因材施教。

④说强化目标。根据教学内容，设计复习内容、组织复习、归类式比较进行分类指导，对本课的知识和技能进行变式训练，及时强化，实现"达标"。梳理归类、纳入知识系统，注意知识间的联系，达到知识系统的统一和深化的统一。

⑤说矫正补救。在教学结束前，对学生进行测试，师生从中获得反馈信息，共同分析教学中存在的缺陷和问题，并采取相应的补救措施，使教学目标圆满完成。

5.说程序

要注意如下三个方面：

①说出整堂课的时序安排和时间分配及各个教学环节的交替更迭。一要做到有头有尾，注意教学过程的完整性；二要做到有张有弛，注意教学过程的节奏性；三要做到有动有静，注意课堂教学的艺术性。

②说出每个教学环节的顺序安排，比如在"新授"这一教学中心环节讲、读、练的顺序中，每项活动的进入和退出以及所占时间比都必须精心安排，做到层次分明、环环相扣、顺序流畅。

③说出板书计划和依据。

总之，说课作为一种集体备课和新型的教研活动，对于大面积、高效率提高教学质量，增强师训效果，其作用不可置疑。

可以看出，要真正说好"课"，确实不是一件容易的事。教师不仅需要学好用好教育教学理论，练好各种教学技能，还需要对教学内容认真地规划、设计。

二、说课与备课、上课的关系

说课，是介于备课之后、授课之前（或之后）的教学活动。教师容易将说课与备课、上课混淆，因此，要说好一节课，就要弄清说课与备课、上课之间的关系。

(一)说课与备课

1.联系

无论是备课还是说课，其目的都是为上课服务。从所涉及的内容来看，由于说课是一种深层次备课后的展示活动，所以两者涉及的主要内容应该是一致的；从活动的过程看，两者都需要教师花费一定的时间去研究课程标准、教材及学情，并结合有关教学理论，选择并确定合适的教学方式，设计最优化的教学流程。

2.区别

①内涵不同。备课是教师个体独立进行的一种静态的教学研究行为,而说课是教师集体共同开展的一种动态的教学研究活动。在对教学问题的研究与反思方面,说课显然要比备课更深入、透彻、细致。

②对象不同。在备课过程中,教师一般独立进行教学设计,不直接面对学生或教师,而说课是说课者直接面对其他教师,说明备课内容及备课的依据。

③目的不同。备课是为了上课,为了能正常、规范、高效地开展教学活动,它以全面提高教育教学质量和不断促进学生发展为最终目的。而说课是为了帮助教师学会反思,改进和优化备课,它以整体提高教师队伍素质和实现教师专业化发展为最终目的。

④要求不同。备课强调将教学活动安排得科学、合理和全面,能为上课提供操作性强、条理清晰的教学流程是备课的关键内容。因此,备课一般只需要写出教什么、怎样教就可以了,而无须说明为什么要这样教。而说课就不一样,教师不仅要说出教什么、怎样教,还要从理论角度阐述为什么要这样教。

(二)说课与上课

1.联系

①在课前说课中,所展示的教学流程、教学内容、教学方式、教学媒体等,都会在上课时得到充分体现。

②在课后说课中,说课者反思上课时涉及的内容,更多的是上课时师生活动的再现。

2.区别

①对象不同。说课的对象是教师或教学领导者,是同行之间的一种教学研究活动。而上课的对象是学生,是师生之间的知识、智能等方面的双边活动。

②内容不尽相同。说课侧重叙述"为什么这样做"和如何指导学生"怎样学"的科学理论依据,对课堂教学的"教"和"学"起了指导作用。而上课侧重结合学生的具体情况,传授给学生具体的基础知识、基本技能和能力发展等方面的内容。

③组织形式不同。说课的组织形式灵活多样,有个别形式、小组形式、群体形式等。它不受时间、地点、人数的限制。与上课相比,它具有较大的机动性。

总之,说课与备课、上课之间有着较大的区别,但三者之间也有着密不可分的联系。备课是说课和上课的基础与前提,备课的质量直接决定着说课与上课的效果。而说课、上课是备课结果的表述和检验,通过备课与说课这两个环节,整合了课程,促使上课更具科学性、计划性、有效性。当然,说课不等同于课堂教学,既不能看到教师临场发挥、随机应变的教学机智以及学生掌握知识、形成能力的实际效果,也不能反映是否符合真实的教学情形。说课好的教师不一定上课好,上课好的教师也不一定能说好课。因此,在教学研究活动中,不能简单地根据教师说课的好与坏,评判某个教师的课堂教学水平,而应将说课与课堂教学有机结合、统筹兼顾。

第三节　说课的实施

说课的形式虽然多种多样,却不乏一些方法和技巧。掌握了这些,结合一些运用的基本原则和注意事项,我们就能比较顺利地运用说课技能。

一、说课的方法和技巧

(一)如何分析教材的地位和作用

教材的地位和作用应该理解为这节内容在教材体系中的意义,及该内容对学生的学习和终身发展以及科学技术和社会发展所起的作用。基于这样的理解,我们应该以全局的角度来把握教材,然后综合分析教材的地位和作用。因此,对教材地位和作用的分析,至少包含以下两个方面:

第一,内容所处的"地理位置"以及这样安排的意义。这就要求不仅要描述出该内容安排在教材哪里,更要分析教材是基于怎样的考虑将这一内容安排在这里。在分析教材安排时,应该包括:前面已经安排了哪些知识与技能,本内容包含了哪些方面,它们与前面内容之间有何关系;对前面内容的总结、拓展或应用;该内容与后面学习的内容有怎样的联系,或者在以后的学习中还有怎样的发展。

第二,该内容的学习需要学生已掌握哪些方面的知识、技能或者研究方法,将发展学生哪些方面的能力,这些知识对学生的学习和终身发展有何重要的作用,对学生改变学习方式有哪些重要的意义,这一知识对人类生产、科技发展、资源环境等一个或者多个方面有何重要意义,等等。分析清楚这些,就为教学目标的制定奠定了基础,否则教学目标将成为无源之水、无本之木了。

(二)如何描述教学目标

在认真分析教材的地位和作用后,就可以确定教学过程中将要实现的教学目标。在说课中,如何更好地描述教学目标呢?

我们知道,目标是教师希望学生从该学科和每堂课中学到的东西。换句话说,就是教师为之努力的学生学习的成果或最终行动。因此,鲜明具体的教学目标的表述必须具备以下两个特征:

一是必须详细说明目标内容——学习或掌握什么;

二是应当用特定的动词来描述——目标掌握到什么程度,并用能对学生的行为作出直接观察的动词来表达,如识别某某、初步了解某某、对某某进行解释、判断某某、比较某某之间的关系、经历某某过程、体会某某思想等(详见前面数学教学设计技能)。

(三)如何确立教学重难点

确立教学重难点是教学设计的一个关键,也是说课活动必须阐述的一项内容。数学的重点知识主要包含核心知识、核心技能和核心的思想方法等。其中,核心知识包括数学学科的基本概念、定理以及公式运用等知识;核心技能主要包括空间想象、直觉猜想、归纳抽象、符号表示、运算求解、演绎证明等;核心的思想方法则包括化归法、反证法、构造法、数形结合法、特殊化法、数学建模法、数学归纳法等内容。难点是指学生接受起来比较困难的知识点。必须说明的是,虽然在大多数的数学教学中,重点和难点是一致的,但有时难点内容不见得就是重点内容,教学时必须突破难点才有利于重点的解决。此外,有时难点与重点无关(这种情况很少)。

(四)如何全面深入分析学情

深入分析课程标准和教材,目的是准确把握教学目标和内容。但仅仅把握教学目标和内容是不够的,因为学生是学习的主体,学生的基本情况制约着学习的开展和深入,影响着教学目标的达成。因此,研究学情也是说课必须关注的一个方面。分析学生状况应该从学生已经具备的知识水平和能力状况、学生的认知风格等多个角度来考虑,最好从学生的"已知"、"未知"、"能知"、"想知"和"怎么知"等五个方面全面分析学生情况。

1. 学生的"已知"

"已知"是指学生已经具备的与本节内容学习相关的知识经验和能力水平等。明确"已知"很重要,它决定着学习起点的定位。

2. 学生的"未知"

"未知"是相对"已知"而言的,它包括学习应该达到的终极目标中所包含的未知知识,而且还包括实现终极目标之前涉及的学生所没有掌握的知识。

3. 学生的"能知"

"能知"就是通过这节课教学,所任教班级的学生能达到怎样的目标。它决定了学习终点(即学习目标)的定位,是因材施教的基础。

4. 学生的"想知"

所谓"想知",是指除教学目标规定的要求外,学生还希望知道哪些目标以外的东西。

5.学生的"怎么知"

"怎么知"反映学生是如何进行数学学习的,它体现学生的认知风格和学习方法、习惯等。

(五)如何阐述教学流程

说教学过程要求做到:

①说出教学全程的总体结构设计,即起始—过程—结束的内容安排,要把教学过程所设计的基本环节说清楚。

②重点说明教材展开的逻辑顺序、主要环节、过渡衔接及时间安排。

③说明如何针对课型特点及教学法要求,在不同教学阶段师与生、教与学、讲与练是怎样协调统一的。

④要对教学过程做出动态性预测,考虑到可能发生的变化及其调整对策。

此外,由于教学是围绕着教学的重点来进行的,而且教学的关键在于突破难点,因此在阐述教学流程时,必须在如何突出重点和突破难点多费笔墨;而且,学习者的学习热情和兴趣制约着学习活动的开展和学习效果的高低。因此,教学设计的阐述也要体现如何引发学生的学习热情等内容。

(六)如何表达说课活动中的"反思"

教学反思是教师以自己的教育实践中发生的教育现象为反思对象,以研究者的心态和视角审视、分析教学实践的过程。它包括教师对教学中的缺点和错误进行反省与批判,也包括对教学中的优点和长处的肯定和坚持。可分为教学前、教学中和教学后三个阶段,不同阶段的反思具有不同的特点和内容。

根据说课的特点,说课中的反思,以说课活动中的教材分析、学生分析以及教学设计等内容为对象,剖析这些内容在教学实践中的可取之处以及存在的不足。课前说课的反思具有前瞻性,它与教学中的监控性反思和教学后的总结性反思存在明确的差异,为教学中和教学后的反思奠定了基础、指明了方向。课后说课的反思具有总结性,说出成功之处、欠缺之处、改进之处,找出经验教训,探索新问题,发现新知识。

当然,说好课还有很多方法和技巧,需要在实践中不断地归纳总结,并形成说课中自觉的行为表现。

二、说课的基本原则

按照现代教学观和方法论,成功的说课必须遵循如下几条原则:

(一)科学性原则

在说课过程中,必须保证所有内容都是科学的。首先,教师所要传授的知识和运用的方法应当是科学的,对大纲的理解、对教材的分析都应符合实际,对概念、定义的表述,所做的论证,引述的事实及教师的语言表达都要正确无误。其次,所要引用的教育教学理论应该是科学的,是大家公认的,是被科学证明了的,对那些有争议的内容要谨慎行事。所引用的理论不要离开具体的教学内容,避免架空分析、空泛说教或节外生枝、生拉硬扯,否则不仅会削弱重点内容的讲解,也不可能达到说课的目的。

(二)目的性原则

说课课题的选择,教学目的的确立,重点难点的安排,教学方法的选择,教学过程中各个环节的设计,教学手段的运用,以及板书的设计均要体现一定的目的,并阐述给听众,对每一环节、每一步骤都要说出出于什么目的,要达到什么要求。这也是说课与一般课堂教学不同的一个方面,是说课内容中的重要一项,同时也是对一节说课进行评价的重要依据。

(三)实用性原则

说课不是最终目的,说课可以为上课做准备工作,是上课的前奏,说课是为了更好地上课。因此,说课的内容除了科学之外,还要实用。所设计的一篇说课教案应对上课有实用效能,并力争上课后能取得最佳效果,达到预期目的,切忌说时头头是道,具体上课再另搞一套。

(四)启发性原则

当前的课堂教学要求教师充分利用启发式教学法,做到及时交流、及时反馈。由于说课没有学生配合,为弥补这一缺陷,要求教师在说课过程中要贯彻启发性原则,在说课时阐述如何引导学生动脑、动手、动口,并积极主动地去获取知识和发展智力。其关键是教师要善于结合教材内容和学生的实际情况,提出富有启发性的问题,使学生处于积极的思维之中。在说课时,要把准备向学生提出的问题罗列出来,并且估计学生对这些问题会有哪些反应,面对这些反应将采取哪些对策,做到胸有成竹。

(五)指导性原则

说课同上课一样,都具有示范性和指导性,从某种意义上说,说课还具有指导培训的任务,听众是最直接的受益者,因此说课者在说课时,要体现指导性原则。对同一个问题,不同的人,从不同的角度,会有不同的看法,所以说课也是相互学习、汇报学习体会、取长补短的过程,不仅对师范生之间的互相学习交流有帮助,也有利于中学的教研组、教师间的交流,有利于形成科研教研氛围,尤其对青年教师来说,是一次很好的学习机会。

三、说课的注意事项

(一)说"亮"点,尽量减少无效信息

说课作为教师之间的教学信息交流和对话的独特方式,应该遵循高效率的原则,尽可能减少无效信息。为此,各环节的说课应该有侧重,应着重讲出对有关问题的特别认识和理解。课程标准、教材已明确给出的内容和已成共识的问题,在说课中应少说或不说,而对教学设计中有特色的"亮"点应进行详细的阐述和分析,这样说课才具有鲜明的个性特点,才能达到彼此交流和借鉴的目的,从而使自己的说课充满活力,具有特色。

(二)结合实践,让教学理念贯穿始终

说课不是宣讲教案,不是浓缩课堂教学过程。说课的核心在于说理,在于说清"为什么这样教"。因为没有理论指导的教学实践,永远是经验型的教学,是"高耗低效"的。因此,说课应该结合教学实践,强调切实可行的教学理念,让教学理念和教学思想贯穿说课的始终。

(三)教法与学法并重,不可偏废

教师往往对各种教法的应用说得头头是道,而学法却说得不够。说学法时,可从"考虑探究式、自主性、合作性等学习方法在教学中的合理应用,如何体现教师的主导、学生的主体地位"等方面入手。切忌将教学方法说得太过笼统,将学习方法说得有失规范,如"我运用了启发式、直观式……教学法,学生运用自主探究法、讨论分析法"等等。至于教师如何启发学生,怎样操作,却不见了下文,甚至有的教师把"学法指导"错误地理解为解答学生疑问、学生习惯的养成和简单的技能训练。

(四)应富有创造性和启迪性,不可生搬硬套

说课的过程即是探索教育规律的过程,也是将现代教育教学理论创造性地运用于教学实践的过程。说课者应畅抒创见,以使听者从中有所启迪。反对向听课者抽象地阐述教育教学的理论,详细介绍某理论成果,生搬硬套一些教育教学理论的专业术语,这会给听课者产生"故弄玄虚、故作深奥"的感觉。

(五)详略得当,突出"说"字,切忌"读"和"背"

说课教师对说课的内容应作详略取舍,切不可平均用力、面面俱到,对重点难点、教学流程及理论依据等一定要详讲,对一般问题要略讲,若不分详略、不分主次,必然会使听者感到茫然或厌烦。同时,说课不等于读课,说课者不能拿着事先写好的说课稿或者对着屏幕读,也不能将事先准备好的说课稿只字不漏地背诵。

(六)备说课稿时要多问"为什么"

说课教师在备说课教案时应向自己多问几个"为什么",并力争作出令人满意的解释。如果对有些问题尚未弄清楚,应在准备说课前认真学习教学理论,研读课程标准和教材,查阅一些资料或请教其他教师,切忌在说课时使用"可能"、"大概"、"或许"等词语。当然,说课质量的高低还取决于教师的实践经验、语言表达及知识面等。

总之,教师在说课时,要紧紧围绕一个"课"字,突出"说"字。

四、课时说课稿的一般格式及其要求

首先介绍单位、说课人、学科、使用教材及版本、课题。如:"各位评委、老师们:大家好!我是×××中学的×××,今天我说课的内容是'平行线的判定',它是人教版《义务教育课程标准实验教科书·数学·七年级下册》第五章第二节的第一课时内容。"

说课主要可以从如下几个方面进行。

(一)教材简析

主要对以下几个方面的内容进行简明叙述,有明确的针对性和目的性。

①内容简析。对本节的教学内容、课时安排计划及本节课属第几课时进行说明。

②前提分析。对学习本节课的基础是什么、这节课之前学生已学了什么知识及掌握的程度进行简析。

③地位作用。对学习这节课提示了什么样的数学思想方法与技能,能力培养等方面有什么意义和作用进行简要说明。

④课标要求。针对这节课的教学内容,对照课标,对其总的目标要求给予陈述。

(二)教学目标

一节课的教学目标一般按认知与技能目标、能力目标、情感目标三个层次进行表述比较清晰,容易理解和把握,具有可操作性。《课程标准》给出的教学目标,即认知与技能,过程与方法、情感、态度、价值观的"三维目标"是一个大而全教育目标,在一节课很难得到全面的反应和体现,表达起来比较困难,可操作性差,往往出现教学目标高而笼统,目标不明确的缺陷,从而失去上好一节课的指导意义,但有时它对某些教学内容也是可行的,且不可千篇一律。

(三)教学重点和难点

准确地确定一节课的教学重点、难点,并能采取有效的措施,突出重点,分散难点是上好一节课的重要保证,是一节课的关键和亮点,也是说课必不可少的一个内容。但有时重点也是难点,而难点未必是重点,在教学中要分清。

(四)教学方法及手段

在说课中,可按教学方法、学法指导、教学手段三项来说明。也可以按顺序来说明,但教法、学法的选择和界定要符合科学性,不可生搬硬套,出现表达不贴切的毛病。一节课教法不宜写得太多,这样就很难突出特色。学法是自主、合作、交流、探索、练习等,要实事求是。至于使用投影仪、多媒体演示等方式,属于教学手段。

(五)教学过程

教学过程是一节课教学设计的核心内容。根据课型和教学内容,它分若干环节和层次,容量大、内容多,如何在较短的时间内,展示给各位听课者,要层次清楚、详略得当、突出重点地给予讲述。最好借助多媒体演示,或投影仪现代教学技术,这样既能达到满意效果,又节约时间。教学过程的环节划分不尽相同,一般为创设情境引入、知识传授、尝试指导、精讲点拨、巩固练习、变式训练、归纳小结、布置作业、板书设计等。结合新课标和新教材,教学环节亦可这样安排:创设情境、探究问题(学生尝试、合作交流,师生共同探讨)、辨析质疑、例题练习、精讲点拨、反思归纳、布置作业、板书设计等。

(六)教学设计说明

教学设计主要是说明这节课的教学目标,教学重点、难点的确定,教学方法和学法的选择,教学过程的设计,其依据是什么,采用的教学措施有什么特色,有什么优势和意义。也就是说教案主要解决教什么、怎样教的问题;而教学设计说明就是阐述为什么这样教的问题。它没有固定的格式和要求,讲课教师不应受形式主义的约束,要充分发挥自己的个性和特长。(说明:说课格式是多种多样的,不要拘于一种形式。)

五、课时说课案例介绍

说课案例:《平行线的判定》的说课稿(来自数学与应用数学专业 07 级学生的修改稿,师范技能比赛的说课时间为 5 分钟)

尊敬的各位老师,亲爱的同学们:

大家好!我是×××学校的×××,今天我说课的内容是"平行线的判定"。为了上好这节课,我主要从以下几个方面进行了思考:教材的地位和作用是什么?学生在数学中会遇到什么困难?如何进行教学设计?下面我就对这几个方面做如下说明。

"平行线的判定"这节课是人教版《义务教育课程标准实验教科书·数学·七年级下册》第五章第二节的第一课时内容。它是继"同位角、内错角、同旁内角"等内容之后学习的又一个重要知识。它是学习平行线其他判定方法的奠基知识，更是今后学习与平行线有关的几何内容的基础。同时这节课的内容在七至九年级这一学段的教学知识中具有重要的地位。

通过这一节内容的学习可以培养学生动手操作、主动探究及合作交流的能力。通过展示知识的发生发展过程，鼓励学生思考，归纳总结，从而培养学生良好的学习习惯和思维品质。

（根据以上分析，结合新课标对本节课的教学要求，我认为本节课应达到以下目标：）

知识与技能目标。理解平行线的判定方法，并学会运用这一判定方法进行简单的几何推理。

过程与方法目标。通过"平行线判定方法的发现过程"的教学，培养学生的动手实验操作能力、小组合作学习能力、归纳分析推理能力，也进一步培养学生的逻辑思维和推理能力。

情感态度与价值观。体会用实验的方法得出几何性质的重要性与合理性。

（为了顺利完成本节课设定的教学目标，我结合学生实际水平，将本节课教学重点确定为掌握平行线的判定方法，由于学生逻辑推理的能力还比较薄弱，所以我把教材中的例题定为本节的教学难点。）

遵照"以教师为主导，学生为主体，训练为主线"的原则，本节课采用启发式、练习法进行教学，引导学生在获取知识的过程中学会了观察、猜想、概括、表述论证的方法，从而培养了学生的观察能力和分析概括的能力。对于这节课教学过程的设计，我是从以下几个方面入手的。

1. 引入新课，激发兴趣

这节课我采用问题导入法引入新课。如果不能用平行线的定义来判定两条直线是否平行，怎么办？用什么方法能判定？这些问题造成了学生认知上的疑问，引导他们积极主动地分析以探索出判定两条直线平行的方法。（设计意图的展开说明）

2. 实验操作，探求新知

在引导学生归纳出平行线判定公理之前，让学生动手实验操作画两条平行线，引导学生观察、思考两条直线被第三边直线所截，形成的同位角具有何种关系时，两直线平行，教师步步提问，进而得出学生讨论交流上面叙述的条件和结论，要求学生用简练的语言表达。（设计意图的展开说明）

3. 讨论质疑，突出重点

提问学生：判定两条直线平行，关键要使什么条件成立？接着通过多种媒体展示各种图例，要求学生说出条件与结论，以更进一步突出教学的重点。（设计意图的展开说明）

4. 范例研究，突破难点

出示教材中的例题，这是一道训练学生逻辑推理能力的几何题，使学生进一步掌握用分析的方法来突破难点。（设计意图的展开说明）

5. 反馈评价，体验成功

学生对所学知识到底掌握了多少？为了检测学生对本节课的教学目标的完成情况，把课后练习、作业作为反馈练习，让学生体验成功的喜悦，针对学生的解答情况采取措施及时弥补和调整。（设计意图的展开说明）

6. 归纳总结，巩固提高

引导学生认真阅读教材，再一次巩固本节知识，使他们养成了认真看书的习惯，然后学生小结本节的内容，教师评价并系统归纳。最后布置作业时，我注重了分层训练，设置了必做题和选做题。一是必做题，让所有学生就本节课所学的知识加深理解，及时巩固。二是选做题，让学有余力的同学完成，可以满足他们学习的渴望，发展他们的数学才能。这也符合面向全体、因材施教的原则。（设计意图的展开说明）

实践与思考

1. 说课的主要环节有哪些？说课的注意事项有哪些？

2. 如何有效地书写说课稿？请选取一个题目设计一份说课稿，并进行微格训练，说课时间为 15 分钟。

第十二章 数学评课技能

第一节 评课技能概述

一、评课的概念与意义

评课,即教学评议,是对照课堂教学目标,对教师和学生在课堂教学中的活动及由这些活动所引起的变化进行价值判断。评课技能,是指准确地应用教育教学理论,结合教师的实际授课情况,对课堂教学的优点和不足,有针对性地提出建设性的意见和建议的一种技能。

评课是一项学校的常规工作,也是一项很值得探讨的研课工作。评课有很多目的,或者是选拔,或者是甄别,或者是调控,或者是管理等等。但是作为研课的评课活动则不是为了证明,而是为了改进。目前中小学的评课活动还存在一些明显的问题。有些中小学组织与鼓励教师相互听课、取长补短,但往往有始无终,流于形式;有些中小学的评课活动带有很强的功利性,授课者按照评课标准设计课堂,评课者依据固定的评价标准评估课堂,作秀成分太浓。还有专家认为,目前的中小学评课存在听得多,评得少,反馈不及时;有的敷衍了事走过场,或碍于情面只唱赞歌,不讲缺点,或隔靴搔痒,不着边际;有的平淡肤浅,泛泛而谈;有的则面面俱到,不分主次;有的以偏概全,随心所欲。

目前,评课是教学研究活动的一个重要方面,也是提高教师综合素质和整体水平的有效途径之一。评课的过程是对课堂教学透彻地分析和总结的过程,它可以促进和推动教学研究的深入发展。通过评课,及时与教者认真分析这节课的优缺点,提出改进意见,可以帮助教师总结先进的教学经验,克服不足,明确努力的方向,提高教育教学水平,转变教师的教育观念,促使教师生动活泼地进行教学。对其他教师的教学也会起到积极的启迪和带动作用。

评课是校本教研、自我反思、同伴互助、专家引领最有效的模式。通过评课,同事之间可以相互学习,相互促进;通过评课,为不同教学教育群体各抒己见以增进彼此了解创造了机会。评课对学校教研活动的发展、深化课堂教学改革、推荐经验、了解动态都有着积极的作用。

二、评课的类型

评课的类型很多,我们要根据实际情况确定评课的形式。

1. 个别面谈式

听课者与执教者面对面地单独交流,更容易进行双向沟通。既可以保护执教者的自尊心,探讨问题也更容易深入。当然,这只限于听课人数只有一两个人的情况下采取。

2. 小组评议式

人数较多往往采取小组评议的方式进行,特别是学校举行的一些展示课、研究课。程序主要为:一是执教者说课,二是听者评议,三是领导、专家总评。

3. 书面材料式

评课要受时间、空间、人员、场所等多种因素的影响,有些不便在公共场合交谈的问题可以通过书面传达自己的见解,还可以填写举办者设计的评课表。

4. 调查问卷式

主要有三种形式:一是学生学习效果调查表,二是听课者对课堂教学情况的评价表,三是教师自评表。这要根据评课者或组织者的需要来决定。

5. 陈述答辩式

先由执教者陈述自己的上课设想、教学思路、教学方法、教学理念、教学特色、教学成败等问题,可有侧重地谈谈。接着就像辩论比赛一样,评课者提问,双方再各自阐述自己的观点,然后进行总结。最后,权威专家点评。

6. 点名评议式

这种评议方式有点像考试,由评课组织者或负责人采取点名的方式请参加评课者进行现场点评。

7. 师生评议式

这是体现教学民主的一种评议方式。执教者评议学生学习态度、学习效果、学习方式、合作情况和技能掌握情况等,多肯定积极因素,少批评。学生则主要评议教师上课的精神面貌、自己学的情况、有没有搞懂等方面。

8. 专家会诊式

邀请专家对执教者的课进行会诊,更容易帮助青年教师扬长避短,尽快步入课堂教学的轨道,尽快成长起来。由于专家看问题比较准确、比较深入,能够有理有据,所以专家会诊式更有说服力。

综上而言,新课程课堂教学评价主要目的之一是要促进教师不断提高教学水平,评价方向是面向未来的。课堂教学评价是整个教育教学评价系统的一个十分重要的部分,评课必须是教学、教研工作过程中一项经常开展的活动,它将促进同事之间互相学习、共同研讨;评课的良好风气的形成,有助于学校领导更好地诊断、检查教学质量;同事专家可以了解动态,发展教学理论。其重点不在于评价教师的讲授水平,也不在于鉴定某一节课的教学结果,而是要诊断教师在课堂教学中存在的问题和不足,以此来促进教师的个体发展需要,促进学生综合素质的提升。

第二节　评课的内容与要求

关于课堂教学的评价,由于评价的角度不同,评价的体系也不尽相同。一堂课是不是好课,有各种各样的评价标准。对中学教学评课标准的选择应基于教学目的和教学效果。我们认为评课可以从以下几个方面入手,主要评价分析课程理念、教学目标、教学内容、教学程序、教学方法、教师素养、教学效果等等。

一、从课程理念上分析

课程理念是课堂教学的宏观性设计,是教学行为的灵魂,是实施课堂教学的导向性要素。是否正确把握课程的基本理念,不仅决定着教学行为的方向,还影响着教学效果的好坏。评课要结合中小学各学段相应的新课程理念加以点评。具体点评有:教师是否正确把握了课程基本理念;是否有益于学生的可持续发展和终身学习;是否面向全体,突出个性,体现差异性;是否体现教师主导与学生主体的角色作用;是否体现了以学生为本的人文关怀;是否有和谐融洽的师生关系和课堂气氛;是否引导学生独立自主地学习,体现知识的形成过程;是否体现了数学文化价值的渗透;是否注重对学生创新能力和数学应用意识的培养;是否关注学生学习的学习动机、兴趣、信心等非智力因素的发展。

二、从教学目标上分析

教学目标是教学的出发点和归宿,它的正确制定和达成,是衡量一堂课好坏的主要尺度。所以,分析课首先要分析教学目标。现在的教学目标体系是由"知识与技能,过程与方法,情感、态度与价值观"这三个维度组成的,体现了新课程"以学生发展为本"的价值追求。如何正确理解这三个目标之间的关系,也就成了如何准确把握教学目标、如何正确地评价课堂教学的关键了。

有人把课堂教学比做一个等边三角形,而知识与技能、过程与方法,以及情感、态度、价值观就恰好是这个三角形的三个顶点,任何的一个顶点得不到重视,那这个三角形就不平衡。这无疑是一个很恰当的比喻,形象地表现了这三个目标之间相互依赖的关系,反映了这三个目标的不可分割。缺少了任何一个目标的达成,一节课显然也就不完整了。

三、从处理教材上分析

评析老师一节课上得好与坏不仅要看教学目标的制定和落实,还要看教者对教材的组织和处理。我们在评析教师一节课时,既要看教师知识教授的准确科学,更要注意分析教师教材处理和教法选择上是否突出了重点、突破了难点、抓住了关键。

四、从教学程序上分析

教学目标要在教学程序中完成,教学目标能不能实现要看教师教学程序的设计和运作。因此,评课就必须要对教学程序作出评析。教学程序评析包括以下几个主要方面。

1. 看教学思路设计

写作要有思路,写文章要有思路,上课同样要有思路,这就是教学思路。教学思路是教师上课的脉络和主线,它是根据教学内容和学生水平两个方面的实际情况设计出来的。它反映一系列教学措施怎样编排组合,怎样衔接过渡,怎样安排详略,怎样安排讲练等。

教师课堂上的教学思路设计是多种多样的。为此,评课者评教学思路,一是要看教学思路设计符不符合教学内容实际,符不符合学生实际;二是要看教学思路的设计是不是有一定的独创性,超凡脱俗会给学生以新鲜的感受;三是看教学思路的层次,脉络是不是清晰;四是看教师在课堂上教学思路实际运作是否有效。我们平时看到有些老师课上不好,效率低,很大一个原因就是教学思路不清,或教学思路不符合教学内容实际和学生实际等造成的。所以评课,必须注重对教学思路的评析。

2. 看课堂结构安排

教学思路与课堂结构既有区别又有联系,教学思路侧重教材处理,反映教师课堂教学纵向教学脉络,而课堂结构侧重教法设计,反映教学横向的层次和环节。它是指一节课的教学过程各部分的确立,以及它们之间的联系、顺序和时间分配。课堂结构也称为教学环节或步骤。课堂结构的不同,也会产生不同的课堂效果。可见课堂结构设计是十分重要的。通常一节好课往往结构严谨、环环相扣、过渡自然,时间分配合理,密度适中,效率高。

计算授课者的教学时间设计,能较好地了解授课者的授课重点、结构安排。授课时间设计包括:教学环节的时间分配与衔接是否恰当。其一,计算教学环节的时间分配,看教学环节时间分配和衔接是否恰当,看有无前松后紧(前面时间安排多,内容松散,后面时间少,内容密度大)或前紧后松现象(前面时间短,教学密度大,后面时间多,内容松散),看讲与练时间搭配是否合理等。其二,计算教师活动与学生活动时间分配,看是否与教学目的和要求一致,有无教师占用时间过多,学生活动时间过少现象。其三,计算学生的个人活动时间与学生集体活动时间的分配。看学生个人活动、小组活动和全班活动时间分配是否合理,有无集体活动过多,学生个人自学、独立思考、独立完成作业时间过少现象。其四,计算优差生活动时间。看优中差生活动时间分配是否合理,有无优等生占用时间过多,差等生占用时间太少的现象。最后,计算非教学时间,看教师在课堂上有无脱离教学内容做别的事情,浪费宝贵的课堂教学时间的现象。

五、从教学方法和手段上分析

评析教师教学方法、教学手段的选择和运用是评课的又一重要内容。什么是教学方法? 它是指教师在教学过程中为完成教学目的、任务而采取的活动方式的总称。但它不是教师孤立的单一活动方式,它包括教师教学活动方式,还包括学生在教师指导下"学"的方式,是"教"的方法与"学"的方法的统一。评析教学方法与手段包括以下几个主要内容。

1.看是不是量体裁衣,优选活用

我们知道,教学有法,但无定法,贵在得法。教学是一项复杂多变的系统工程,不可能有一种固定不变的万能方法。一种好的教学方法总是相对而言的,它总是因课程、因学生、因教师自身特点而相应变化的。也就是说,教学方法的选择要量体裁衣,灵活运用。

2.看教学方法的多样化

教学方法最忌单调死板,再好的方法天天照搬,也会令人生厌。教学活动的复杂性决定了教学方法的多样性。所以,评课既看教师是否能够面向实际恰当地选择教学方法,同时还要看教师能否在教学方法多样性上下一番工夫,使课堂教学超凡脱俗,常教常新,富有艺术性。

在教学中,教师注重引导学生将获取的新知识纳入已有的知识体系中,真正懂得将本学科的知识与其他相关的学科的知识联系起来,并让学生把所学的数学知识灵活运用到相关的学科中去,解决相关问题,从而加深学生对于知识的理解,提高学生掌握和综合应用知识的能力。

3.看教学方法的改革与创新

评析教师的教学方法既要评常规,还要看改革与创新,尤其是评析一些素质好的骨干教师的课。比如,要看课堂上的思维训练的设计,要看创新能力的培养,要看主体活动的发挥,要看新的课堂教学模式的构建,要看教学艺术风格的形成等。

充分利用现代信息技术,是教学发展的时代要求。信息技术为教师提供了更广阔的知识空间,它为各科教学注入了新的活力,为教师传授知识、学生学好用好知识提供了坚实的技术保障,现代信息技术已成为教师教学的工具、学生学习的工具。可以说信息技术是人们用来获取知识、传授知识、运用知识的媒介。

现代化教学呼唤现代化教育手段。"一支粉笔一本书,一块黑板一张嘴"的陈旧单一教学手段应该成为历史。看教师教学方法与手段的运用还要看教师是否适时、适当地运用了投影仪、录音机、计算机、电视、电影、电脑等现代化教学工具。

六、从教师素养上分析

教学基本功是教师上好课的一个重要方面,所以评析课还要看教师的教学基本功。通常,教师的教学基本功包括以下几个方面的内容。

1.看板书

好的板书,首先,设计科学合理;其次,言简意赅;再次,条理性强,字迹工整美观,板画娴熟。

2.看教态

据心理学研究表明,人的表达靠 55% 的面部表情＋38% 的声音＋7% 的言词。教师课堂上的教态应该是明朗、快活、庄重,富有感染力;仪表端庄,举止从容,态度热情,热爱学生,师生情感交融。

3.看语言

教学也是一种语言的艺术。教师的语言有时关系到一节课的成败。教师的课堂语言,首先,要准确清楚,说普通话,精当简练,生动形象有启发性。其次,教学语言的语调要高低适宜,快慢适度,抑扬顿挫,富于变化。

4.看操作

看教师运用教具,操作投影仪、录音机、微机等的熟练程度。

七、从教学效果上分析

经济工作要讲效益,课堂教学也要讲效果。看课堂教学效果是评价课堂教学的重要依据。课堂效果评析包括以下几个方面。一是看教学效率如何,学生思维是否活跃,气氛是否热烈。主要是看学生是否参与了、投入了,是不是兴奋、喜欢。还要看学生在课堂教学中的思考过程,这是非常重要的一个方面。按照课程标准的要求,不仅包括知识与技能,还包括解决问题的能力,数学思考能力和情感、态度、价值观的发展,数学思考是非常重要的。有的课学生很忙,但思考度不够。二是看学生受益面,不同程度的学生是否都在原有基础上有进步,知识、能力、思想情操目标是否达成。主要看教师是不是面向了全体学生,实行了因材施教。三是有效利用 45 分钟,学生学得轻松愉快、积极性高,当堂问题当堂解决,学生负担合理。

课堂效果的评析,有时也可以借助于测试手段。即上完课后,评课者出题对学生的知识掌握情况当场做测试,而后通过统计分析来对课堂效果作出评价。

综合分析还包括从教师教学个性上分析、从教学思想上分析等。整体评析法的具体操作,不一定一开始就从上述几方面逐一分析评价,而要对所听的课先理出个头绪来。具体包括:第一步,从整体入手,粗粗地看一看,全课的教学过程是怎么安排的,有几个大的教学步骤。第二步,由整体到部分,逐步分析各个教学步骤,要分别理出上面的七个内容。第三步,从部分到整体,将各个教学步骤理出的内容汇总起来。然后再按照一定的顺序,从全课的角度逐个分析评价。

总之,课堂评价直接影响新课程改革的进程,只有全面、客观、公正的评价,才能保护教师的课改积极性,正确引导课改走向深入。

第三节 评课的应用与评价

评课一方面是执教者教学成果的一种尊重,另一方面对听课者也是一次提高的机会。听完课后未进行评价,就不能明确一堂课哪些是成功的经验,哪些存在问题。开展评课活动是交流教学经验,端正教学思想,提高教学水平和教学质量的一种重要手段,尤其对于准教师来说,是必不可少的教学训练内容。

一、评课的一般步骤

为提高课堂教学评价质量,充分发挥评价功能,评课工作要按一定的步骤进行。一般可分为准备阶段、听课阶段、整理阶段、评课阶段。

准备阶段:评课者熟悉课标和掌握教材,了解执教者的基本情况,设计记录表和评价表。听课阶段:评课者进入课堂观察与听讲,将教师和学生的语言、行为、活动转换时间加以记录,并及时书写自己对执教者某一教学环节的感受,为评课准备第一手资料。整理阶段:评课者借助听课记录,把重要的细节补充完整,拟好提纲,确定评价重点。评课阶段:评课者根据收集的课堂信息,有组织有秩序地发表自己的见解,为了突出重点,一般不作面面俱到的评价,而是选择比较有意义的、有典型性的方面作点评。评价还要从建议的角度,指出可供选择的改进做法。

二、评课的评价

评价标准是评课工作开展的风向标,可采用填写评价表的方式对数学评课这一技能进行评价。评价表包括项目内容、评价等级和权重三方面,具体如表12-1所示。

表 12-1　评课技能评价记录表

课题:　　　　　　　　　　　　　　　　　　　　　　　　　　执教:

评价项目	好	中	差	权重
1.准确运用教育教学理论,结合教学实际点评	□	□	□	0.20
2.切实抓住教学特色与不足,详略得当地进行点评	□	□	□	0.20
3.能提出探究性问题,供同行交流研讨	□	□	□	0.20
4.能给予执教者激励、促进	□	□	□	0.10
5.能根据不同课型、不同类型教师有差异性地点评	□	□	□	0.10
6.敢于发表个人见解,展示个性、风格	□	□	□	0.10
7.语言精练恰当,尊重他人观点	□	□	□	0.05
8.不带个人感情色彩,客观真实	□	□	□	0.05

特色、创新点:

三、课时教学的例

评"合情推理"一课的教学设计及实践[①](注:"合情推理"(第一课时)的教学设计详见第二章第五节)

一位小学女生告诉我:我语文不错,数学也很想学好,但数学很难,我觉得

———————————

① 李昌官:《追求卓越高效的数学教学》,数学通报,2010年第7期。

自己不是读数学的料。一位高二男生告诉我：我数学成绩还不错，但感觉学数学很枯燥、很疲惫，因此读大学一定要读远离数学的专业。一位高中教师告诉我：我和我的学生都很努力，花的时间也比较多，但成绩仍然不理想，老是被校长批评，因此比较苦恼。

这三位教师和学生的话代表了许多教师和学生的心声和苦恼，也向我们提出了严峻的问题：如何让数学学习更加容易、更加有效、更有乐趣？面对理想教育与现实教育的两重压力，数学教学如何做到既卓越又高效？应该说，洪老师用实际行动较好地回答了这个问题。我认为这节课有如下七个亮点。

亮点一：对课标和教材理解与把握到位

数学教学教的是数学，因此我们首先必须从数学上理解好教材。为什么原来的大纲和教材没有《推理与证明》，而现在要有？我觉得课标和教材单独设置《推理与证明》有两个背景：一是以前我们教的推理是不完整的推理，我们过多地重视了演绎推理，而对合情推理关注和重视不够，而这不利于学生思维能力的全面发展和真正发展，更不利于学生创新思维和创新能力的发展；二是以往的数学教学，无论教师还是学生，从数学方法、数学思维角度看问题的意识比较淡薄，教学中"重术轻道"的现象比较严重。因此教材变分散为集中，变隐性为显性，把《合情推理与演绎推理》、《直接证明与间接证明》以独立的形式设置，有利于加强合情推理、数学方法论、数学思维论教学。

其次，我们应该怎样理解本节教材？从数学教学应该教什么、怎样教，数学学习应该学什么、怎样学的角度看，它是促进学生的数学观、数学方法观、数学学习观等朝积极、正确的方向发展的极好素材，有助于矫正学生中普遍存在的"数学单调、枯燥、死板，数学远离生活"等不正确的认识。从数学方法论、数学思维论的角度看，它是《推理与证明》的一个组成部分，是提高学生的理性思维和合情推理能力的极好素材。从数学知识与技能角度看，它能帮助学生理解和掌握归纳推理的含义、特点、价值、应用等一般步骤。洪老师很好地把握了课标和教材的编写意图与精神实质，不是重在让学生记住归纳推理的概念、特征、步骤，而是重在让学生感受合情推理的价值与魅力，增强学生用归纳推理解决问题的意识和能力。

亮点二：对学生现状的分析与把握到位

数学教学的对象是学生。学生已经知道什么、需要知道什么、需要教师怎样的帮助是教学设计最根本的依据。这节课，洪老师所教学生的学习基础和学习现状如下：(1)学生对推理既熟悉，又陌生。说熟悉，是因为他们无论说话还是办事，时时刻刻都用到推理；说陌生，是因为他们对推理的种类、方法、特点等缺乏清晰的、理性的认识。(2)学生虽然已经有一定的归纳推理的经验和能力，但往往不能自觉地、有意识地运用归纳推理发现结论、解决问题。(3)学生来自省级重点中学,数学基础比较扎实,接受能力也相对较强。(4)学生的自主学习能力还比较弱,离不开教师的有效指导。学生的学习只能是在教师指导下的自主性程度较高的学习。(5)学生的数学观、数学方法观、数学学习观存在较大的偏差。正如课堂之初所显示的数据:近70%的高中生认为数学是严肃枯燥的,80%多的学生认为学数学就是为了解题。洪老师的课紧扣学生的心理、现状、基础与需求,为教学的成功奠定了基础。

亮点三:教学追求既实在实际,又有深度高度

目标是行动的指南与方向。教师教学时内心追求什么不仅关系到教学设计,更直接关系到数学课的效率与效益。对于教学目标,更要"观其行",看教师在课堂上是如何做、如何落实的。对这节课,我们会发现:就知识与技能目标而言,这节课是讲究实在、实际、实效的课。教师把归纳推理的含义、特点、步骤与方法、注意点、运用等都讲得很清楚,也注重落实好。归纳推理概念得出后,安排学生举例,及时巩固。教师对教材上的例题进行了补充和强化,选用2007年高考题作为作业的选做题等充分地说明了这一点。就过程与方法目标而言,教师注重归纳推理概念的形成过程与形成方法,以及在怎样的情况下用归纳推理及如何运用归纳推理。就情感与价值观目标而言,教师创设了许多情境、舍得花时间,让学生强烈地感受到归纳推理的力量与价值,欣赏、享受数学思考、探究、发现的乐趣,并受到数学文化、数学精神的良好熏陶。课堂之初教师用大量的推理实例充分展示了数学生动活泼和紧密联系实际的一面;课堂中间用大量的事例浓墨重彩地阐明归纳推理的价值;课堂之尾又注意总结和提升学生的内心感受。

因此,这节课的教学目标既实在实际,又有深度高度,把显性目标与隐性目标、课时目标与课程目标很好地结合在一起,做到了"高立意"与"低起点"的有机结合,知识与技能目标、过程与方法目标、情感态度价值观目标的有机结合。

亮点四:教学过程如行云流水,自然流畅

具体表现为以下五个方面:

第一,问题的提出不仅自然合理,而且紧扣数学本质。教师一开始就设置了三个问题情境:一是一组问卷调查的统计数据;二是一组生活味浓、学生感兴趣的推理实例;三是一组为归纳出归纳推理概念做铺垫的推理实例。这三个问题情境具有下列四个特点:一是有生活味,能有效地激发学生的学习兴趣;二是有数学味,能揭示体现数学问题的本质;三是简单自然,贴近学生的认知基础,不在情境的理解上设置人为的障碍;四是与后继学习相结合,为后继学习做好铺垫。

教师自然地从生活中提取数学问题，不仅让学生自然地感受到数学与生活的紧密联系，也有助于矫正学生对数学的错误认识，有助于强化学生从数学角度研究和思考日常生活现象的意识。

第二，概念建立的过程自然合理，符合数学概念学习的一般认知规律。教师从大量的具体例子出发，通过辨析、归类，找出具有共同特点的推理方式，再分析、总结这些推理方式的特征，得出归纳推理的概念。其心理过程为：基于对具体事物正反两方面的辨析，通过比较分析，找出它们共同的属性，再通过抽象推广到一般同类事物，概括形成概念。

在教师所举的 6 个例子中，有 4 个是归纳推理，有 2 个不是．教师把 4 个归纳推理的例子集中在一起展示，强化了归纳推理由部分到整体、由个别到一般的特征，抓住了思维的关键点和探究的难点，做得非常好。

另外，这里还有两点值得注意：一是教师没有马上用教材上的哥德巴赫猜想、费马定理、四色猜想等作为例子，为什么？因为这些例子尽管学生很感兴趣，但学生不熟悉，会增加学生理解的难度，分散学生的注意力，不利于归纳推理概念的得出和理解。二是教材把金属能导电、由统计得出推断，作为归纳推理的例子加以使用，而教师处理时，把这些例子前移。为什么？因为数学是模式的科学，数学概念研究的是一类对象，而不是一个对象，因此这样处理更有利于学生自然地得出归纳推理的概念，从而更深刻地认识归纳推理。

第三，问题的拓展自然而合理。在得到归纳推理的概念后，教师及时引导学生感受其魅力与价值。先后再现了哥德巴赫猜想、四色猜想的发现过程，指出了万有引力、植物的向光性、元素周期律等都是利用归纳推理发现的，从而使学生强烈地感受到归纳推理是科学发现的重要工具。

在学生学习归纳推理的积极性得到充分调动的基础上，教师又设法深化学生对合情推理的认识，及时介绍了费马猜想及其变化与发展的情况，让学生经历了"猜想—检验—再猜想—再检验"的过程，感受什么是真正的科学探究与发现。同时，这个过程也让学生更加清楚地认识到：合情推理是冒险的、有争议的和暂时的。因此，这个环节安排得非常好，既让学生认识到归纳推理的局限性及其产生错误的原因（结论的范围超出了前提的范围，逻辑上犯了以偏概全的错误），又让学生认识到举反例是发现错误、证明命题是假命题的好方法。

第四，及时巩固，促进知识向技能转化。在学生对归纳推理已经有了较全面认识的基础上，教师及时引导学生运用归纳推理，以便提高他们运用归纳推理解决问题的意识和能力。为了更好地实现此目标，教师对教材作了两个小调整：一是对例 1 的第(1)小题要求学生用直接推理和归纳推理两种方法求解，并让学生自己去比较、体会归纳推理的优点和不足；二是补充了能有效提高学生运用归纳推理意识与能力的第(2)小题。

第五，课堂结构合理、环环紧扣。这节课教师先是从整体和数学学科高度入手，再在局部研究探讨问题，最后回归整体，整节课是按整体—局部—整体展开，思维主线、知识主线清晰，整体性、综合性、层次性强。教学有如行云流水，既大气精彩，又自然合理，从而使教学目标的落实有了可靠的载体与途径，也使三维目标的达成"你中有我，我中有你"，既相互融合，又相互促进。

亮点五：学生自主性、探究性程度高，思维活跃

学之道在于"悟"，教之道在于"度"。这节课教师一方面在学生学习方向、方法、策略、注意点等方面给予了有效而恰到好处的指导；另一方面，学生自己能做的让学生自己做，学生自己能说的让学生自己说，教师不越俎代庖。如归纳推理的概念不是教师简单地归纳、呈现出来的，而是学生自己在教师创设的情境中通过归纳、总结得到的，概念的形成过程是学生再发现、再创造的过程。在这个过程中，教师主导与学生主体得到了完美的结合，指导中有发现，发现中有指导；既符合学生的认知基础和认知规律，也有助于学生能力与思维的发展。

另外，教师让学生举出生活和学习中运用归纳推理的例子，自己在具体的情境中感悟归纳推理的意义、价值及其局限性，归纳总结归纳推理的一般步骤，自己探究发现例题的解决方法等，都充分体现了学生学习的自主性与探究性。课后学生们一致认为，这节课不仅师生交流、生生交流比较充分，而且学生的思维空间、自主空间、探究空间大，学习充满自主与探究的乐趣。

亮点六：教师用教材教的意识与能力强、效果好

这节课老师既基于教材但又不拘泥于教材。基于教材体现在教师尊重教材的精神、总体框架、整体安排，不拘泥于教材体现在老师根据教学和学生的实际对教材进行调整、补充。这节课中，课堂引入、问题情境的创设、归纳推理概念的导出、归纳推理价值的欣赏、例题、课内练习、课后作业等教学的每一个环节教师都根据学生的实际对教材进行了二次开发。可以说，正是教师在深刻理解教材基础上的创造性地使用教材，才使整个教学过程变得更加自然、更加合理，情境和探究也更加真实；正是教师独具匠心的教学处理和教学艺术，才使课堂教学精彩纷呈、高潮迭起。

亮点七：教师精益求精，教学细节处理细腻、到位

洪老师的教态亲切自然、亲和力强，语言表达力、感染力强。课堂上师生交流自然、充分；教学中，教师精益求精。除前面所述的一些细节和处理外，教师介绍哥德巴赫猜想时，采用表达式"$2n = p_1 + p_2, 2n = p_1 + p_2 p_3$"，使学生对哥德巴赫猜想和陈氏定理的具体含义有更形象、更直观的认识。介绍四色定理时，在对河南地图、中国地图、世界地图的着色中提出猜想，然后再介绍四色猜想如

何变成四色定理,整个过程自然流畅,过程性、生成性强。

最后的课堂小结,先由学生自己进行,然后教师作画龙点睛式的总结,达到了回顾、梳理、提高之目的。在作业的设计上,教师也颇费心思。这节课的作业既有重在知识与技能巩固的常规作业,也有着眼于学生素养提高的实习性作业;既有面向全体学生的作为基础的共同作业,也有尊重学生个体差异、面向部分学生的选择性作业。

此外,教师对黑板、多媒体、计算机的使用恰到好处。

这节课中重要的知识点和关键点,教师在黑板上书写,而对需要展示的图片、题目本身等则借助于多媒体,教师较好地利用了黑板和多媒体的长处而避免了它们的短处。更难能可贵的是,教师设计了把大于4的偶数分解成两个素数之和的软件,由学生任意取正偶数进行验证,使计算机成为学生探究数学结论的有效工具。

对于数学文化和数学精神,在教学中也落到实处。

这节课不但很好地渗透了数学观、数学方法观、数学文化与数学精神,而且能够和知识与技能、过程与方法教学有效地结合在一起。学生在整节课中都处于兴奋、陶醉之中,心灵受到触动,甚至震撼,学生强烈地感觉到原来数学是如此的有趣、如此的好玩,原来归纳推理是如此的有用,进而学生的数学观、数学学习观等受到矫正,"大胆猜想、小心求证"的科学态度开始养成。课堂中学生的表情、学生课堂小结和课后所谈的对这节课的看法,都充分说明了学生不仅课堂上心里的感觉是快乐的、愉悦的,而且对数学、数学的价值、数学的精神等有了新的认识。

当然,课堂教学是遗憾·的艺术,每节课的功能与价值也是有限的。在这节课中,推理、归纳推理概念的得出过程如何进一步强化,学生的活动如何更加充分,值得我们继续努力。例题第(1)小题的教学可作进一步深化,如教师可引导学生思考 $a_n = \dfrac{1}{n}$ 的结论是否一定可靠,以及 $a_n = \dfrac{1}{n}$ 成立与 $a_{n+1} = \dfrac{1}{n+1}$ 成立的关系等,为后面数学归纳法的学习埋下伏笔(当然,这里教师对这些问题应该引而不发,让学生带着问题回去)。

实践与思考

1. 利用实习或见习的机会,选择一堂有特点的课,进行书面评价。
2. 利用微格教学,对自己的课进行评价。

附录　教学技能评价的参考标准

参考标准之一：主要课堂教学技能评价表

表 F-1　数学课堂语言技能评价表

课题：　　　　　　　　　　　　　　　　　　　　　执教：

评 价 项 目	好	中	差	权重
讲普通话,字音正确	☐	☐	☐	0.10
语言流畅,语速、节奏恰当	☐	☐	☐	0.20
语言准确,逻辑严密,条理清楚	☐	☐	☐	0.15
正确使用数学专有名词和术语	☐	☐	☐	0.15
语言富有启发性	☐	☐	☐	0.10
语言简明形象,生动有趣	☐	☐	☐	0.10
语调抑扬顿挫,音量恰当	☐	☐	☐	0.05
语言通俗易懂	☐	☐	☐	0.05
没有不恰当的口头语和废话	☐	☐	☐	0.05
体态语配合恰当	☐	☐	☐	0.05

特色、创新点：

表 F-2 板书技能评价记录表

课题：   执教：

评 价 项 目	好	中	差	权重
1.板书设计与教学内容联系紧密,体现教学目的	□	□	□	0.20
2.板书设计结构合理,条理清楚,简明扼要	□	□	□	0.15
3.文字符号书写规范,图形准确无误	□	□	□	0.15
4.板书大小适当,便于观看	□	□	□	0.15
5.板书配合讲解,富有表达力	□	□	□	0.10
6.板书过程能激发学生的思维和兴趣	□	□	□	0.15
7.应用了强化手段(如彩笔、加强号等),突出重点	□	□	□	0.10

特色、创新点：

表 F-3 导入技能评价记录表

课题：   执教：

评 价 项 目	好	中	差	权重
1.目的性明确	□	□	□	0.15
2.能引起学生的注意和兴趣	□	□	□	0.15
3.导入富有启发性	□	□	□	0.15
4.导入自然,紧扣主题	□	□	□	0.15
5.导入符合科学性	□	□	□	0.10
6.导入时间紧凑、得当	□	□	□	0.10
7.教师的教态自然,语言清晰	□	□	□	0.10
8. 导入具有艺术性	□	□	□	0.10

特色、创新点：

表 F-4　教学讲解技能评价表

课题：　　　　　　　　　　　　　　　　　　　　　　　　　　　执教：

评 价 项 目	好	中	差	权重
1.讲解目的明确具体,结构框架合理	□	□	□	0.20
2.数学语言科学规范,思维连贯,表达清晰	□	□	□	0.20
3.讲解过程有启发性,能恰当地停顿和概括	□	□	□	0.15
4.讲解内容重点突出,能突破难点	□	□	□	0.15
5.善于利用学生的反馈信息,调控得当	□	□	□	0.10
6.讲解方法多样,巧妙配合	□	□	□	0.10
7.语言简练准确、主次分明,不过多重复	□	□	□	0.05
8.教态自然,讲解具有艺术性	□	□	□	0.05

特色、创新点：

表 F-5　对话(提问)技能评价记录表

课题：　　　　　　　　　　　　　　　　　　　　　　　　　　　执教：

评 价 项 目	好	中	差	权重
1.对话的主题明确,与课题内容联系密切	□	□	□	0.15
2.问题的难易程度适合学生的认知水平	□	□	□	0.15
3.对话有利于学生思维发展	□	□	□	0.15
4.对话有层次,循序渐进	□	□	□	0.15
5.对话能把握时机,促进学生思考	□	□	□	0.10
6.对学生的回答善于应变及引导	□	□	□	0.15
7.对话能得到反馈信息,促进师生交流	□	□	□	0.15

特色、创新点：

表 F-6 变化技能评价记录表

课题： 执教：

评 价 项 目	好	中	差	权重
1.音量、音调和语速促进注意	☐	☐	☐	0.20
2.表情、手势、头部、身体位置及目光自然	☐	☐	☐	0.20
3.停顿恰当,利于思考	☐	☐	☐	0.15
4.不同教学媒体的使用及变换合理	☐	☐	☐	0.10
5.不同类型的变化衔接自然	☐	☐	☐	0.10
6.变化类型选择恰当	☐	☐	☐	0.15
7.面对突发情况,能应对自如	☐	☐	☐	0.10

特色、创新点：

表 F-7 结束技能评价记录表

课题： 执教：

评 价 项 目	好	中	差	权重
1.结束环节目的明确,紧扣教学内容	☐	☐	☐	0.15
2.结束有利于巩固所学内容	☐	☐	☐	0.15
3.结束环节及时反馈教学信息,指明要点	☐	☐	☐	0.15
4.结束有利于促进学生思维	☐	☐	☐	0.15
5.结束语言清晰、简明扼要	☐	☐	☐	0.10
6.布置的练习及活动面向全体学生	☐	☐	☐	0.10
7.结束活动能激发学生的兴趣	☐	☐	☐	0.10
8. 结束环节时间安排紧凑	☐	☐	☐	0.10

特色、创新点：

表 F-8　管理技能评价记录表

课题：　　　　　　　　　　　　　　　　　　　　　　　执教：

评　价　项　目	好	中	差	权重
1. 教学时间分配合理有序	□	□	□	0.20
2. 教学讲解进度的快慢结合	□	□	□	0.15
3. 师生互动与教学节奏相协调	□	□	□	0.15
4. 生成和调控教学节奏	□	□	□	0.15
5. 教学情境与学生思维发展一致	□	□	□	0.10
6. 课堂偶发事件的引导与合理处理	□	□	□	0.10
7. 学生提问与教师解答的处理	□	□	□	0.10
8. 教学管理与课堂教学效率的提高	□	□	□	0.10

特色、创新点：

参考标准之二：浙江省高等学校第四届
师范生教学技能竞赛评价(2010.11)

浙江省高等学校第四届师范生教学技能竞赛
评价参考标准

一、教学设计(单项 30 分)

教学设计是指运用系统方法，将学习理论与教学理论的原理转换成对教学资料和教学活动的具体计划的系统化过程。教学设计是一个开放动态的过程，是能够充分体现教师创造性教学的"文本"。随着新一轮课程改革的全面推行，我国基础教育的教育理念、教学要求、课程目标等都发生了深刻的变化，教学设计必须要顺应这些变化，解决教什么、怎样教的问题，使教学效果最优化。

(一)教学设计内容

根据指定一课时(45 分钟)的教学内容设计教案一例，时间不超过 120 分钟。

(二)教学设计要求及评价标准

教学设计要求及评价标准如表 F-9 所示。

表 F-9 教学设计要求及评价标准

项目	内容	评价标准	等级				得分
			A	B	C	D	
教学目标设计(4分)	目标的表述	教学目标清楚、具体,易于理解,便于实施,行为动词使用正确	2.0	1.5	1.0	0.5	
	目标的要求	符合课程标准要求,符合学科的特点,符合学生的实际状况	1.0	0.8	0.6	0.4	
	目标的宗旨	体现对学生知识、能力、思想与创造性思维等方面的发展要求	1.0	0.8	0.6	0.4	
教学内容分析(3分)	教学内容	教学内容前后知识点关系、地位、作用描述准确,重点、难点分析清楚	3.0	2.5	2.0	1.5	
学情分析(2分)	学生情况	学生学习水平表述,学习习惯和能力分析	2.0	1.5	1.0	0.5	
教学方法教学过程与环节设计(16分)	教学思路	教学主线描述清晰,教学内容符合课程标准要求,具有较强的系统性和逻辑性	2.0	1.5	1.0	0.5	
	教学重点	重点得到突出,点面结合,深浅适度	1.0	0.8	0.6	0.4	
	教学难点	难点描述清楚,把握准确,能够化难为易,以简代繁,处理恰当	1.0	0.8	0.6	0.4	
	教学方法	教学方法描述清晰,选用适当。符合教学对象的要求,有利于教学内容的完成,有利于教学难点的解决,有利于教学重点的突出	2.0	1.5	1.0	0.5	
	教学手段	教学辅助手段准备与使用说明清晰,教具及现代化教学手段运用恰当	2.0	1.5	1.0	0.5	
	教学环节	内容充实精要,适合学生的理解水平;层次与结构合理,过渡自然,步骤清晰,便于操作;能够理论联系实际,注重教学互动,启发学生思考,培养学生分析问题、解决问题的能力	5.0	4.0	3.0	2.0	
	教学评价	注重形成性评价,注重生成性问题的解决和利用	3.0	2.5	2.0	1.5	

项目	内 容	评 价 标 准	等 级				得分
			A	B	C	D	
课时分配与课后延伸设计（3分）	课时分配	课时分配科学、合理,符合教学目标的要求	0.5	0.4	0.3	0.2	
	章节总结	有完整的章、节及课堂教学小结	1.0	0.8	0.6	0.4	
	作业与答疑	辅导与答疑设置合理,符合学生学习状况;练习、作业、讨论安排符合教学目标,能够强化学生反思能力,加深学生对课业的理解,提高学生分析问题、解决问题的能力	1.5	1.25	1.0	0.75	
文档规范（2分）	排版	文档结构完整,布局合理,格式美观整齐	1.0	0.8	0.6	0.4	
	内容	文字、符号、单位和公式符合国家标准规范;语言清晰、简洁、明了,字体运用适当,图表运用恰当	1.0	0.8	0.6	0.4	

二、多媒体课件制作(单项15分)

多媒体课件是用于实施教学活动的教学软件,它是在一定的学习理论和教学理论的指导下,遵循人的认知规律,根据学习目标或教学目标设计反映某种教学策略和教学内容的计算机软件。它以其形象、直观、生动、快捷、高效,以及独具的参与交互功能,对优化课堂教学,推进素质教育产生了重要作用。

(一)课件内容

根据教学设计内容现场制作课件一例,制作平台不限,制作时间不超过120分钟。

(二)课件制作要求及评价标准

课件制作要求及评价标准如表F-10所示。

表 F-10 课件制作要求及评价标准

项目	内 容	评 价 标 准	等 级				得分
			A	B	C	D	
多媒体课件(15分)	科学性(4分)	课件的取材适宜,内容科学、正确、规范	2.0	1.5	1.0	0.5	
		课件演示符合现代教育理念	2.0	1.5	1.0	0.5	
	教育性(6分)	课件的设计新颖,能体现教学设计思想,知识点结构清晰,能调动学生的学习热情	6.0	4.0	2.0	1.0	
	技术性(3分)	课件的制作和使用上是否恰当运用了多媒体效果	1.5	1.0	0.5	0.2	
		操作简便、快捷、交流方便、适用于教学	1.5	1.0	0.5	0.2	
	艺术性(2分)	画面设计具有较高艺术性,整体风格相对统一	2.0	1.5	1.0	0.5	

三、说课·模拟上课·板书(单项45分)

说课是教学活动的一个重要环节,也是教师培养中最重要、最有效的一种技能训练,它包括课前说课与课后说课两大类型。说课要求参赛者在一小时备课的基础上,面对评委和其他听课学生,系统地阐述自己的教学构想及其理论依据。模拟上课(片段)是参赛者依据备课内容,自主选择一个"教学片段"或"环节"进行模拟上课。要能突出新课程理念,展示驾驭课堂教学的艺术,体现创新精神和课堂教学研究的能力。板书可以在说课过程中呈现,并对板书设计作出必要的说明,也可以在模拟上课的片段后呈现。

(一)说课·模拟上课·板书

根据选定一课时(45分钟)的教学内容进行说课·模拟上课·板书,要求总时间不超过15分钟(建议说课时间在5分钟内,模拟上课和板书时间在10分钟内)。

(二)说课·模拟上课·板书要求及评价标准

说课·模拟上课·板书要求及评价标准如表 F-11 所示。

表 F-11　说课·模拟上课·板书要求及评价标准

项目	内　容	评价标准	等　级				得分
			A	B	C	D	
说课 (10分)	说教材	教学内容阐述清楚,教材解析到位,教学目标分析合理、定位正确,教学重点难点分析完整、严密	2.0	1.5	1.0	0.5	
	说教法	教法或学法指导选择正确,符合新课程要求,且说明清楚,具有针对性和可操作性	2.0	1.5	1.0	0.5	
	说过程	教学过程环节清楚,层次分明,解读正确,设题精当,引导巧妙,富有创意,能充分体现上述各方面说明,符合学科教学特点与规律	6.0	4.0	2.0	1.0	
模拟上课 (25分)	教学目标	目标设置明确,要求具体,符合大纲要求和学生的实际	5.0	3.0	2.0	1.0	
	教学内容	重点内容讲解明白,教学难点处理恰当,关注学生已有知识和经验,注重学生能力培养,强调讲练结合,知识传授正确	5.0	3.0	2.0	1.0	
	教学方法	按新课程标准的教学理念处理教学内容,处理教与学、知识与能力的关系,较好地落实三维目标;突出自主、探究、合作学习,体现多元化学习方法;实现有效地师生互动	7.0	5.0	3.0	1.0	
	教学过程	教学整体安排合理,教学环节紧凑,层次清晰有序;围绕教学目标进行教学,创造性地使用教材;教学特色突出	4.0	3.0	2.0	1.0	
	教学素质	教态自然亲切、仪表举止得体,注重目光交流,教学语言规范准确、生动简洁	2.0	1.5	1.0	0.5	
	教学效果	按时完成教学任务,教学目标达成度高	2.0	1.5	1.0	0.5	
板书设计 (10分)	内容匹配	反映教学设计意图,突显重点、难点,能调动学生主动性和积极性	5.0	3.0	2.0	1.0	
	构图	构思巧妙,富有创意,构图自然,形象直观,教学辅助作用显著	3.0	2.0	1.0	0.5	
	书写	书写快速流畅,字形大小适度,清楚整洁,美观大方,不写错别字	2.0	1.5	1.0	0.5	

四、即席讲演(单项 10 分)

即席讲演具有即兴发挥、主题集中、篇幅短小等特点,它要求参赛者具备多方面的知识素养和能力,特别是需要敏捷的思维能力、快速的语言表达能力和灵活的应变能力。要求师范生进行即席讲演,主要考察师范生知识的广度、思想的深度以及思维的敏锐程度。

(一)即席讲演内容

根据现场抽取的主题进行即席讲演,时间限定在 5 分钟内。

(二)即席讲演要求及评价标准

即席讲演要求及评价标准如表 F-12 所示。

表 F-12　即席讲演要求及评价标准

项目	内容	评价标准	等级				得分
			A	B	C	D	
即席讲演 (10 分)	演讲内容 (4 分)	主题鲜明切题,内容充实、针对性强;问题分析到位,解决策略使用得当、新颖,说服力强;论据贴切,符合实际情况,阐释充分;内容构架结构严谨、层次分明、条理清晰	4.0	3.0	2.0	1.0	
	语言艺术 (2 分)	普通话标准,用语规范,节奏处理得当,表现力强,说服力强	2.0	1.5	1.0	0.5	
	思维艺术 (2 分)	思维敏捷,随机应变能力强;把握时机,灵活多变;组织能力强	2.0	1.5	1.0	0.5	
	仪表形象 (1 分)	神情丰富自然,与演讲内容吻合;姿态自然、动作适度,辅助演讲效果好	1.0	0.75	0.5	0.25	
	演讲时间 (1 分)	时间把握准确,正负 15 秒内	1.0	0.75	0.5	0.25	

参考文献

[1]管亭禄等.中学数学教育教学研究,北京:科学出版社,2007

[2]洪琼."合情推理"(第一课时)教学设计.数学通报,2010(7)

[3]李昌官.追求卓越高效的数学教学,数学通报,2010(7)

[4]陆建江.让小结成为数学课堂的点睛之笔.教法与管理,2009(12)

[5]陆书环,傅海伦.数学教学论,北京:科学出版社,2004

[6]孟宪凯.教学技能有效训练,北京:科学出版社,2007

[7]皮连生.智育心理学.北京:人民教育出版社,1996

[8]钱珮玲.高中数学新课程教法,北京:高等教育出版社,2007

[9]渠东剑.让数学学习活动继续——从课堂小结视角.数学教学研究,2007(4)

[10]孙立仁.微格教学理论与实践研究,北京:科学出版社,1997

[11]孙连众.中学数学微格教学教程,北京:科学出版社,1999

[12]王林全,吴有昌.中学数学解题研究,北京:科学出版社,2009

[13]王秋海.数学课堂教学技能训练,上海:华东师范大学出版社,2008

[14]王尚志.数学教学研究与案例,北京:高等教育出版社,2006

[15]王相文,王松泉,韩雪屏.学科课程教学技能.北京:高等教育出版社,2007

[16]王晓军,张维忠.数学文化视角下课堂教学情境的创设,中学数学教学参考,2007(1—2)

[17]王晓军.刍议大学数学教学活动的问题与对策,大学数学,2010(6)

[18]王晓军.对一道图形题的做中学,数学教学,2008(7)

[19]王晓军.探索互动教学模式的构建,中学教研,2005(10)

[20]王晓军.问题链:课堂教学反思后的对策.数学通报,2011(3)

[21]王晓军.一道考题结果与费马点的探究,中学数学教学参考,2008(10)

[22]王晓军.一类数列求和问题与怎样解题的探究,中学数学教学参考,2010(3)

[23]奚定华.数学教学设计,上海:华东师范大学出版社,2001

[24]徐世贵.怎样听课评课.沈阳:辽宁民族出版社,2000

[25]叶雪梅.数学微格教学,厦门:厦门大学出版社,2008

[26]俞求是.数学科学特点与中学数学教学.中学数学杂志.2009(1)

[27]张奠宙,宋乃庆.数学教育概论,北京:高等教育出版社,2004

[28]张维忠,汪晓勤.文化传统与数学教育现代化,北京:北京大学出版社,2006

[29]张占亮,王兴志,刘幸东.数学教学技能训练教程,山东:中国石油大学出版
　　社,2007

[30]中华人民共和国教育部.普通高中数学课程标准(实验),北京:人民教育出
　　版社,2003

[31]中华人民共和国教育部.全日制义务教育数学课程标准(实验),北京:北京
　　师范大学出版社,2001

[32]周勇,赵宪宇.新课程说课、听课与评课.北京:教育科学出版社,2004

后 记

　　《数学课堂教学技能与微格训练》是浙江省教育科学规划课题"地方院校师范技能实践教学模式的构建与实践"(2010)的研究成果之一。本书是在绍兴文理学院教务处开展大学本科应用型人才培养的指导思想下,结合数学与应用数学(师范)专业自身的实践教学特点,加强实践教学课程的实施(由于专业实践教材的紧缺),在经过笔者三年多的实践教学基础上不断地积累教学经验和总结下完成的。本书的出版得到了浙江大学出版社的大力支持,也得到了绍兴文理学院应用型本科教材出版基金的资助。

　　在编写过程中吸收和借鉴了许多专家和一线教师的研究成果和教学案例,大部分在书中主要参考文献中列出,在此表示衷心的感谢,未及注明的敬请谅解。同时本书的出版受到了多方面的支持,尤其是浙江师范大学张维忠教授,华东师范大学的汪晓勤教授、鲍建生教授,绍兴文理学院王建力教授、王建平教授、柯云泉教授、周建平教授的大力支持,谨致以诚挚的谢意。由于本人编写时间仓促,水平有限,书中难免有疏漏和不足之处,恳请读者批评指正!

王晓军

2011 年 6 月